Josef Schmee/Erwin Weissel (Hg.)

Die Armut des Habens

Der Druck der vorliegenden Publikation wurde gefördert von: Bundesministerium für Wissenschaft und Verkehr, Fraktion sozialdemokratischer GewerkschafterInnen der MitarbeiterInnen der AK Wien, gewerkschaftlicher Linksblock im ÖGB, ÖGB-OÖ, Gewerkschaft der Eisenbahner, Gewerkschaft der Gemeindebediensteten und Gewerkschaft der Privatangestellten.

Die Deutsche Bibliothek – CIP-Einheitsaufnahme
Die Armut des Habens :
wider den feigen Rückzug vor dem Neoliberalismus / Josef Schmee ; Erwin Weissel (Hg.) – Wien : Promedia, 1999.
ISBN 3-85371-144-8

Umschlaggestaltung: Michael Baiculescu
Lektorat: Erhard Waldner
Druck: WB-Druck
Printed in Austria
ISBN 3-85371-144-8

Josef Schmee
Erwin Weissel (Hg.)

Die Armut des Habens

Wider den feigen Rückzug vor dem Neoliberalismus

PROMEDIA

„Das Privateigentum hat uns so dumm und einseitig gemacht, daß ein Gegenstand erst der unsrige ist, wenn wir ihn haben, er also als Kapital für uns existiert ... An die Stelle aller physischen und geistigen Sinne ist daher die einfache Entfremdung aller dieser Sinne, der Sinn des Habens getreten. Auf diese absolute Armut mußte das menschliche Wesen reduziert werden, damit es seinen inneren Reichtum aus sich heraus gebäre."

Karl Marx: Nationalökonomie und Philosophie (Frühschriften)

Inhaltsverzeichnis

Einleitung

Der Neoliberalismus ist nicht bloß ein wirtschafts- und sozialpolitisches, sondern letztlich auch ein gesellschaftspolitisches Konzept. Seine Maxime, wo immer möglich den Konkurrenzmechanismus des Marktes über die Zweckwidmung des Ressourceneinsatzes und die Verteilung des Ergebnisses entscheiden zu lassen, zielt vordergründig auf eine Optimierung der wirtschaftlichen Prozesse ab, die letztendlich jedoch auf einer Atomisierung der Gesellschaft, einer Isolierung des einzelnen durch Minimierung staatlicher Eingriffe (als Ergebnis eines kollektiven Handelns, das – in Thatchers prägnanter Formulierung „There is no such thing as society“ – abgelehnt wird) und auf einer Gleichheit in Machtlosigkeit beruht. Niemand hat so klar und früh erkannt, daß Schein und Sein kraß auseinanderklaffen, wie Max Weber, der es allerdings noch mit dem klassischen Liberalismus des 19. Jahrhunderts zu tun hatte: „Das Resultat der Vertragsfreiheit“, schrieb er – vor allem im Hinblick auf den Arbeitsvertrag – um die Zeit des Ersten Weltkriegs, „ist also in erster Linie: die Eröffnung der Chance, durch kluge Verwendung von Güterbesitz auf dem Markt diesen unbehindert durch Rechtsschranken als Mittel der Erlangung von Macht über andere zu nützen. Die Marktmachtinteressenten sind die Interessenten einer solchen Rechtsordnung. In ihrem Interesse vornehmlich liegt insbesondere die Schaffung von ‘Ermächtigungssätzen’, welche Schemata von gültigen Vereinbarungen schaffen, die bei formaler Freiheit der Benutzung durch Alle doch tatsächlich nur den Besitzenden zugänglich sind und also im Erfolge deren und nur deren Autonomie und Machtstellung stützen.“

Der nach dem Zweiten Weltkrieg geschaffene Wohlfahrtsstaat war in dreifacher Hinsicht antiliberal, gegen die Produktion von Ungleichheit durch Freiheit gerichtet. Zum einen schränkte er die Freiheit der einen, jene anderen auszubeuten, die über die Freiheit verfügen, sich entweder ausbeuten zu lassen oder zu krepieren, zunehmend ein. Schon Weber wies in der erwähnten Untersuchung darauf hin, daß in der kapitalistischen Marktwirtschaft mehr Freiheit eben nicht weniger, sondern mehr Zwang bedeutet. Zum anderen engte der Wohlfahrtsstaat die Vormachtstellung der Besitzenden ein, indem er die Basis von Macht erweiterte, denn der

Anspruch auf angemessenes Arbeitslosengeld oder kostenlosen Schulbesuch („Humankapital“) ist nicht weniger „Besitz“ als der Anspruch auf eine Dividende. An der grundlegenden Tatsache, daß einige gleicher sind als die anderen, änderte er freilich nichts, aber das war ja auch gar nicht die Absicht seiner geistigen Väter wie Beveridge oder Keynes. Schließlich wurde der Gedanke aufgegeben, dem Mechanismus der Märkte die Schaffung von ausreichenden Verdienstmöglichkeiten, insbesondere von Arbeitsplätzen zu überlassen, und der Staat übernahm die Aufgabe, für Vollbeschäftigung, aber auch für gute Gewinnchancen zu sorgen.

Das soll nun durch die „Deregulierung“ wieder rückgängig gemacht werden, auch durch gezieltes Herbeiführen eines wirtschaftlichen Schlechtwetters durch „Globalisierung“, das die Plätze an der Sonne knapper werden läßt, wobei allerdings die Förderung der Unternehmer, der Besitzenden nicht rückgängig gemacht wird. Die Beiträge in diesem Buch befassen sich einerseits mit Details dieser beiden Prozesse. Sie gehen aber andererseits auch der Frage nach, von wem und wie sie gegen das Interesse der Mehrheit durchgesetzt werden konnten und können. Vieles davon ist schon oft gesagt und aufgezeigt worden. Wenn sich der Neoliberalismus bisher dennoch durchsetzt, dann aus dem einfachen Grund, den schon Marx angeführt hat: „Die Klasse, die die Mittel zur materiellen Produktion zu ihrer Verfügung hat, disponiert damit zugleich über die Mittel zur geistigen Produktion, sodaß ihr damit zugleich im Durchschnitt die Gedanken derer, denen die Mittel zur geistigen Produktion abgehen, unterworfen sind.“ Eine naheliegende Illustration sind die stundenlangen Berichte im Fernsehen über das aktuelle Geschehen an den diversen Börsen samt Wirtschaftsnachrichten über Fusionen, Gewinne, Dividenden, Umsätze usw., während man nie genauso detailliert hört, was sich in den betreffenden Unternehmungen auf der Lohn- und Beschäftigungsseite abgespielt hat – es sei denn, der Aktienkurs hat darauf reagiert.

Die Autorinnen und Autoren dieses Bandes verfügen über keine Mittel zur materiellen Produktion und versuchen dennoch, in Fortführung der Bemühungen anderer, durch geistige Produktion die überwiegende Mehrheit der Menschen aus ihrer Irreführung herauszuholen, sie gegen den blinden Glauben aufzurütteln, indem sie neben einer Kritik an den herrschenden Ideen auch Alternativen zu ihnen aufzeigen. Das mag, im Hinblick auf die Marxsche These, inkonsequent erscheinen (wie ja auch Marx, der das Proletariat zur Revolution aufrief, im Grunde genommen inkonsequent war), ist jedoch die zwangsläufige Folge der Weigerung, einen Zustand hinzunehmen, in dem – wie Ralph Waldo Emerson in einem kleinen Gedicht so schön sagte – die Dinge im Sattel sitzen und auf den Menschen reiten.

Josef Schmee
Erwin Weissel
Wien, im März 1999

Vorwort

Was auch immer geschieht:
Nie dürft ihr so tief sinken,
Von dem Kakao, durch den man euch zieht,
Auch noch zu trinken!

Erich Kästner, geb. 1899

1999 ist ein Jubeljahr: Der Maastricht-Vertrag der EU ist erfüllt, und der Euro ist geboren. Voll Stolz berichten Medien und Politiker von Tag zu Tag, wie gut sich der Dollarkurs des Euro entwickelt. Unglücklicherweise kann der Normalbürger davon nichts abbeißen. Er steht einer Realität gegenüber, die so gar nicht den Verheißungen von 1992 entspricht.

Zu be- und verantworten wäre vor allem das Paradox, daß wir heute dank den Fortschritten von Wissenschaft und Technik um ein Vielfaches produktiver und reicher sind als in den „goldenen" sechziger Jahren und trotzdem mit mehr ökonomischen und sozialen Problemen konfrontiert sind als damals, daß bei ständig steigendem Vermögen auf der einen Seite Armut und Arbeitslosigkeit auf der anderen zunehmen, daß soziale Errungenschaften, die in den weit ärmeren zwanziger Jahren erkämpft wurden, zunehmend in Frage gestellt werden. Zu hinterfragen ist, warum viele Menschen heute mit größeren Ängsten in die Zukunft blicken als vor 30 Jahren.

Eine Beantwortung dieser Fragen muß von der Erkenntnis ausgehen, daß wir heute in einer anderen Welt leben als in den sechziger Jahren. Man kann von einer neuen Phase des Kapitalismus sprechen, die durch Schlagworte wie „Globalisierung", „Neoliberalismus", „Kasinokapitalismus" etc. nur skizzenhaft gekennzeichnet ist. Wesentliches Element ist zunächst einmal der wissenschaftliche und technische Fortschritt, der die Basis für radikale Neuerungen in der Organisation und Internationalisierung der Produktion und damit zu einer noch immer anhaltenden Fusionswelle geführt hat. An die Stelle nationaler Monopole und Oligopole sind nun enorme transnationale Konzerne und Finanzinstitutionen getreten, die sich zu entscheidenden „global players" entwickelt haben. Gleichzeitig hat die Aufkündigung des Nachkriegskonsenses für einen wirtschaftlichen *und* sozialen Wiederaufbau sowie das Verschwinden der osteuropäischen Herausforderung die politische Landschaft radikal zugunsten dieser „global players“ verschoben. Der Neoliberalismus, gestützt auf eine vulgäre Auslegung und Vereinfachung früherer „liberaler“ Theorien, ist das Konzept, das den Interessen dieser Kapital- und Finanzkonzerne entgegenkommt und das als „wirtschaftlicher Sachzwang“ den Programmen der EU, der Welthandelsorganisation, des Internationalen Währungsfonds und anderer Organisationen den Stempel aufdrückt.

Unter dem Druck realer Krisen und Schwierigkeiten beginnt sich die Erkenntnis zu verbreiten, daß wir doch nicht in der „besten aller Welten“ leben und daß man Alternativen zur neoliberalen Dominanz in der Wirtschaftspolitik und zum neoklassischen Paradigma in der Theorie mehr Beachtung schenken muß. Zu dieser Formation einer „countervailing power“, welche die heutigen Bedingungen kritisch betrachtet und Möglichkeiten ihrer Veränderung analysiert, leisten die Beiträge in diesem Band einen wichtigen Beitrag. Von besonderer Bedeutung ist dabei, daß nicht nur die ökonomischen Aspekte zur Sprache kommen, sondern daß auch – darüber hinausgehend – soziologische und kulturelle Probleme aufgegriffen werden.

Kurt W. Rothschild

Johann J. Hagen

Wieviel Staat braucht die Gesellschaft?

Über politische Paradigmenwechsel

Paradigmenwechsel

In den sechziger Jahren verfaßte Thomas Kuhn (1973) seine bekannten Thesen über Paradigmen und Paradigmenwechsel, die dann eine langanhaltende Kontroverse über Fragen auslösten, die heute noch als offen gelten müssen. Diese Debatte bezog sich auf ein wissenschaftstheoretisches Problemfeld, also auf Meinungsführerschaft in der *scientific community* und ihre Ablösung, wobei weder Machtfragen noch ideologisch-programmatische Fragen ausgeklammert wurden, aber doch insgesamt eine untergeordnete Rolle spielten.

Man könnte indes den Eindruck gewinnen, daß diese Überlegungen auf den politisch-weltanschaulichen Bereich zumindest ebenso anwendbar sind, wenn nicht sogar besser passen. Auf jeden Fall erfolgte in den letzten Jahrzehnten in der Frage der Einschätzung des Staates und des öffentlichen Bereichs in der Gesellschaft ein derart umfassender, ja „revolutionärer" – sowohl im Sinn Kuhns als auch im Sinn der „konservativen Revolution" – Auffassungswandel, daß man mit Fug und Recht von einem Paradigmenwechsel mit allen Zutaten sprechen kann. Nachdem diese Veränderungen in unser aller Denk- und Vorstellungskategorien eingedrungen sind, fällt es uns sichtlich schwer, die alten Konzepte zu vertreten und verständlich zu machen, doch dies ist schließlich der Sinn eines Paradigmenwechsels. Aber man versuche dennoch sich zu erinnern, wie früher die Gesellschaft sozusagen vom Staat her entwickelt wurde, der seinerseits auf eine anthropologische, naturrechtliche oder auch metaphysische Ebene gestellt wurde (vgl. Hagen 1990). Diese Staatszentriertheit, dieses „abstrakte überschwengliche Denken"[1] hatte gerade im deutschsprachigen Raum eine lange und ungebrochene Tradition, die alle Systemwechsel überlebte und zuletzt vor allem mit den Namen Carl Schmitt und Ernst Forsthoff verknüpft war. Noch in den siebziger Jahren konnten Vertreter sozialwissenschaftlicher Disziplinen, die von einem entgegengesetzten Standpunkt aus versuchten, Staat und Recht als Derivate sozialer Verhältnisse darzustellen, bestenfalls Außenseiterpositionen beanspruchen. Aber diese damals herrschenden Ansichten hatten ihren realen Kern in den effektiven Funktionszuwächsen staatlicher und öffentlicher Institutionen, die scheinbar eine linear anwachsende Tendenz besaßen. Dies wurde auch von den marxistischen Kritikern der bürgerlichen Gesellschaft so gesehen – daß dieselben in bezug auf die Staatslastigkeit der sogenannten sozialistischen Länder mit Blindheit geschlagen waren, steht auf einem anderen Blatt. Bekanntlich wurden diese Beobachtungen in der Theorie des staatsmonopolistischen Kapitalismus ins Kritische gewendet.

Gemeint sind die Beobachtungen einer ständig erhöhten Staatsquote, die im Theoriengebäude des Stamokap als verallgemeinertes Krisenszenario interpretiert wurden: Als Folge immer häufigerer und immer tiefergehender innerer Krisen ergibt sich eine ständig ansteigende Interventionsnotwendigkeit, die dem Staat der entwickelten kapitalistischen Industriegesellschaft sein neues Gepräge verleiht.

Alle diese Staatslegenden sind wie mit einem Schlag verschwunden.

Wodurch kam es zu diesem „Paradigmenwechsel"?

Diese Kehrtwendung wurde sicher nicht durch den Zusammenbruch des Realsozialismus ausgelöst, aber er hat zum Verschwinden der alten Konzepte Entscheidendes beigetragen und den endgültigen Sieg der neuen Paradigmen besiegelt. Letztlich beruht dieser Wandel auf einem komplexen Wechselspiel von Faktoren unterschiedlichster Art, aber ein paar Feststellungen sind dazu in aller Kürze zulässig.

Zum einen hatte der Wegfall der Systemkonkurrenz eine Verschiebung des gesamten politischen Gefüges zur Folge, und zwar nicht nur im Sinn des politischen Links-Rechts-Spektrums, sondern auch im Inneren der jeweiligen Gruppierungen. Systemkonkurrenz meint in diesem Kontext, daß vielfach politische Programmaspekte als Antwort auf eine gesellschaftspolitische Herausforderung formuliert wurden, wie sie die bloße Existenz eines noch so mangelhaften Gegenmodells darstellte.

Zum zweiten konnte glaubhaft argumentiert werden, daß die sichtbare Überlegenheit des westlichen Modells gegenüber einer auf zentraler Ordnungs- und Planungsmacht aufgebauten und damit starr und nicht entwicklungsfähig geratenen Gesellschaft die eigentliche *civil society* (vgl.

dazu: Keane 1988; Hall 1995) darstellt, jene schwer faßbare Mischung aus Warenangebot, Konsumerismus, umfassender Entpolitisierung, Individualitätsideologie, Mediensteuerung und privaten Glücksverheißungen. Vereinfacht gesagt, ist aus dem Zusammenbruch des Ostblocks der Neoliberalismus als eigentlicher Sieger hervorgegangen, und zwar auch als Sieger über politische Konkurrenten im Bereich der traditionellen Rechten.[2]

Des weiteren kam es nach dem Verschwinden des Warschauer Paktes und dem allgemeinen Niedergang Rußlands zu einer entscheidenden Verringerung der äußeren Bedrohung. Die Folge war eine Neuorientierung der militärischen und nationalen Sicherheitsapparate. Damit wurde eine weitere traditionelle Komponente staatsbezogener Funktionalität abgeschwächt oder trat doch im öffentlichen Bewußtsein in den Hintergrund, nämlich der Staat als Gewaltträger und als bewaffnete Macht. Daß Vertreter des Sicherheitskomplexes, die sich vor allem, aber nicht nur in Rechtsparteien finden, sich nach Kräften bemüht haben, Ersatzbedrohungen ausfindig zu machen, ändert an diesem Befund nichts Grundsätzliches.

Ideologisch wurde der Zusammenbruch der östlichen Gesellschaftssysteme als Triumph des Kapitalismus inszeniert, der als einzige und somit alternativenlose Gesellschaftsform übrigbleibt. Manche, allen voran Francis Fukuyama, beeilten sich dann auch folgerichtig, das Ende der Geschichte auszurufen. Das Bewußtsein der Alternativenlosigkeit, das sich damit in den Köpfen der Menschen zu einer allgemeinen Überzeugung verdichtet hat, verändert den Handlungsspielraum. Die Notwendigkeit, Überzeichnungen und Auswüchse des Systems durch staatliche Maßnahmen und Leistungen sozialpolitisch abzumildern, ist geschrumpft.

Tendenzen

Der Paradigmenwechsel, von dem hier die Rede ist, ist nicht nur reine Ideologie, also falsches Bewußtsein, Einbildung sozusagen, sondern beruht auf tatsächlichen Veränderungen. Es gibt in der Tat seit Jahren spürbare Tendenzen, die alle in der Bewegungsrichtung übereinstimmen. Man denke dabei etwa an die Privatisierungen, deren Sinn und Nutzen heute im allgemeinen Bewußtsein a priori feststeht und damit keiner Rechtfertigung mehr bedarf. Diese wird vom herrschenden Paradigma ersetzt. Es sind dies Privatisierungen in praktisch allen Bereichen, angefangen im

Bereich der Schwer- und Grundstoffindustrie, im Bereich Energie, Post und Telekommunikation, Verkehr (Bahn, Fluglinien), Bankenwesen; vermutliche Kandidaten sind Radio- und Fernsehkanäle bzw. -anstalten, dann Bildungseinrichtungen, z.B. Fachhochschulen, die bereits jetzt massiv von privatwirtschaftlichen Interessen bestimmt sind, weiters Universitäten, denen Vollrechtsfähigkeit angeboten wird, damit sie sich zu Wirtschaftskörpern entwickeln können, die dann möglicherweise in Konkurrenz zu Privatuniversitäten Studienplätze vermarkten sollen. Dabei sind die Methoden und Formen der Privatisierung recht vielfältig; sie umfassen nicht nur die Verwandlung in Privat- oder Aktienkapital oder den Verkauf, die Zerschlagung und Zergliederung, sondern auch subtilere Möglichkeiten wie ein graduelles Outsourcing bzw. Out-contracting.

Damit zusammenhängend, aber nicht übereinstimmend sind die Tendenzen der Ökonomisierung, die man ebenfalls in allen Bereichen antrifft und die letztlich zu einer Umwertung bzw. Relativierung aller Werte führt (vgl. dazu: Forrester 1997). Im verstärkten Wettbewerb untereinander und vor allem mit Entwicklungsländern sehen sich Gesellschaften dieses Typs veranlaßt, Ballast über Bord zu werfen, und unter einem strikt wirtschaftlichen Maßstab zählen vor allem Kultur und Soziales zum Ballast (vgl. Hagen 1996).

Entstaatlichung betrifft natürlich auch die fortschreitende Einstellung staatlicher Leistungen im Rahmen des ersten und zweiten sozialen Netzes, die Umwandlung staatlich-öffentlicher in private Vorsorge sowie die graduelle Zurücknahme von Wohlfahrtsfunktionen auf Grundsicherungen. In diesen Kontext gehört sicher auch die Entrechtlichung in der Feinsteuerung der Leistungsgewährung, die von unbestimmten Rechtsbegriffen und Ermessensentscheidungen abhängig gemacht wird und deshalb von Fall zu Fall ausgehandelt werden muß (vgl. Hendler 1983). Dazu kommt die angestrebte Angleichung von privaten und öffentlichen Versicherungsformen sowie die schleichende Privatisierung des Gesundheitswesens (vgl. Kühn 1990).

Im Zentrum dieser umfassenden Ökonomisierung, die sowohl mit als auch unabhängig von Privatisierungen vorangetrieben wird, steht die Installierung von Marktmechanismen, also von selbstregulierenden Steuerungsformen, deren Dynamik sich vor allem dem Wettbewerb privater Eigeninteressen verdankt. Damit ist ein neues, nicht weiter hinterfragtes Dogma kreiert worden, das ebenfalls Bestandteil der neuen ideologischen

Paradigmatik ist – nämlich die Behauptung, daß die (möglichst unbehinderte) marktmäßige Regulierung auf längere Sicht stets zu den besten Resultaten führt; dabei wird nicht bedacht, daß dies nur unter sozusagen idealen Bedingungen gilt. Das Groteske daran ist, daß die Beseitigung von öffentlicher Interventionsmacht und die Herstellung unbehinderter Marktregulierung in erster Linie die Interessen derer befördert, die diese Märkte beherrschen und damit den Wettbewerb ausschalten können. Damit entpuppt sich das Gerede von Markt und Wettbewerb als in hohem Maß ideologisch und affektbeladen, d.h. rational nicht diskutierbar. Tatsächlich wird dies durch den Rückzug des wirtschaftstheoretischen Mainstreams in formalistische Modellbildungen begünstigt. Diese „neue Scholastik" (so Beaud/Dostaler 1996), die sich auf die Erarbeitung von Maximierungs- und Optimierungskalkülen konzentriert, erweist sich als unfähig, die gesellschaftliche Bedeutung wirtschaftlicher Vorgänge zu erfassen. Im Gegenteil – die undifferenzierte und unreflektierte Verwendung solcher Begriffe wie Markt und Marktwirtschaft hat einen verschleiernden Charakter, der den Kern der Sache verbirgt.[3]

Weitere Wandlungsvorgänge, die diese Bewegungsrichtung teilen, spielen sich mehr im Bereich des Persönlichen, des Alltäglichen und des unmittelbar Erfahrbaren ab. Gemeint ist der Rückzug des Staates als Regelungsinstanz, z.B. im Bereich der Moralgesetzgebung, im Familienbereich, ja allgemein in der Rechtspolitik, wo zunehmend frontale Regelungsformen durch reflexive ersetzt werden (vgl. dazu: Wiethölter 1985). Dem entspricht umgekehrt ein Zuwachs an Freiheit im persönlichen Bereich, aber auch mehr Selbstverantwortung. Es gibt einen unbestreitbaren persönlich erfahrenen Zuwachs an Freiheit. Es ist davon auszugehen, daß jede Umfrage diese Hypothese bestätigen würde. Im Bewußtsein einer großen Mehrheit hat es noch nie soviel Freiheit gegeben wie heute. Vor allem ältere Mitbürger gewinnen diesen Eindruck aus dem Vergleich von heute und früher und beneiden die Jugend von heute.

Hat dieser mikrosoziale mit dem makrosozialen Bereich überhaupt etwas zu tun? Vereinfacht formuliert, bildet die Übereinstimmung von mikrosozialen und makrosozialen Formen eine der Hauptbedingungen für die Schaffung von kultureller Hegemonie (im Sinn Gramscis). Diese Übereinstimmung hat es im Realsozialismus, von Ansätzen abgesehen, nicht gegeben. Die Stabilität unserer Gesellschaft beruht aber zentral auf einer solchen Übereinstimmung. Das heißt, in ihrer Verbindung sorgt sie für allgemeine, fast unwidersprochene Zustimmung. Das verbreitete Gefühl vermehrter privater Freiheit taucht alles in ein positives Licht, wenn auch dadurch zugleich der allgemeine Rückzug ins Private (Cocooning) gefördert wird.

Im übrigen existiert tatsächlich eine durchgehend zum Einsatz kommende ideologische Komponente in der Politik, die von allen Parteien vom linken Zentrum bis ganz rechts getragen wird und mit der alle diese Maßnahmen mitsamt ihren unterschiedlichen Dimensionen auf einen Nenner gebracht werden: nämlich der Neoliberalismus. Nun wäre es sicher naiv anzunehmen, daß Paradigmenwechsel des ideologischen Typs sich spontan in einem freien Diskurs entwickeln, weil sie die besten Erklärungen bzw. Lösungen der anstehenden Probleme bieten. In Wahrheit sind die neoliberalen Dogmen aus Think-tanks hervorgegangen, die sowohl von den jeweiligen Regierungen als auch von der Wirtschaft massiv unterstützt und mit Millionenbeträgen gefördert wurden – wie die *Hoover Institution*, die *Heritage Foundation*, das *Cato Institute* und das *Manhattan Institute for Policy Research* in den USA oder das *Institute of Economic Affairs* und vor allem auch die *Société du Mont-Pélerin* in Europa (vgl. George 1996). Der Siegeszug dieser neoliberalen Dogmen, die sich dann in der öffentlichen Meinung unmerklich und unaufhaltsam „wie die Kontinentalverschiebung" (Bourdieu 1998) ausbreiteten, liefert ein vorzügliches Anschauungsbeispiel dafür, wie Paradigmenwechsel vorbereitet und durchgesetzt werden. Dabei wurde ein neuer Begriff des Liberalismus gekürt, in dem Freiheit nicht aus dem Konzept einer politischen Demokratie hergeleitet wird, sondern als Negation staatlicher Interventionen zu verstehen ist, ohne daß dadurch die alten, verwurzelten Bedeutungsinhalte der liberalen Traditionen ausgelöscht würden. Die Vieldeutigkeit des liberalen Konzeptes (vgl. dazu: Malandrino 1990; Vergara 1992), das sich einmal auf Toleranz und damit auf die zwischenmenschliche Dimension, dann auf das Ausmaß der gesellschaftlichen Repression und damit auf die gesamtgesellschaftliche Dimension, einmal auf die politisch-demokratische Sphäre, dann auf den wirtschaftlichen Ordnungstyp bezieht, hat somit System. Deshalb wird es kaum mehr als Gegensatz empfunden, daß die Vertreter ultraliberaler Ordnungsmodelle gleichzeitig für exzessive Verschärfungen des Strafregimes plädieren. In Wirklichkeit besteht natürlich ein Funktionszusammenhang zwischen Sozialabbau und Repression (vgl. Garland 1985), wie das Beispiel USA besonders deutlich zeigt (vgl. dazu: Wacqant 1998).

Trotzdem – auch die Freiheitsvermehrung im Privaten und Alltäglichen hat eine repressive Kehrseite, auch sie kommt den einzelnen Mitgliedern der Gesellschaft höchst ungleich zugute. In einer von Ungleichheiten gekennzeichneten Gesellschaft wirkt sich Freiheitsvermehrung stets diskriminierend aus. Wer mit diesen Freiheitsvermehrungen nichts anzufangen weiß, ist selbst schuld. Daraus ergeben sich naheliegende Schuldzuschreibungs- und Erklärungsmuster sowie Legitimierungs- bzw. Delegitimierungsmuster, die den Kompetenzbereich sozialer Instanzen für Interventionen drastisch einschränken.

Umverteilungen

Ist die Annahme, daß der Staat ständig und auf allen Gebieten funktionsreduziert und verkleinert wird – und zwar durch Privatisierungen, Auslagerungen, Delegierungen bzw. Devolutionen, Umwandlung von Hoheitsbereichen in Privatwirtschaftsbereiche, eine umfassende Wiederherstellung von Privatautonomien, den Verzicht auf Regelungskompetenzen in Moralfragen mit Rücksicht auf wertrelativistische pluralistische Standards –, ist diese Annahme, daß der Staat jetzt endgültig zum *minimal state* wird, tatsächlich zutreffend? Erleben wir nun wirklich unter völlig unvermuteten Bedingungen ein „Absterben“ des Staates, oder sind wir lediglich dabei, die Gesellschaft in Richtung Manchester-Liberalismus zu restaurieren? Angesichts der Vielfalt der Dimensionen, mit denen staatliche Kompetenzen verknüpft sind, ist eine globale Antwort nicht einfach.

Festzuhalten ist zunächst: Es gibt keine lineare Schrumpfung des öffentlichen Sektors. Während der Versorgungsbereich reduziert wird, werden gleichzeitig die Sicherheitsapparate ausgebaut, erweitert und verfeinert, medial vorbereitet von Unsicherheitsphantasien und unrealistischen Bedrohungsszenarios. Im speziellen Fall Österreich ist zu bedenken, daß durch den EU-Beitritt Brüsseler Kompetenzen einschließlich ihrer budgetären Belastung hinzukommen, ohne daß die bestehenden Kompetenzen eingeschränkt würden.

Im Ergebnis ist festzustellen, daß, gemessen an Fahndungsmethoden und technischer Ausrüstung, aber auch an rechtlichen Prämissen, die Kontroll-, Überwachungs- und Eingriffsmöglichkeiten des „neoliberalen“ Staates ungleich größer und besser sind als die des klassischen Polizeistaates des vorigen Jahrhunderts. Aber grundsätzlich sind auch hier Delegierungen an private Sicherheitsapparate möglich, wie das Beispiel USA belegt, wo sowohl die private Ausbeutung von Strafgefangenen als auch sogar die private Führung von Gefängnissen durch ein schrankenloses Privatisierungsdogma gerechtfertigt erscheinen.[4]

Auch der militärische Komplex ist entgegen ursprünglichen Erwartungen von einer Friedensdividende (Einsparungen beim Rüstungsaufwand) nicht wirklich geschrumpft, sondern befindet sich in einem Prozeß der umfassenden Umstrukturierung auf neue Aufgabenstellungen, z.B. globale Einsätze. Infolge der angestrebten Professionalisierung und Technologisierung bewegen sich die Rüstungsetats bereits wieder auf demselben Niveau wie zu den Zeiten des mittlerweile beendeten Kalten Kriegs. Auf jeden Fall dürfte die Abhängigkeit von militärischen Aufträgen im Forschungs- und Entwicklungsbereich und damit das Ausmaß von dessen militärischer Durchdringung – und dies ist ein wichtiger Indikator für den Militarisierungsgrad einer Gesellschaft – kaum geringer sein als früher.

Zum zweiten ist zu bedenken: Selbst wenn es eine allgemeine Tendenz der Entstaatlichung (mit nicht unwesentlichen Ausnahmen) geben sollte, wäre dennoch zu differenzieren. Im Grunde genommen sind Verschiebungen im Gang, die als grundlegende soziale Veränderungen interpretiert werden müssen. Soziologisch wäre zu untersuchen, wer die Nutznießer dieser Verschiebungen und wer die Verlierer sind. Nicht die globale öffentliche Quote, sondern die Verschiebungen im Bereich Belastungen bzw. Entlastungen sind von Interesse. Allgemein kann man sicher sagen, daß Privatisierungen immer eine Entlastung der öffentlichen Haushalte und gleichzeitig eine Belastung privater Haushalte darstellen. Solche Umverteilungseffekte sind nicht immer klar zu erkennen, z.B. dann nicht, wenn ein Komplex in profitable und nicht profitable Teile zergliedert und teilweise privatisiert wird, wie etwa im Bereich Post und Telekommunikation. Letztlich läuft dieses Verfahren auf eine Privatisierung der Gewinne und eine Vergesellschaftung der Verluste hinaus.

Um diese Distributionseffekte beurteilen zu können, müßten auch die Veränderungen im Finanz- und Steuersektor berücksichtigt werden, wo ebenfalls das herrschende neoliberale Paradigma regiert, das die Eindämmung der öffentlichen Verschuldung predigt, und zwar primär durch Einsparungen, also durch Kürzung öffentlicher Ausgaben. Idealziel ist wie eh und je der billige Staat, l'État à bon marché (Karl Marx).

In der wissenschaftlichen Behandlung solcher Problemstellungen existieren offenkundige Defizite; ökonomietheoretische oder finanzwissenschaftliche Ansätze sind offensichtlich wenig dazu geeignet, den gesellschaftlichen Charakter dieser Veränderungen zu erfassen und darzustellen. Es müßte soziologisch untersucht werden, wie die im Positiven bzw. Negativen betroffene Klientel solcher Verschiebungen beschaffen ist und wie sich diese Veränderungen sozialstrukturell auswirken. Pauschalierend ausgedrückt, ist davon auszugehen, daß die einzelnen Gruppen der Gesellschaft den Staat und seine Leistungen entsprechend ihrer ungleichen sozialen Ausstattung in sehr unterschiedlicher Form „brauchen". Markt- und ökonomiezentrierte Theorien tragen diesem Umstand in aller Regel nicht Rechnung.

Das politische Spektrum

Das neoliberale Paradigma ist ein eindeutig politisches Paradigma, d.h., es enthält Handlungsanweisungen in verschiedene Richtungen. Nicht nur die Medien, sondern auch der wissenschaftliche Diskurs vermitteln den äußeren Eindruck, daß es einen weitgehend nicht in Frage gestellten Grundkonsens über die Richtigkeit dieser ideologischen Komplexe (Entstaatlichung, Deregulierung, Entbürokratisierung, Kürzung öffentlicher Etats, Selbstverantwortung, Individualismus, Pluralismus etc.) gibt. Letztlich bedeutet dies eine Entmachtung der politischen und administrativen Eliten. Im Zeichen solcher neoliberaler Dogmen ist eine antietatistische Grundstimmung in der Bevölkerung entstanden bzw. entfacht worden, derzufolge der Staat generell als unproduktiv, seine Beamten als autoritär gesinnte Parasiten und die öffentliche Bürokratie als fortwährender Leerlauf erscheinen. Repräsentanten des Staates sehen sich in die Defensive gedrängt und müssen ständig nach Daseinserklärungen suchen. Das gilt genauso für die politische Klasse, deren Zensuren im öffentlichen Urteil sich ständig verschlechtern. Dadurch ist eine gefährliche Grundhaltung entstanden, die einen fruchtbaren Nährboden für populistische Parolen bildet. Im Ergebnis ist damit auf jeden Fall die Meinungsführerschaft der Wirtschaft in eindrucksvoller Weise wiederhergestellt worden.

Wie ist dieser Paradigmenwechsel, der die Politik als ganze in Mißkredit gebracht hat, politisch bzw. politikwissenschaftlich zu erklären? Entgegen dem gängigen Bild, wonach sich Meinungen ebenfalls auf einem Markt bilden und ihrer Überzeugungskraft entsprechend durchsetzen, ist davon auszugehen, daß die politischen Akteure des politischen Systems (politische Parteien, Interessenvertretungen, Kirchen etc.) hier eine Schlüsselrolle gespielt haben. Dabei sind jedoch einige Paradoxien zu beobachten: Pauschalierend ausgedrückt, könnte man den Neoliberalismus als Versuch verstehen, notwendige Modernisierungen auszudrücken und umfassend, d.h. massenwirksam durchzusetzen. Der Dominanz dieser Orientierung entsprechend, kann man Erfolg oder Mißerfolg politischer Parteien in den vergangenen Jahren damit erklären, inwieweit es ihnen gelungen ist, diese neoliberalen Elemente aufzunehmen und sie als moderne Partei glaubhaft zu verkörpern. Eine solche Analyse kann in diesem Zusammenhang natürlich nicht geleistet werden. Aber offensichtlich sind hier einige Kovarianzen im Spiel; es genügt offenbar nicht, sich mit diesem herrschenden Paradigma zu identifizieren, um Erfolg zu haben. Ansonsten könnte man nicht erklären, warum es der ÖVP (gleiches gilt wohl auch für die CDU in Deutschland, die Gaullisten in Frankreich oder die Konservativen in Großbritannien) im Vergleich zur politischen Konkurrenz besonders schlecht gelungen ist, als Modernisierungspartei akzeptiert zu werden, nachdem sie sich als Wirtschaftspartei diese Thesen von Anfang an fast uneingeschränkt zu eigen gemacht hat. Nach neuesten Meinungsumfragen erscheint diese Partei dem Durchschnittsösterreicher eher als Vertreterin traditioneller Interessen (Bauern, Gewerbetreibende, freie Berufe) denn als moderne Partei.[5]

Daß die Grünen, die mit den neoliberalen Thesen am wenigsten anzufangen wissen, durch diesen Zeitgeist marginalisiert werden, ist schon eher verständlich. Hingegen schwimmen Rechtsparteien vom Schlag einer FPÖ voll auf dieser Welle. Das antietatistische Moment spielt eine zentrale Rolle in der populistischen Rhetorik, die das Paradigma mit simplifizierenden und affektiven Momenten anreichert und es damit massenwirksam einsetzt. Dadurch ist es der FPÖ gelungen, rund ein Viertel des Wählerpotentials offenbar dauerhaft an sich zu binden. Paradox daran ist, daß dieser Anhang sich nach Ansicht vieler politischer Experten aus Modernisierungsverlierern oder zumindest solchen Personen rekrutiert, die sich von den vor ihren Augen ablaufenden Wandlungsvorgängen gefährdet fühlen[6] – wahrscheinlich ein gutes Beispiel dafür, daß man politische Wahlakte nur mit großen Einschränkungen als Rational choice-Akte auffassen kann.

Tabelle: Die Parteien und ihre Klientel

Parteien	1	2	3	4	5	6	7	8	9	10	11	12	13	14	15
SPÖ	50	0	21	22	31	40	26	20	0	0	26	0	0	33	41
ÖVP	12	27	0	18	0	25	0	30	24	41	0	21	36	0	0
FPÖ	22	16	0	0	14	17	27	0	19	0	14	17	0	0	18
Grüne	8	0	20	7	0	23	14	0	7	27	14	0	0	6	20
LIF	0	19	23	0	0	15	0	10	12	0	10	10	11	0	10

Legende zur ersten Zeile: 1. Arbeiter; 2. Ärzte, Rechtsanwälte, Architekten; 3. berufstätige Frauen; 4. einfache Beamte; 5. Facharbeiter; 6. Familien; 7. für den „kleinen Mann“; 8. gehobene Beamte; 9. kleine selbständige Geschäftsleute; 10. Landwirte; 11. Leute mit geringem Einkommen; 12. Manager; 13. mittlere/größere Unternehmer; 14. Pensionisten; 15. sozial Schwache; 16. Wohlhabende, Besserverdiener.
Quelle: Der Standard, 16. November 1998, S. 8.

Besondere Fragen ergeben sich aus der Stellung der Sozialdemokratie im Modernisierungsprozeß. Gelegentlich kann man die Ansicht hören, daß die große Zeit des Neoliberalismus bereits um ist; als Beweis dienen die Regimewechsel, die Wahlsiege linker, sozialistischer, sozialdemokratischer Parteien in einer Reihe wichtiger europäischer Länder herbeigeführt haben (Frankreich, Italien, Großbritannien, Deutschland). Solche Ansichten gehen von der Annahme aus, daß Neoliberalismus und Sozialdemokratie prinzipiell unvereinbar sind. Dies entspricht zwar einem traditionellen Selbstverständnis, mit dem Linksparteien dieser Art auch heute noch ihren Anhang mobilisieren, aber andererseits muß man daran erinnern, daß es ausgerechnet eine Labour-Regierung war, die zwischen 1984 und 1990 die radikalsten Liberalismen in Neuseeland praktiziert und dieses Land damit zum internationalen Schrittmacher im Sozialabbau gemacht hat (vgl. Easton 1977; siehe den Beitrag von Gudrun Biffl in diesem Band).

Tatsächlich sind sozialdemokratische Parteien inzwischen weitgehend von neoliberalem Gedankengut durchtränkt, ja es ist ihnen vielfach gelungen, sich mit ebendieser Programmatik zum Wortführer gesellschaftlicher Modernisierungen zu machen. Das für diese Verschmelzungen – wieder einmal – verwendete Bild ist das des „Dritten Weges“[7] oder der „neuen Mitte“[8]. Mit solchen Rechtfertigungsansätzen wird vielfach Kontinuität praktiziert, sodaß die Veränderungen, abgesehen von der Eliminierung einiger konservativer Borniertheiten, sich auf Nuancen beschränken. Bezogen auf die von Tony Blair vertretene politische Programmlinie als „the only left that is left" (Sassoon 1997) wurde denn mittlerweile auch die spöttische Formel „Thatcherismus mit menschlichem Antlitz" geprägt (vgl. Gould 1998; Milne 1998). In der hier interessierenden Frage, vor allem in der Privatisierungsfrage, sind praktisch alle sozialdemokratischen Regierungen Anhänger neoliberaler Positionen (vgl. Cupérus/Kandel 1998). Dies gilt im Prinzip auch für die französischen Sozialisten. So erklärte unlängst Strauss-Kahn: „In Wirklichkeit ist unsere Politik realistisch und links. Aber um sich davon zu überzeugen, muß man auf die üblichen Merkmale verzichten, denn die Zeit, als die Linke sich mit der kontinuierlichen Ausdehnung des öffentlichen Sektors identifizierte, ist vorbei" (Bensaid 1998).

Dabei sind allerdings einige unübersehbare Friktionen zu erkennen. Zum einen stehen diese Parteiführungen unter einem starken Druck der Basis, in der Frage der Bekämpfung der Massenarbeitslosigkeit Erfolge vorweisen zu müssen. Hier haben sich die liberal-konservativen Rezepte ihrer Vorgänger (Senkung der Arbeitskosten, Flexibilisierung der Arbeitsmärkte, Verringerung der Arbeitslosenunterstützung)[9] bereits als erfolglos erwiesen. Darüber hinaus müssen sie erkennen, daß sie dank der neoliberalen Weichenstellungen und der Maastrichter Konvergenzkriterien wenig wirksame Steuerungsinstrumente besitzen. Auch eine Rückkehr zu den keynesianischen Methoden der Makrosteuerung, die früher ein fester Bestandteil sozialdemokratischer Wirtschaftspolitik waren, erscheint so nicht gangbar.

Ein Ausweg ist danach ohne prinzipiellen Bruch mit dem neoliberalen Paradigma kaum vorstellbar.

Hier wird sichtbar, daß liberale Politik stets Strukturpolitik ist, indem sie das politische Handeln in einem restriktiven Sinn strukturiert. Pierre Bourdieu (1998) hat darauf hingewiesen, daß das oberste Ziel des Neoliberalismus die Zerstörung der kollektiven Strukturen darstellt, die der Marktlogik im Weg stehen, und das sind alle Agenturen der herkömmlich Gemeinwohl genannten öffentlichen Agenden, vom Staat bis zur Familie. Von den Vertretern ultraliberaler Thesen wie etwa im Public choice-Ansatz Buchanans wird dann auch der Unterschied zwischen der Sphäre des Privaten und des Öffentlichen konsequent eingeebnet.

Auch politische Programme unterliegen einem ständigen Bewährungstest in der Praxis. Manchmal gelingt der Abschied von eingewurzelten

Dogmen erst nach dem Eintreten größerer Katastrophen. Gerade auf wirtschaftspolitischem Gebiet gibt es dafür eine Art Regelmäßigkeit, wenn man John Kenneth Galbraith glauben darf.[10] Der Glaube an die Funktionsfähigkeit und Zuverlässigkeit marktförmiger Wirtschaftsordnungen hat durch die immer noch weiter schwelende Asienkrise, die bekanntlich eine Lateinamerika-Krise im Gefolge hatte, einen starken Dämpfer erlitten. Gescheitert ist das neoliberale Politikmodell auch in Rußland. Hier hat der Westen – und vor allem die Weltbank – einseitig in die neoliberale Variante und deren Symbolfigur Jelzin investiert und damit eine systematische Schwächung der staatlichen Ordnungsmacht in Kauf genommen (vgl. Lewin 1998). Darüber hinaus steht schon seit langem fest, daß der Markt eine zuverlässige Versorgung der Weltbevölkerung auch nur mit den nötigsten Bedarfsmitteln nicht garantieren kann.

Wäre es nun nicht an der Zeit, von diesen neoliberalen Dogmen Abschied zu nehmen und zu einer realistischeren Betrachtung zurückzukehren?

Anmerkungen

1 So Karl Marx: Zur Kritik der Hegelschen Rechtsphilosophie. MEW 1/384.

2 „Das Scheitern des Kommunismus und die Implosion des Sozialismus haben als Nebeneffekt den ideologischen Niedergang der traditionellen Rechten zur Folge gehabt, deren einzige Doktrin der Antikommunismus war, und haben damit den Neoliberalismus zum unbestrittenen Sieger erklärt. Während die Entfaltungsmöglichkeiten früher begrenzt waren, erlebt er nun, wie die Hauptkonkurrenten von der Bühne verschwinden, und entfaltet sich im Weltmaßstab mit ungebremster Energie. Die neoliberale Weltsicht soll als Einheitsideologie der gesamten Welt aufoktroyiert werden“ (Ramonet 1998).

3 V. Forrester hat zu Recht darauf hingewiesen, daß hier ein Umerziehungsprozeß im Gang ist, in dem diskriminierte Wörter aus dem Verkehr gezogen – wörtlich „auf den Index gesetzt“ – und durch eine neue Phraseologie ersetzt werden. Ein Beispiel dafür ist die Eliminierung der Begriffe Profit, Ausbeutung und Kapitalismus, die eben durch Marktwirtschaft ersetzt werden (Forrester 1997, S. 26 f.).

4 Mittlerweile hat sich in diesem Geschäftszweig eine boomende Industrie etabliert, deren erfolgreichste Vertreter (wie etwa *Corrections Corporation of America*, *Correctional Services Corporation* oder *Wackenhut*) bereits an der Börse notieren und mit Wachstumsraten von durchschnittlich 45% aufwarten können (vgl. Boom des pénitenciers privés. In: Le Monde Diplomatique, 7/1998).

5 Vgl. „Die Parteien und ihre Klientel“, Der Standard, 16. November 1998.

6 Roland Pfefferkorn, Professor an der Universität von Straßburg, erklärt den Aufstieg Haiders wie folgt: „Der Sozialstaat, wie er von den Sozialdemokraten vor dem Krieg eingerichtet worden ist, wurde von der Großen Koalition fortschreitend abgebaut. Gleichzeitig hat sich mit dem Eintritt in die Europäische Union ein klarer neoliberaler Schwenk abgespielt: Privatisierung staatlicher Unternehmen, Sparkurs in allen Bereichen, Verschärfung der Fremdenpolitik ..." (Pfefferkorn 1997).

7 So Anthony Giddens, einer der Theoretiker von „New Labour" (Giddens 1998).

8 So Hombach 1998.

9 So zuletzt Giorgio Fossa, Präsident der italienischen Confindustria, in: Il Sole, 24 Ore, Milano, 28. 10. 1998.

10 „Die Finanzwelt pflegt die höchste Bewunderung jenen zuteil werden zu lassen, die den Weg in die schlimmsten Katastrophen geebnet haben" (Galbraith 1995).

Literatur

Beaud, Michel/Dostaler, Gilles (1996): Keynes, ou l'esprit de responsabilité. In: Le Monde Diplomatique, 12/1996.

Bensaid, Daniel (1998): La force molle de la social-démocratie. In: Le Monde Diplomatique, 12/1998.

Bourdieu, Pierre (1998): L'essence du néoliberalisme. In: Le Monde Diplomatique, 8/1998.

Cupérus, René/Kandel, Johannes (Hrsg.) (1998): The Magical Return of Social-Democracy. Transformations in progress. Amsterdam.

Easton, Brian (1997): The Commercialization of New Zealand. Auckland.

Forrester, Viviane (1997): Der Terror der Ökonomie. Wien.

Galbraith, John Kenneth (1995): The World Economy since the Wars. A personal view. London.

Garland, David (1985): Punishment and Welfare. A history of penal strategies. Aldershot.

George, Susan (1996): Comment la pensée devint unique. In: Le Monde Diplomatique, 8/1996.

Giddens, Anthony (1998): The Third Way, the Renewal of Social Democracy. London.

Gould, Philip (1998): The Unfinished Revolution. London.

Hagen, Johann J. (1990): Staat. In: Hans Jörg Sandkühler (Hrsg.): Europäische Enzyklopädie zu Philosophie und Wissenschaften. Hamburg, S. 428 ff.

Hagen, Johann J. (1996): Die Ökonomisierung des Bildungswesens. In: Juridikum 3/1996.

Halimi, Serge (1997): La Nouvelle-Zélande, éprouvette du capitalisme total. In: Le Monde Diplomatique, 4/1997.

Hall, John A. (1995): In Search of Civil Society. In: John A. Hall (Hrsg.): Civil Society. Theory, history, comparison. Cambridge, S. 1 ff.

Hendler, R. (1983): Grundprobleme der Entregelung im demokratischen Rechts- und Sozialstaat. In: Rüdiger Voigt (Hrsg.): Gegentendenzen zur Verrechtlichung. Opladen, S. 59 ff.

Hombach, Bodo (1998): Aufbruch – die Politik der neuen Mitte. Zürich.

Keane, John (1988): Civil Society and the State. New European Perspectives. London.

Kuhn, Thomas S. (1973): The Structure of Scientific Revolutions. Chicago 1970; deutsch: Die Struktur wissenschaftlicher Revolutionen. 2. rev. u. um das Postskriptum von 1969 erg. Aufl. Frankfurt/M.

Kühn, Hagen (1990): Ökonomisierung der Gesundheit. Am Beispiel des US-amerikanischen Gesundheitswesens. (WZB paper, 90/206.) Berlin.

Lewin, Moshe (1998): La Russie en mal d'État. In: Le Monde Diplomatique 11/1998.

Malandrino, Corrado (1990): Liberalismus. In: Hans Jörg Sandkühler (Hrsg.): Europäische Enzyklopädie zu Philosophie und Wissenschaften. Hamburg, S. 58 ff.

Marx, Karl: Zur Kritik der Hegelschen Rechtsphilosophie. MEW 1/384.

Milne, Seumas (1998): Réformisme camouflé en Grand-Bretagne. In: Le Monde Diplomatique, 12/1998.

Pfefferkorn, Roland (1997): Fascinations autrichiennes pour M. Haider. In: Le Monde Diplomatique, 2/1997.

Ramonet, Ignacio (1998): Besoin d'utopie. In: Le Monde Diplomatique, 5/1998.

Sassoon, Donald (1997): Hundred Years of Socialism. London.

Vergara, Francisco (1992): Introduction aux fondements philosophiques du libéralisme. Paris.

Wacqant, Loic (1998): De l'État social à l'État carcéral. In: Le Monde Diplomatique, 7/1998.

Wiethölter, R. (1985): Materialization and Proceduralization in Modern Law. In: G. Teubner (Hrsg.): Dilemmas of Law in the Welfare State. New York, S. 221 ff.

Reinhard Pirker

Die Ökonomisierung des öffentlichen Diskurses oder Woher kommt die neoliberale Rhetorik?

Einleitung

Wenn im öffentlichen Diskurs die Segnungen der Marktwirtschaft gebetsmühlenartig wiederholt werden, wenn Politiker fortwährend von „Privatisierung", „Deregulierung" und „Ausgliederung" sprechen, wenn der „schlanke Staat" in aller Munde ist, wenn formell führende Universitätsfunktionäre die Universitäten in „autonome Bildungskonzerne" verwandeln wollen (wobei sie sich dann inkonsequenterweise alterieren, wenn ein Regierungsmitglied in der Folge davon spricht, daß Universitäten wie Kapitalgesellschaften funktionieren sollten), dann scheint mir zumindest sprachlich der Konnex zur vorherrschenden ökonomischen Theorie bewußt oder unbewußt hergestellt zu sein. Denn dabei wird meistens zugleich auch explizit oder implizit unterstellt, daß das autonome Eigeninteresse die zentrale motivierende Kraft für den Menschen sei. Der „freie Bürger" entscheide nach eigeninteressierten, „rationalen" Überlegungen, was er tut oder unterläßt. Dies allein – und nichts sonst – führe gemäß der dominanten ökonomischen Rhetorik zu individuellem Wohlstand und sozialer Stabilität. Die Parallelität mit dem ökonomietheoretischen Mainstream-Denken ist somit unübersehbar. Dieses prätendiert nämlich eine allumfassende Ausdehnung privater Eigentumsrechte, was die Zurückdrängung des Staates und die Reduzierung aller gesellschaftlichen Organisationen auf Tausch- bzw. Marktprozesse zur Folge haben soll. Daß dies nichts anderes als ein Mythos ist, wird im folgenden gezeigt.

Was Märkte sind, weiß eigentlich niemand so recht, aber alle reden davon

Das Studium von Märkten (Marktwirtschaften), das Verhalten von Marktteilnehmern und seine Auswirkungen ist wohl das wichtigste Thema, seit wir von Ökonomie als einer eigenständigen wissenschaftlichen Disziplin sprechen können. Bemerkenswert ist jedoch, daß man explizite Definitionen dessen, was Märkte sind, in der Literatur eher selten antrifft. Mathematische Modelle, die sich mit bestimmten Phänomenen von Marktverhalten beschäftigen, sind ausufernd vorhanden; beispielsweise existiert eine umfangreiche Literatur über die theoretischen Determinanten von Marktgleichgewichten. Aber wenn man die einfache, kaum gestellte Frage aufwirft, was denn „Märkte" eigentlich seien, und die Literatur danach befragt, so scheint das Feld diesbezüglich schlecht bestellt; es gibt wenige – und wenn, dann sehr unterschiedliche und teilweise widersprüchliche – Definitionsversuche von „Markt".

Einer der wenigen Ökonomen, der einen Markt explizit zu definieren versuchte, ist Alfred Marshall (Marshall 1961, S. 323 ff.). Er widmet diesem Unterfangen ein ganzes Kapitel, geht jedoch im wesentlichen über die von ihm zitierte Definition von Cournot nicht hinaus: „Economists understand by the term Market not any particular market place in which things are bought and sold, but the whole of any region in which buyers and sellers are in such free intercourse with one another that the prices of the same goods tend to equality easily and quickly" (ebenda, S. 324). Der Umstand, daß es eine Tendenz zu einer „leichten und schnellen Angleichung" der Preise ein und derselben Güter gibt, bedeutet nichts anderes, als daß gemäß Marshall die Ökonomen darauf bestehen müßten, daß der Markt geräumt sei, wenn die Anpassung an den Gleichgewichtspreis erfolgt ist. Diese Denktradition ist die nach wie vor vorherrschende. Zentral ist dabei die Vorstellung, daß der Markt einen Mechanismus bereitstelle, der Anpassungen an den Gleichgewichtspreis gewährleiste.[1] Marshall, der massenhaft empirische Beispiele von Märkten behandelt, ist sich dessen ganz klar, daß diese Marktvorstellung ein theoretisches Konstrukt ist, das nicht mit empirischen Marktereignissen ident sein muß. Doch wird die Idee des perfekten Marktes bei ihm zur theoretischen Norm, auf die alle möglichen Abweichungen zu beziehen sind. „Thus the more nearly perfect a market is, the stronger is the tendency for the same price to be paid for the same thing at the same time in all parts of the market" (ebenda, S. 325).

Die Vorstellung eines perfekten Marktes wurde durch die allgemeine Gleichgewichtstheorie generalisiert. Nicht auf Marshall, der ja Partialanalytiker war, sondern auf Leon Walras sich beziehend (Walras 1954), wurde eine formale Struktur ausgearbeitet, in der alle Interaktionen von Marktteilnehmern ausschließlich vermittels der Gleichgewichtspreise stattfinden (Arrow/Hahn 1971). Geld kann jedoch in dieses System nicht eingebaut werden; es dient als simples „numéraire", in dem die nominellen Preise aller Güter und Dienste ausgedrückt werden. In dieser Version ist einerseits jede makroökonomische (überindividuelle) Steuerungseinheit wegen der Kompatibilität der Gleichgewichtssituation mit den individuellen Nutzenmaxima obsolet, und andererseits können alle vorfindbaren Institutionen auf die Idealvorstellung einer Gesellschaft bezogen werden, deren Handlungskoordinierung durch ein Set von perfekten Märkten erfolgt, wobei – nochmals sei es betont – im Gleichgewicht alle Handlungen als individuelle Optima fixiert sind.

Die meisten Ökonomen haben nicht nur eine Abneigung dagegen, den Markt zu definieren, sondern verwenden diesen Begriff auch manchmal in einer ausfransenden Weise, die ihm jegliche begriffliche Trennschärfe nimmt. So behauptet beispielsweise Gary Becker in seiner ökonomischen Analyse des Heiratens, daß die Existenz eines Heiratsmarktes problemlos angenommen werden könne (Becker 1976, S. 206). Selbstverständlich kann nicht bestritten werden, daß Heiratsvermittlungsbüros existieren, aber diese konstituieren keineswegs einen Heiratsmarkt. Eine Heirat involviert zwar einen Vertrag zwischen der Braut und dem Bräutigam, jedoch kann wohl nicht davon gesprochen werden, daß Hochzeiten als solche gekauft und verkauft werden. Im Gegensatz zu Beckers Arbeiten über Heirat und Familie differenzieren die herrschenden sozialen Konventionen streng zwischen jenen familialen und sexuellen Aktivitäten, die Gegenstand von Marktprozessen sein können, und jenen, die das keinesfalls sind. So ist – unabhängig von jeder moralischen Bewertung – leicht einzusehen, daß eine sexuelle Beziehung zwischen Verliebten oder Verheirateten sowohl in der Form als auch substantiell von jener zwischen einer Prostituierten und ihrem Kunden verschieden ist. Wenn schon, dann können im Fall von Prostitution sexuelle Dienste durch eine Art von Markt bezogen werden.[2] Die Ausdehnung des Marktbegriffes auf alle menschlichen Aktivitäten nimmt dem Begriff jede Trennschärfe und marginalisiert seine Erklärungskraft.

Als ein – allerdings ungenügender – Versuch, institutionelle Aspekte in die ökonomietheoretische Marktvorstellung einzubeziehen, ist die „Theorie der Eigentumsrechte" („Property rights-Schule") anzusehen, die anerkennt, daß Tausch unter der Bedingung von Marktwirtschaften nicht nur einen Zwei-Weg-Transfer von Gütern und Diensten darstellt, sondern auch einen Transfer von Eigentumsrechten impliziert. Diese Erkenntnis ist zwar nicht neu, jedoch weise ich auf sie hin, weil bis in die sechziger Jahre die vorherrschende ökonomische Theorie nicht sonderlich davon Notiz nahm, was mit der anti-institutionalistischen Stoßrichtung ökonomischen Denkens zu tun hat. So definiert beispielsweise Ludwig Mises den Tausch als einen Versuch, einen bestimmten Zustand durch einen zufriedenstellenderen zu ersetzen (Mises 1949, S. 97). Die Handlung selbst wird als Tausch interpretiert – auch der „lonely hunter“ tauscht, nämlich Patronen und Freizeit gegen Nahrungsmittel. So wird Tausch zu einem ungeheuer breiten Konzept, zu einer Universal-Kategorie, die die einsamen Aktivitäten eines Robinson Crusoe genauso involviert wie die zwischenmenschlichen Transaktionen in irgendwelchen sozialen Umgebungen, ohne eine Beziehung zu Eigentumsrechten herzustellen bzw. herstellen zu müssen.

Demgegenüber wird in der institutionalistischen, vor allem englischsprachigen Literatur auf die Arbeiten von John Commons verwiesen, der bereits in den zwanziger Jahren klar machte (Commons 1924), daß ökonomische Transaktionen nicht nur Güter und Dienstleistungen betreffen, sondern auch die Übertragung von Eigentumsrechten mit sich bringen. Dies setzt voraus, daß ein Vertragsrecht existiert, ein rechtlicher Rahmen gegeben ist, mit dessen Hilfe der Staat Kriterien setzt, um zwischen freiwilliger und unfreiwilliger Übertragung von Gütern und Dienstleistungen unterscheiden zu können, denn Verträge repräsentieren ja intentionale, freiwillige Übereinstimmungen. Verstöße gegen die Freiwilligkeit werden durch staatliche Rechtsprechungsinstanzen sanktioniert.

Die Theorie der Eigentumsrechte, wie sie im ökonomietheoretischen Diskurs vorherrschend verwendet wird (vgl. dazu: Coase 1960, S. 1-44; Demsetz 1967, S. 347-359), bezieht sich primär auf Anreize für individuelles Handeln oder Unterlassen und nicht auf die Institution des Eigentums selbst. Sie beschränkt sich nämlich vorwiegend auf die Forderung nach Internalisierung von Externalitäten (wie Umweltverschmutzung oder Verkehrslärm): „A primary function of property rights is that of guiding incentives to achieve a greater internalization of externalities“ (Demsetz 1967, S. 348). Die Ausdehnung von Eigentumsrechten soll dabei die Zurückdrängung der Rolle des Staates zur Folge haben; jedoch ist meines Erachtens nicht einzusehen, daß durch die Ausdehnung von Eigentumsrechten seine Funktion der Setzung von Rechtsregeln und ihrer Überwachung eingeschränkt werden könnte. Dem auch hierzulande immer populärer werdenden Mythos, daß die Ausdehnung von Eigentumsrechten und Märkten notwendigerweise den Rückzug des Staates aus dem sozialen Leben bedinge, ist sehr anschaulich mit einem Zitat von Karl Polanyi zu begegnen, der die Probleme des Wachstums von Märkten im England des 18. und 19. Jahrhunderts studierte: „Der Zugang zu den freien Märkten wurde durch eine enorme Zunahme eines ständigen, zentral organisierten und kontrollierten Interventionismus geöffnet und offengehalten ... Die Errichtung freier Märkte (führte) keineswegs zur Abschaffung von Kontrollen, Reglementierungen und Interventionen, sondern vielmehr zu deren enormer Ausweitung. Administratoren mußten ständig darauf achten, daß das System frei funktionieren konnte. So kam es, daß sogar jenen, die sich nichts sehnlicher wünschten, als den Staat von allen unnotwendigen Aufgaben zu befreien, und deren ureigenste Philosophie die Einschränkung der staatlichen Tätigkeit forderte, nichts anderes übrig blieb, als eben diesen Staat mit neuen Vollmachten, Organen und Instrumenten, die für die Durchsetzung des Laissez-faire erforderlich waren, auszustatten“ (Polanyi 1978, S. 194 f.).

Der Mangel der Theorie der Eigentumsrechte liegt darin, daß sie die Notwendigkeit der strukturierenden Funktion des Staates nicht erkennen kann, und zwar deshalb nicht, weil sie unter Eigentum primär eine Beziehung zwischen einem Individuum und einem Ding und erst daraus abgeleitet eine solche zwischen Personen versteht. In meiner Sichtweise ist die Institution „Eigentum“ immer schon in staatlich gesetzte Rechtsregeln *und* tradierte Gewohnheitsregeln eingebettet. Das Abstreifen dieses institutionellen Aspektes macht die gängige ökonomische Theorie der Eigentumsrechte zu einer bloßen Anreiz- und Unterlassungslehre, einfach zu einem leicht erweiterten „calculus of pleasure and pain“ und zu nichts sonst.

Die in der liberalistischen Tradition stehende Property rights-Schule nimmt Gesellschaft als ein Netzwerk von Vertragsbeziehungen wahr, als ein Aggregat von Verträgen zwischen Individuen. Die soziale Integration, so wird unterstellt, resultiere aus der individuellen Interessenverfolgung. Innerhalb gewisser staatlich gesetzter Grenzen führe die Orientierung am Eigeninteresse und an der Vertragsschließung zu einem Resultat, das der Stabilität und Entwicklung der Gesellschaft als ganze dienlich sei. Die Unhaltbarkeit dieser zentralen liberalistischen These soll nun mit Rückgriff auf Emile Durkheim nochmals kurz beleuchtet werden.

Hervorstechendes Merkmal eines Vertrages ist, daß er das Resultat von Intentionen und der Übereinkunft von zwei (oder mehreren) Personen darstellt. Aber ist der Vertrag einfach nur Ausdruck des rationalen Kalküls der involvierten Parteien? Genau diese Frage hat in aller Radikalität Durkheim in seinem Werk „Über die Teilung der sozialen Arbeit" gestellt (Durkheim 1977). Durkheims Kritik der liberalistisch-utilitaristischen Position beruht auf der Geltendmachung von für Verträge notwendigen nicht-vertraglichen Elementen. „Nicht nur außerhalb der Vertragsbeziehungen wirkt die soziale Aktion, sie wirkt auch auf das Spiel dieser Beziehungen selber; denn nicht alles ist vertraglich im Vertrag" (ebenda, S. 251).

Damit meint Durkheim, daß zwar explizite Übereinkünfte für das Zustandekommen eines Vertrages notwendig seien, jedoch existieren noch andere Faktoren, die nicht auf Intentionen und Übereinkünfte reduzierbar sind, dabei aber regulierende und bindende Funktionen erfüllen. Im Gegensatz zu der Unterstellung, daß der soziale Zusammenhalt durch die bloße Aufsummierung personeller Übereinkünfte eintreten würde, besteht Durkheim darauf, daß, um soziale Stabilität zu generieren, eine nicht-utilitaristische Dynamik, die er „organische Solidarität" nennt, zusätzlich zu den vertraglich ausgehandelten Bedingungen Platz greifen müsse. Für alle Verträge gibt es somit bindende Regeln, für die kein expliziter und detaillierter Bezug der beteiligten Partner nachzuweisen ist. Konsequenterweise bringt Durkheim auch das Problem des unvollständigen Wissens – in moderner Terminologie ausgedrückt: das Unsicherheitsproblem – mit ins Spiel. Für einen vollständigen Vertrag wäre es notwendig, alle möglichen Eventualitäten für die gesamte Vertragsdauer vorzusehen, was bei Unsicherheit eben nicht möglich ist.

Die Einhaltung von Verträgen und damit das Funktionieren von Marktwirtschaften ist, so können wir festhalten, nur dann gewährleistet, wenn neben den individuell ausgehandelten Verträgen auch noch nicht-vertragliche, sozial generierte Institutionen existieren sowie historisch evolvierte Verhaltensregeln („Habits and Rules") sowie eine implizite gesellschaftliche Wertebasis (ein „Gemeinsinn") vorhanden sind, die die Unvollständigkeit von Verträgen gleichsam schließen.[3]

Privatisierung: ein wirtschaftspolitisches Allheilmittel – oder doch nicht?

Nachdem im ersten Teil dieses Beitrags zentrale theoretische Mängel der neoliberalen Rhetorik argumentiert wurden, wird nun auf eine beliebte

Vokabel aus dem Wortschatz der Wirtschaftspolitik eingegangen, die meist mit religiöser Inbrunst vorgetragen wird und als ein wirtschaftspolitisches Allheilmittel gilt.[4]

Privatisierung – so wird behauptet – führe zur Erhöhung des Privatspielraums gegenüber der öffentlichen Hand, was nichts anderes heißen soll, als daß die Privaten immer die besseren Wirtschafter waren und sind. In der umgangssprachlichen Diktion meint dies auch, daß Märkte sich selbst regeln, und zwar „effizient". Eigentlich sollte der Staat gar nicht existieren, und wenn, dann nur als „Nachtwächterstaat". Natürlich wird dieser häßliche Begriff nicht verwendet; man spricht vom „schlanken Staat", denn schlank ist schön. Was damit meist nicht gesagt wird, ist, daß die private Macht auf den realiter oligopolistisch oder monopolistisch organisierten Märkten hinter dem Terminus „Markt" – ideologisch als Wettbewerbsmarkt propagiert – versteckt wird, was sich auch hervorragend dazu eignet, vergessen zu lassen, daß die Übernahme von zu privatisierenden Unternehmungen notgedrungenermaßen durch Oligopolisten oder Monopolisten erfolgt. Damit wird staatliche Einflußnahme durch jene privater Gruppen ersetzt. Privatisieren heißt somit auch, jemandem etwas zu geben und dies anderen zu nehmen.

Ich behaupte, daß für den Erfolg von Unternehmen deren Organisation entscheidend ist, die Motivation der involvierten Menschen, ihre Kooperationsfähigkeit und -willigkeit.[5] Es gibt auch Privatunternehmungen, die schlecht geführt sind, die mangelhaft motivierte Mitarbeiter und/oder eine inadäquate Organisation haben. Der Rechtstitel des Eigentums, die Eigentumsform – also in welcher Hand sich die Unternehmung befindet –, ist meines Erachtens für ihren Erfolg sekundär. Warum dann a priori eine spezifische Form des Haltens von Eigentumsrechten verwerflich sein soll, ist mir nicht einsichtig, es sei denn, es gibt dahinterstehende Interessen, die sich Chancen ausrechnen, durch Privatisierungen vorteilhaft bedient zu werden.

Ein Beispiel aus dem europäischen Mutterland der Privatisierung, das gänzlich fehlschlug, sind die britischen Eisenbahnen („British Rail").[6] Das Schienennetz wird von eigenen Firmen betrieben, die Bahnhöfe von anderen, die Garnituren wieder von anderen. Die Verbindungen zwischen den Orten werden von mehreren Betriebsgesellschaften unter Konkurrenzbedingungen betrieben. Service- und Preisvorteile für die Konsumenten sollten das Resultat sein. Untersuchungen der Consumer Association auf bereits privatisierten Strecken zeigen ein gänzlich anderes Bild. Die Abstimmung der Fahrpläne ist praktisch nicht vorhanden, Züge enden im Niemandsland, auf Anschlußzüge von anderen Betreibergesellschaften wird nicht gewartet usw. Um die günstigste Verbindung ausfindig zu machen, müssen sich die Konsumenten über alle Fahrpläne der auf der betreffenden Strecke operierenden Firmen informieren, was zu extrem gestiegenen Informationskosten geführt hat. Von relativen Wohlfahrtsgewinnen im Vergleich zu früher kann also keinesfalls die Rede sein.[7] Auch ist die Preisdifferenzierung auf den privatisierten Strecken ausschließlich „marktgesetzlich" gestaltet, sodaß beispielsweise Pendler mehr bezahlen als außerhalb der Stoßzeiten fahrende Touristen.[8]

Wenn Private Verluste oder gar Bankrott machen, so wird man nicht müde zu erzählen, dies sei ihr „privates Schicksal". Wenn hingegen jenes Eigentum, das öffentlich ist, das der Allgemeinheit gehört, einen Verlust oder gar Bankrott macht, dann müßten alle dafür bezahlen. Investiert beispielsweise eine Unternehmung in eine neue Produktionsanlage und erweist sich nach der Fertigstellung, daß dies eine Fehlinvestition war, so ist dies keineswegs nur für den Eigentümer betrüblich, sondern auch für die aktuellen und potentiellen künftigen Beschäftigten, die arbeitslos werden bzw. bleiben, wie auch für die auf Aufträge angewiesenen Lieferanten. Ob der Rechtstitel nun von einem Privaten oder von der öffentlichen Hand gehalten wird, ist zweitrangig – die sozialen Kosten hat immer die Gesamtgesellschaft zu tragen. Wenn durch Privatisierung die „Eigenverantwortung gestärkt" werden soll, so ist darauf hinzuweisen, daß die überwiegende Mehrheit der im Berufsleben stehenden Personen über kein oder kaum über ein produktives Eigentum verfügt (außer ihrer Arbeitskraft). Privatisierungen, die auf diese Weise legitimiert werden, haben die Funktion, eine Wirtschaftspolitik zu rechtfertigen, welche die Mehrheit der Bevölkerung einfach übersieht.

Die Entwicklung neuer Produktionsprozesse und Produkte sowie das Entstehen neuer theoretischer Überlegungen und Sichtweisen sind das Resultat von Interaktionen vieler, die mitarbeiten und mitdenken. Der Besitz eines darauf bezogenen Rechtstitels, wie es das Eigentum darstellt, ist nichts anderes als die Zuweisung von Verfügungsmöglichkeiten für einzelne oder wenige über die Resultate kollektiver Anstrengungen, was in der Diskussion über den „Schutz des intellektuellen Eigentums" besonders deutlich wird. Demgegenüber lehnte Julius Röntgen, der erste Nobelpreisträger für Physik im Jahr 1901, eine Patentierung ab, weil „seine" Erkenntnisse der Allgemeinheit gehörten und sie ja von dieser bzw. von Teilen derselben produziert worden seien (Bauer/Pirker 1996, S. 16).

Eigentumstitel sind in meiner Sicht primär Machtmittel und weniger Produktionsmittel oder Mittel zur Erzielung von effizienten Lösungen wie in der Theorie der Eigentumsrechte. Bei Privatisierungen handelt es sich somit um Machtrestrukturierungen. Das private Kapital muß sich mit dem in öffentlicher Hand befindlichen immer weniger arrangieren. So verändert sich auch die Wahrnehmung der Funktion von Eigentum. Eine gesellschaftliche Verpflichtung, eine „Sozialbindung" von Eigentum kann dann wohl immer schwerer gedacht und im Anschluß daran auch eingefordert werden.

Resümee

Die neoliberale Rhetorik ist keineswegs so neu, wie das Adjektiv „neoliberal" suggeriert. „Neu" kann in diesem Zusammenhang nur bedeuten, daß die Marktrhetorik in den letzten Jahren im öffentlichen Diskurs eine steigende Bedeutung erlangt hat. Diese Rhetorik fußt auf gar nicht mehr so neuen Konzepten, die aus dem ökonomischen Mainstream-Denken herkommen, welches ein Zurückdrängen aller nicht-marktlichen Institutionen (speziell der Rolle des Staates) propagiert. Damit wird aber bewußt oder unbewußt unterstellt, daß Märkte im Grunde einen quasi-perfekten gesellschaftlichen Wohlfahrtsmechanismus bereitstellen, der höchstens temporären Störungen ausgesetzt ist. Und auch nur dann sind Eingriffe von außen zugelassen und argumentierbar.

Worum es mir jedoch geht, ist zu zeigen, daß Märkte alles andere als mehr oder minder perfekte Selbstregulierungsmechanismen darstellen, sondern daß sie, um ihr Funktionieren zu gewährleisten, auf nicht-marktliche, historisch evolvierte Institutionen angewiesen sind. Somit muß die Vorherrschaft der neoliberalen Marktrhetorik zurückgewiesen werden. Eine (Wirtschafts-)Politik, die sich dieser Marktrhetorik verschreibt, kann im besten Fall subsidiäre Funktionen erfüllen und verzichtet nolens volens auf jeden eigenständigen politischen Gestaltungswillen.

Anmerkungen

1 Auf die Möglichkeit von Gleichgewichtssituationen bei Rationierung möchte ich hinweisen, doch ändert dies nichts an der Zentralität der Gleichgewichtsvorstellung.

2 Die Vorstellung von Gary Becker, daß prinzipiell alle menschlichen Aktivitäten als quasi marktvermittelte interpretiert werden können, hat mit der von ihm betriebenen und zu einem konsequenten Ende gedachten Entsubstantialisierung der Ökonomie zu tun. In der Einleitung zu seinem „Economic Approach to Human Behavior" (1976) besteht er darauf, daß das, was die ökonomische Disziplin von anderen Disziplinen der Sozialwissenschaft unterscheidet, nicht ihr Gegenstand, sondern ihr „Ansatz" (approach) ist. Im Mittelpunkt des Beckerschen Denkens steht das sich rational verhaltende Individuum, das bei gegebenen Präferenzen fortwährend zwischen Nutzen und Kosten bestimmter feststehender Alternativen abwägt. Mein zentraler Kritikpunkt trifft seine Annahme, daß menschliches Entscheidungsverhalten über die Zeit konsistent ist (stabile Präferenzen) und daß die Menschen ihr Verhalten nur dann anpassen, wenn sich die vorgegebenen Preise ändern. Es sind aber durchaus Situationen vorstellbar, in denen sich die Menschen an neue Situationen anpassen müssen, ohne daß sie Preis- und Kostenveränderungen auch nur annähernd abschätzen können, wie das beispielsweise in langfristigen Transformationsprozessen der Fall ist.

3 Um es nochmals zu präzisieren: Auf keinen Fall möchte ich behaupten, daß eine adäquate Konzeption von Eigentumsrechten erstellt werden könnte und somit gesellschaftlich stabile Verhältnisse quasi automatisch gegeben wären, würde einfach der Staat als „deus ex machina" ins Spiel gebracht. Dies betrifft die Vorstellung des „Leviathan", den Thomas Hobbes als einen über der Gesellschaft stehenden Souverän eingeführt, der die Durchsetzung und Überwachung des Vertragsrechtes gewährleisten müsse (Hobbes 1965). Seit der Entstehung „moderner" Marktgesellschaften haben Theoretiker sich immer wieder mit der Frage befaßt, wie in einer komplexen Gesellschaft mit sich ausdehnenden Markt- und Vertragsbeziehungen sowie mit einem hohen Grad individueller Selbstbezogenheit soziale Stabilität möglich ist und ein Auseinanderbrechen der Gesellschaft, ein Krieg aller gegen alle vermieden werden kann. Die Hobbessche Lösung des Erscheinens eines Souveräns, der die soziale Ordnung und den Zusammenhalt garantiert, ist deshalb nicht überzeugend, weil keine Erklärung für die Stabilität und Kontinuität des Regierens durch den „Leviathan" gegeben wird. Diese Konstruktion scheint mir deshalb inkonsistent zu sein, weil die Hobbessche Sichtweise des selbstbezogenen Handelns nicht auf den Souverän selbst angewandt wird. Warum sollte der „Leviathan" mit Beständigkeit und Wohlwollen regieren, um den gesellschaftlichen Zusammenhalt aufrechtzuerhalten, und nicht weiter den Krieg aller gegen alle schüren? Im Fall des Souveräns verabschiedet sich Hobbes vom Axiom des rohen, „wölfischen" Menschen, das sonst für seine Theorie so bedeutsam ist. In einem separaten Aufsatz habe ich gemeinsam mit H. Rauchenschwandtner mit Bezug auf W. Roscher zu zeigen versucht, daß für die Stabilität von Handlungen eine historisch evolvierte gemeinsame gesellschaftliche Wertebasis, ein „Gemeinsinn" („sense of community") notwendig ist, was eben nicht durch staatliche Rechtsetzung allein entstehen kann (vgl. dazu: Pirker/Rauchenschwandtner 1998, S. 406-421).

4 Vgl zum Privatisierungsdiskurs auch: Bauer/Pirker 1996, S. 15 f.

5 Dies gilt klarerweise auch für den Bereich des Staates in seiner Verwaltung und in der Verfügung über seine Rechtstitel.

6 Vgl. dazu den eindrucksvollen Erfahrungsbericht von Andrea Holzmann-Jenkins (1997, S. 34 ff.).

7 Die Privatisierung der British Rail wird auch deshalb als Beispiel gewählt, weil ich selbst ein Jahr lang während eines Cambridge-Aufenthaltes 1996/97 als eifriger Bahnbenützer das „Vergnügen" hatte, die „Vorteile" der Bahnprivatisierung am eigenen Leib zu verspüren, wobei ich mir geschworen habe, meine Kritik an den ÖBB in Zukunft zu relativieren.

8 Die merkbare Unzufriedenheit des Publikums mit den privatisierten, ehemals öffentlichen Infrastruktureinrichtungen („utilities") war auch ein willkommener Anlaß für die Labour Party, im Wahlkampf 1997 eine Spezialsteuer auf die Utilities zu fordern, die „fat cats", wie sie Labour im Wahlkampf bezeichnete, steuerlich speziell zu behandeln. Dies war eine der wenigen Forderungen, die die Blairites in der Wahlauseinandersetzung offensiv propagierten.

Literatur

Arrow, Kenneth J./Hahn, Frank (1971): General Competitive Analysis. San Francisco.

Bauer, Leonhard/Pirker, Reinhard (1996): Mit Inbrunst plappern. In: Falter. Zeitschrift für Kultur und Politik, 8/1996.

Becker, Gary S. (1976): The Economic Approach to Human Behavior. Chicago.

Coase, Ronald (1960): The Problem of Social Cost. In: Journal of Law and Economics, 3/1960.

Commons, John R. (1924): Legal Foundations of Capitalism. New York.

Demsetz, Harold (1967): Towards a Theory of Property Rights. In: The American Economic Review, 57/1967, Proceedings.

Durkheim, Emile (1977): Über die Teilung der sozialen Arbeit. Frankfurt/M.

Hobbes, Thomas (1965): Leviathan oder Wesen, Form und Gewalt des kirchlichen und bürgerlichen Staates. Neuwied.

Holzmann-Jenkins, Andrea (1997): Großbritannien – eine deregulierte Marktwirtschaft. In: Die Zukunft. Sozialdemokratische Monatsschrift, 9/1997.

Marshall, Alfred (1961): Principles of Economics. 9th (variorum) ed. Volume I. London.

Mises, Ludwig (1949): Human Action. A treatise on economics. New Haven.

Pirker, Reinhard/Rauchenschwandtner, Hermann (1998): Sense of Community. A fundamental concept of institutional economics. In: Journal of Institutional and Theoretical Economics, 154/1998.

Polanyi, Karl (1978): The Great Transformation. Politische und ökonomische Ursprünge von Gesellschaften und Wirtschaftssystemen. Frankfurt/M.

Walras, Leon (1954): Elements of Pure Economics or the Theory of Social Wealth. London.

H. G. ZILIAN

Unwiderstehliche Angebote

Im semi-fiktiven Reich des Don Corleone pflegte man eine gelungene Nötigung in die elegante Formel zu kleiden: „I made him an offer he couldn't refuse." Es ist dies ein schönes Beispiel der modernen Doppelzüngigkeit, wie sie für viele Ideologien charakteristisch ist. Man spricht von Gleichheit und meint Macht; von Mobilität und meint Entwurzelung; von Freiheit und meint Knechtschaft; und Verteilungsprobleme werden durch mehr oder weniger geschickte Schachzüge zu „Standortfragen". All dies gehört zum Jonglieren mit Tatsachen und Begriffen, das in zunehmendem Ausmaß die politische Diskussion verdrängt. Der Freiheit des Individuums gebührte bei diesen Kunststücken immer ein besonders prominenter Platz im Scheinwerferlicht.

Friedrich Hayek hat im Liberalismus zwei Gedankenstränge isoliert, die sich seiner Auffassung nach immer weiter auseinanderentwickelten. In einem Aufsatz, der als eine Art Nachwort zum „Weg in die Knechtschaft" gedacht war, entwickelt er diesen Gedanken unter dem Titel „Wahrer und falscher Individualismus"; ein Thema, das auch in seinen späteren Arbeiten immer wieder auftauchen sollte (Hayek 1976b, S. 9 ff.). Der wahre Individualismus – zu dem sich Hayek in wenig überraschender Weise bekennt – leitet sich von Locke, Mandeville und Hume her, ist bei Tucker, Ferguson, Smith und Burke voll ausgebaut und erreicht bei de Tocqueville und Acton einen weiteren Höhepunkt. Der irregeleitete „Individualismus" hat seine Wurzel im cartesischen Rationalismus und kulminiert bei Rousseau, den Enzyklopädisten und den Physiokraten:

„Dieser rationalistische Individualismus hat ... immer die Tendenz, sich zum Gegenteil des Individualismus zu entwickeln, nämlich zum Sozialismus oder Kollektivismus. Weil nur der Individualismus der ersten Art konsequent ist, nehme ich für ihn den Namen echter Individualismus in Anspruch, während der Individualismus der zweiten Art wahrscheinlich als eine ebenso wichtige Quelle des modernen Sozialismus angesehen werden muß wie die eigentlichen kollektivistischen Theorien" (Hayek 1976b, S. 13).

Zentral am echten Individualismus sei, daß er eine *Theorie* der Gesellschaft darstellt; diese inkorporiert die Grundannahmen des methodologischen Individualismus sowie die Einsicht, „daß wir in der Verfolgung des Zusammenwirkens der individuellen Handlungen entdecken, daß viele Institutionen, auf denen die menschlichen Errungenschaften beruhen, ohne einen planenden und lenkenden Geist entstanden sind und funktionieren" (Hayek 1976b, S. 16). Dieser Individualismus ist *anti*-rationalistisch, indem er sich der „Begrenztheit des individuellen Verstandes bewußt ist, eine Erkenntnis, die zu einer Haltung der Demut gegenüber den unpersönlichen und anonymen sozialen Vorgängen führt, durch die die Einzelnen mithelfen, Dinge zu schaffen, die größer sind, als sie wissen ..." (ebenda, S. 18). Hier wird der Mensch als „irrationales und fehlbares Wesen" aufgefaßt, das durch soziale Prozesse korrigiert werden muß; dem gegenüber steht der cartesische Glaube an die Überlegenheit des Geplanten über das Gewachsene, des Einzelverstandes über das kollektive Resultat zahlreicher Einzelentscheidungen. Paradoxerweise gibt Hayek im selben Atemzug dem cartesischen Rationalismus auch die Schuld „an dem Glauben an unausweichliche Gesetze der geschichtlichen Entwicklung und dem sich daraus ergebenden modernen Fatalismus" (ebenda, S. 20) – man hätte angenommen, daß ein solcher „Fatalismus" viel eher zum „echten" Individualismus passen würde.

Der echte Individualismus, so Hayek, beruht auf formellen Grundsätzen, die jedermann gleich behandeln, auch wenn Menschen von Natur aus ungleich und verschieden sind (Hayek 1976b, S. 27 f.). „Von Natur aus" sind Menschen auch „faul und indolent, wenig voraussichtig und verschwenderisch", weshalb sie der Einbettung in die Institution des Marktes bedürfen (ebenda, S. 22). Diese Institution erzwingt, daß sich die von der Natur so jämmerlich ausgestatteten Menschen nützlich machen. Und noch etwas braucht der Mensch – er braucht überschaubare Verantwortungsbereiche und daher Regeln, „die sich auf typische Situationen beziehen, die so charakterisiert sind, daß sie den handelnden Personen erkennbar sind, ohne Rücksicht auf die entfernten Wirkungen im speziellen Fall – Regeln, die, wenn sie regelmäßig befolgt werden, in der Mehrzahl der Fälle zum Wohle wirken werden ..." (ebenda, S. 31).

Diese Unterordnung unter die „anonymen und anscheinend irrationalen Kräfte der Gesellschaft" (Hayek 1976b, S. 38) steht in scharfem Gegensatz zum falschen, rationalistischen Individualismus, der die Meinung vertritt, „daß im Zeitalter der Wissenschaft nur ein künstliches Moralsystem, eine künstliche Sprache oder sogar eine künstliche Gesellschaft gerechtfertigt werden kann" (Hayek 1976b, S. 39); eine Bemerkung, die sich auch gegen die „Neue Enzyklopädie" des logischen Empirismus, gegen seine Kritik der natürlichen Sprache und das Interesse mancher seiner Vertreter an „Planung" richtet. Dabei ist unleugbar, daß Planung und zentrale Intervention auch der Erweiterung von Handlungsspielräumen und der Bewältigung des kollektiven Geschicks von Gesellschaften dienen können. Gerade Rousseau hatte seinen „Kollektivismus" als Unterwerfung unter ein selbstgewähltes Gesetz konzipiert, als Ausdruck und Bedingung der Freiheit. Dem haben die Liberalen vor allem die Unterwerfung unter die Marktgesetze entgegenzustellen, also unter die *Zwänge* der Marktwirtschaft. Es ist nur schwer einzusehen, wie dadurch die individuelle Freiheit realisiert werden sollte. Tatsächlich bedeutet der Markt „Freiheit" für manche und „Zwang" für viele. Frei macht er die Sieger der vielen Wettbewerbe der Konkurrenzgesellschaft, in Ketten legt er (nicht nur) die Verlierer (siehe hierzu ausführlich: Zilian 1999). Es ist nicht verwunderlich, daß die Sieger und jene, die sich für die Sieger der Zukunft halten, entschlossene Anhänger der Marktwirtschaft sind; auch ist unleugbar, daß diese Marktwirtschaft bei der Steigerung des materiellen Wohlstands außerordentlich erfolgreich war: Sie ergoß das „Füllhorn des Kapitalismus" auch über jene, die dessen Segnungen nicht verdient hatten. So sah das z.B. Ludwig Mises, für den es später noch dicker kommen sollte – es entstand der Wohlfahrtsstaat, der nun auch die angeblich gänzlich Unwürdigen an dem (nicht gemeinsam, sondern nach Mises nur von den Tüchtigen) erwirtschafteten Wohlstand teilhaben ließ (Mises 1956). Ein Kernstück der liberalen und konservativ-liberalen Denktradition ist ein Entwurf der Beziehung zwischen der Arbeit und dem Markt. Wenn, wie Hayek meint, der Mensch lieber untätig wäre, würde er nicht vom Markt an die Kandare genommen, dann inkorporiert dies ein ziemlich triefäugiges Menschenbild; zusätzlich wird auf diese Weise weggeblendet, daß „der Markt" in diesem Zusammenhang nichts anderes heißen kann, als daß sich unsere Arbeit an die Bedürfnisse anderer wenden muß und daß es viele andere Wege gibt, sich anderen nützlich zu machen, und viele andere Tauschmechanismen als den der entgeltlichen Dienstleistung. In der „offenen Gesellschaft", so Mises, hätte man es sich nur selbst zuzuschreiben, wenn man weniger erfolgreich ist als andere. Die „Versager" müßten sich daher nach einem Sündenbock umschauen; diesen finden sie im Kapitalismus und entwickeln aus „Neid" „sozialistische" Ideen (Mises 1956, S.

14). Wenn allein die Gesetze des Marktes die trägen Menschen zum Arbeiten bringen, dann ist auch offensichtlich, daß Marktverzerrung durch Arbeitslosenunterstützungen, da sie diese Gesetze außer Kraft setzen, dazu führt, daß potentielle Werktätige die Hände in den Schoß legen und zu ihrer ursprünglichen Indolenz zurückkehren. Es ist dies eine Weltsicht, die in den Zwängen vergangener Epochen wurzelt und die einst die Arbeitslosenversicherung als einen Verstoß gegen die Natur- und Denkgesetze erscheinen ließ. So ähnlich geht es heute dem Grundeinkommen, das dem Volk so gar nicht einleuchten möchte und das durch die Unterstützung seitens der Zeitgeistparteien nur noch suspekter werden kann. Hayek ist zugute zu halten, daß seine Befürchtungen hinsichtlich der natürlichen „Indolenz" der Menschen nicht ganz so weit gingen. Auch er war zeit seines Lebens ein Verfechter des Grundeinkommens in irgendeiner Form (Hayek 1960, S. 295; Hayek 1976a, S. S. 87); es ist dies ein Sachverhalt, der weithin unbekannt ist und von vielen wahrscheinlich für unmöglich gehalten wird. Von dieser Konzession an die Strategie, die Zwänge des Marktes zu entschärfen, abgesehen, haben die Ahnherren des Neoliberalismus zur Renaissance eines Denkmusters beigetragen, das zu einer neuen Popularität marktwirtschaftlicher Problemlösungen geführt hat, zu einer Abkehr von interventionistischen Strategien, die ihren Beitrag zur Restauration des alten ideologischen Paradigmas der Arbeitswelt als einer Zwangsveranstaltung leistet. Das *puritanische Paradigma* entwarf Arbeit für die Höherstehenden als den Sinn des Lebens, in exaltierteren Fällen als eine Form des „Gebets", des Dienstes an Gott und der Gemeinschaft. Arbeit war auch auf den höheren Ebenen des Statusgebildes vor allem Pflicht; dies galt umsomehr auf den tieferen Ebenen, wo anstelle von verinnerlichten Werthaltungen der schiere Zwang zur Teilnahme an der Veranstaltung „Arbeitswelt" motivierte. Arbeitslosigkeit war im puritanischen Denkmodell meist selbstverschuldet und freiwillig. Unfreiwillige Arbeitslosigkeit konnte nicht – wie bei späteren, optimistischeren Beobachtern (z.B. bei Gorz) – als eine Chance betrachtet werden, sondern stellte eine große Katastrophe dar; dennoch seien finanzielle Unterstützungen für Arbeitslose abzulehnen, da sie den Lebenswandel der „Unwürdigen" subventionieren und einen perversen Anreiz schaffen würden, arbeitslos zu werden oder zu bleiben. Schließlich fordert das puritanische Paradigma, daß die Menschen die Früchte ihrer Anstrengungen ernten und den Preis ihrer Torheit entrichten. Die Lust spielt in diesem Denkmodell eine sehr untergeordnete Rolle. Wenn die Arbeit Lust bereitet, dann hat man eben Glück gehabt. Bei den Neoliberalen und den anderen modernen Rechten wurde dieses Modell säkularisiert – die neuen Götter heißen „Effizienz" und „Wachstum", die herrschende Doktrin ist materialistisch und individualistisch. Individualistisch ist auch das neue Paradigma, das mangels eines besseren Ausdrucks als das „alternative" Paradigma bezeichnet werden kann; im großen und ganzen stellt es eine Art Spiegelbild des puritanischen Modells dar. Vor allem rücken Lust und Selbstverwirklichung an die Stelle der Pflicht; Arbeitslosigkeit soll in diesem Entwurf die Gelegenheit zu noch mehr Lust und Selbstverwirklichung bieten.

Dieser Entwurf erfaßte auch die Bildung; „spielerische" Lernroutinen sollten die Arbeit aus den Lernprozessen eliminieren. Doch gänzlich kann der Schatten, den die Arbeit über das Lernen wirft, nicht beseitigt werden, u.a. da unklar ist, wie Selbstverwirklichung in Bildungsprozessen, die nicht späteren Arbeitsaktivitäten untergeordnet sind, überhaupt möglich sein sollte. Das alternative Paradigma etablierte sich zu einer Zeit, da der steigende Wohlstand die Arbeit immer unwichtiger erscheinen ließ und gleichzeitig eine gewaltige Ausweitung des Bildungssektors stattfand, die sich mit einem entsprechenden Anstieg der Aspirationen der Arbeitnehmer verband. Es ist eine bittere Ironie, daß zugleich die zunehmende Arbeitslosigkeit den Wettbewerb um die knappen Normalarbeitsplätze und selbstverständlich um die intrinsisch knappen Spitzenpositionen bis ins Unerträgliche anheizte; der Optimismus der Jahre der Vollbeschäftigung und des allgemeinen Prosperierens brachte jene Verheißungen hervor, die später nicht mehr eingelöst werden konnten. An Warnungen dahingehend, daß die sozialen Grenzen des Wachstums bald erreicht sein würden, hatte es nicht gefehlt (besonders nachdrücklich in: Hirsch 1980); diese wurden so nachhaltig in den Wind geschlagen, daß wir heute bereits die Konsequenzen der Überschreitung dieser Grenzen vor uns sehen und – wenn wir die Nerven dazu haben – im Detail analysieren können.

Die zweite große Arbeitslosigkeit dieses Jahrhunderts hat wichtigen Strängen des als überholt erachteten Paradigmas wieder zu einer neuen Aktualität verholfen. Die *Zwänge* der modernen arbeitsteiligen Gesellschaft machen sich zu einer Zeit wieder bemerkbar, da allseits ein neues Jerusalem der Freiheit und der Selbstverwirklichung ausgerufen wurde. Sparprogramme bei den öffentlichen Ausgaben und Privatisierungen fördern diese Entwicklungen nachhaltig, zu eben der Zeit, da der Staat ein moralisches Monopol für den Umgang mit den schwächeren Mitgliedern der Arbeitswelt an sich gerissen hat.

Es kommt so zu einer Ent-Moralisierung des Handelns der Arbeitsmarktakteure; vorbei sind die Zeiten, da Arbeitgeber das außerökonomische Motiv, einem armen Teufel eine Chance zu geben, in die Tat umsetzten; dies trifft sich gut, da der Zeitgeist gleichzeitig vorgesehen hat, daß es gar keine „armen Teufel“ mehr geben darf. Es sind dies Fiktionen, die der Leistungsgesellschaft direkt in die Hände arbeiten. Zur selben Zeit, da die Spaltungen unserer Gesellschaft immer tiefer werden, wird gleichzeitig eine egalitäre Botschaft in die Welt hinaustrompetet, die dem Selbstwertgefühl mancher Leute schmeicheln soll, jedoch mit den Fakten radikal unverträglich ist. Die Moral wurde dem Staat und dessen bezahlten Akteuren überlassen, die Privatpersonen behelfen sich derweilen mit der politischen Korrektheit.

Zur selben Zeit tritt die Illusion der Freiheit an die Stelle der Freiheit. Die moderne Wirtschaftsordnung braucht Knechte, die sich wie Herren vorkommen. Beides ist nützlich – die Sklaven werden benötigt, um die ganze gewaltige Maschinerie in Gang zu halten, die Illusion der Freiheit dient demselben Zweck. Die neoliberale Doktrin erzeugt und perpetuiert diese Mythen, indem sie die Rolle der Ungleichheit und der Unfreiheit in der von ihr gerechtfertigten Gesellschaftsordnung verschleiert. Im absurden Theater der modernen Gesellschaft haben die suchenden Personen nicht nur einen Autor, sondern gleich ein ganzes Publikum gefunden. Die neoliberalen Protagonisten deklamieren ihre Ode an die Freiheit, und das geht Hinz und Kunz so ins Ohr, daß sie lustvoll in die Lobpreisung dessen einfallen, was sie für Freiheit halten. Da mag ihnen sogar plausibel erscheinen, daß die Ungleichheit ökonomisch effizient ist, wie es die Neoliberalen propagieren. Der *Trickle down*-Effekt, so die politische Folklore, würde sich im Lauf der Zeit zum Segen aller auswirken; doch auch diese Verheißung kann einer empirischen Überprüfung nicht standhalten (vgl. Ormerod 1996).

Doch selbst wenn dem so wäre, bliebe die Tatsache bestehen, daß Ungleichheit, statt die Freiheit ökonomischer und politischer Akteure zu fördern, die Voraussetzung dafür liefert, daß immer mehr Menschen anderen dienstbar sein müssen; daß immer mehr Menschen Arbeitsangebote erhalten, die sie gerne zurückweisen würden, wenn sie sich das nur leisten könnten. Man kann sich den Zusammenhang am besten verdeutlichen, wenn man sich fragt, wie es kommen konnte, daß in den USA ein wahres Jobwunder entstanden ist, während in Europa ununterbrochen der Eindruck erweckt wird, es ginge uns die Arbeit aus. Eine erste Antwort kann a priori abgeleitet werden. Die Arbeit kann nur dort ausgehen, wo große Produktivitätszuwächse zu verzeichnen sind, wie umgekehrt neue Jobs vor allem dort entstehen können, wo die Produktivität vergleichsweise niedrig ist; und das sind die Dienstleistungsberufe. Ohne Nachfrage nach Dienstleistungen könnten die vielen Leute, die gezwungen sind, untergeordnete Tätigkeiten zu verrichten, niemanden finden, der sie beschäftigt. Ohne Kaufkraft könnte es keine Nachfrage geben. Das heißt: Das Jobwunder hat große Ungleichheiten zur Voraussetzung, jene Ungleichheiten, die es z.B. dem erfolgreichen Anwalt ermöglichen, in einer Stunde seiner Arbeitszeit soviel zu verdienen, daß er darum zehn Stunden Arbeitszeit von männlichen und weiblichen Dienstleistern einkaufen kann. Ungleichheit ist somit kein zufälliges, ungewolltes Nebenprodukt des derzeitigen American Way of Life, sondern eine essentielle Voraussetzung des ganzen Systems. So konnten auch die Dienstboten vergangener Jahrhunderte nur deshalb Arbeit finden, weil es Leute gab, die sich ihre Dienste leisten konnten. Wer fragt, wie dies zur amerikanischen Rhetorik der allgemeinen Gleichheit paßt, sollte sich vor Augen halten, daß sich diese Rhetorik vor allem auf die Gleichheit der Chancen bezieht. Milliarden für die Chancengleichheit, keinen Cent für Gleichmacherei der Ergebnisse, so Charles Murray, dem das zweifelhafte Verdienst gebührt, die „Bibel" der Regierung Reagan geschrieben zu haben (Murray 1984). Wir haben hier einen unbarmherzigen Puritanismus, dem es als göttliches Gebot erscheint, daß jeder seinen gerechten Lohn empfangen muß, im Guten wie im Bösen. Die meritokratische Obsession ist dabei keineswegs auf die Rechte beschränkt; denn auch die „neuen Unternehmens- und Berufseliten haben ... großes Interesse", so Christopher Lasch, „an der Idee der sozialen Mobilität, der einzigen Form von Gleichheit, die sie verstehen" (Lasch 1995, S. 62). Tatsächlich wurden ehrgeizigere Konzeptionen der Gleichheit durch individualistische Aufstiegsträume von der politischen Tagesordnung verdrängt, und das nicht nur in den USA.

In einer ungleichen, politisch repressiven und wirtschaftlich liberalen Gesellschaft wie den USA erhalten Arbeitsuchende unwiderstehliche Angebote zuhauf, also Jobangebote, die man liebend gern ausschlagen würde, jedoch annehmen muß, *da man keine andere Wahl hat*. Solche Angebote und solche Zwänge entstehen aus dem kollektiven Unterfangen der arbeitsteiligen Produktion; die Entschärfung dieser Zwänge erfolgte ebenfalls durch kollektive Mechanismen, z.B. durch die Einrichtung sozialer Sicherungssysteme. Nun ist nicht evident, unter welchen Umständen wer welche Angebote als „Zumutung“ zurückweisen darf, ohne daß er uns als *zu* anspruchsvoll erschiene. Ist es eine versuchte Beeinträchtigung der Freiheit eines gesunden 15jährigen, wenn ich ihm einen gut bezahlten Lehrplatz anbiete? Oder ist es eine Erweiterung seines Handlungsspielraums? Es gibt kein einfaches Verfahren, das derartige Fragen entscheidbar machen könnte, sowenig es einfache Verfahren gibt, die es uns gestatten, „Überwälzung“ zu diagnostizieren. Deshalb begnügen sich die allermeisten Menschen in dieser Frage mit Politlyrik, wie man sie z.B. im Grundsicherungskonzept der Grünen findet – dort liest man Altbekanntes über „Kreativität“ und Pittoreskes über z.B. „die Grundsicherung der persönlichen Entfaltung“ (Die Grüne Alternative 1998, S. 11). Das ist alles gut und schön – wenn es allerdings meine Angestellte als wichtiges Element ihrer persönlichen Entfaltung empfindet, Drachenfliegen zu gehen, dann soll auch sie das Risiko tragen, wobei es mir als Kleinunternehmer nur recht sein kann, wenn sie dieses Risiko durch den Eintritt in eine Versicherungsgemeinschaft streut und abmildert. Genauso mögen es Leute für unabdingbar für ihre Selbstverwirklichung halten, daß sie sich von der Schriftstellerei ernähren können; um diesen wenig bescheidenen Wunsch verwirklichen zu können, müssen sie sich entweder auf dem Markt oder im Dschungel der Förderungsbürokratie durchsetzen. Umgekehrt gibt es nur wenige Leute, die es nicht als Zwangslage empfinden, wenn sie in der Putzkolonne arbeiten müssen; ganz so haben Frauen die unbezahlte Hausarbeit als Zwangsarbeit empfunden. Es ist dies nicht nur eine Frage der über Personen, historische Epochen und Gesellschaftsschichten variierenden Neigungen, eine Frage dessen, was wer gern tut, sondern auch eine Frage der Vorstellungen darüber, wer was tun soll, was wem ziemt oder zusteht. Wann immer wir mit solchen Fragen konfrontiert sind, gelangen wir häufig zu einem Punkt, an dem die Macht den normativen Ableitungen Grenzen zieht, wenn es z.B. zur kollektiven Verweigerung gegenüber Ansinnen kommt, die andere für durchaus legitim halten mögen.

Wo Marx und Elias, Thompson und Fromm Drohungen identifizieren würden, dort sprechen die Liberalen von Angeboten. Sind dies die unwiderstehlichen Angebote Don Corleones? Die Frage ist alles andere als akademisch; auch wenn sie meist von Akademikern aufgeworfen wird, bezieht sich doch auch sie auf die Grenzen des Legitimen und Illegitimen.[1]

Überall, wo Beschränkungen der menschlichen Erfindungsgabe beseitigt werden, sind Menschen in die Lage versetzt, eine sich ständig erweiternde Palette von Bedürfnissen zu befriedigen – das ist ein Teil von Hayeks Frohbotschaft, dem eine gewisse Aktualität nicht abgesprochen werden kann (Hayek 1944, S. 440-472). Zu den Segnungen menschlicher Erfindungsgabe gehört unter anderem auch der Handel mit menschlichen Spenderorganen, Kolonialwaren neuesten Typs. Solche Entwicklungen im Konsumbereich sind ohne die korrespondierenden Phänomene im Produktionssektor undenkbar – die von Kaufkraft gestützten Wünsche der einen Seite können nur befriedigt werden, wenn ihnen Lieferanten gegenüberstehen, um deren Kaufkraft es nicht sonderlich gut bestellt ist. Das neoliberale Szenario sieht vor, daß *irgendwann einmal* niemand mehr seine Niere – oder seine Ehre – verkaufen muß, da die Marktwirtschaft genügend Wohlstand für alle hervorgebracht haben wird, um derartigen ökonomischen Zwangslagen ein Ende zu bereiten. Auch ist genau die Idee des ökonomischen Zwangs noch problematisch – man macht ja schließlich dem „Spender" des Organs ein Angebot, das von ihm angenommen wird. Nach Hayeks Auffassung haben jene Akteure, die sich – vorerst – auf der Verliererseite der ökonomischen Auseinandersetzung wiederfinden, Pech gehabt, so wie der Bergsteiger, der sich in einer Felsspalte eingezwängt vorfindet. Letzterer, so Hayek, ist nur in einem metaphorischen Sinn „gefangen" (Hayek 1960, S. 12).

Sein Unbehagen wird allerdings ganz unmetaphorisch real sein. Vielleicht sollten wir auch die kollektiven Zwänge, die aus der Funktion der freien Marktwirtschaft entstehen, nach diesem Modell auffassen – vielleicht sind sie bloß der Preis der Freiheit? Wie hoch letzterer sein kann, darüber lassen uns die Neoliberalen meist im unklaren. Jedenfalls ist „frei" sein nach Hayek etwas anderes als glücklich sein:

„Above all, however, we must recognize that we may be free and yet miserable. Liberty does not mean all good things or the absence of all evils. It is true that to be free may mean freedom to starve, to make costly mistakes, or to run mortal risks. In the sense in which we use the term, the penniless vagabond who lives precariously by constant improvisation is indeed freer than the conscripted soldier with all his security and relative comfort" (Hayek 1960, S. 18).

Hayeks Bergsteiger ist charakteristischerweise ein Robinson Crusoe; dessen Zwangslage *besteht*, unabhängig davon, ob er von jemandem gestoßen wurde oder ob er aus Ungeschicklichkeit gefallen ist. Wirtschaftliche Akteure, die sich mit Angeboten konfrontiert sehen, die *sie* empörend finden, sind ebenfalls in beschreibbaren Situationen. Solche Beschreibungen werden darauf Bezug nehmen müssen, wie sich die Welt für sie anfühlt – auf ihre Ängste und Schamgefühle, ihre Lust und ihr Leid –, aber auch darauf, inwieweit sie die Personen sein können, die sie sein möchten. Derartige empirische Diagnosen liefern dann auch eine partielle Antwort auf die Frage, wie frei sich solche Akteure *fühlen*, ungeachtet der Lehren Professor Hayeks. Der „improvisierende Vagabund", der Teilnehmer der Marathontänze der dreißiger Jahre, der Mann, der das Pech hatte, in der Dritten Welt geboren zu werden, und der mit seiner Niere einen Teil seiner Lebenserwartung verkauft – begehen sie eine Art Denkfehler, wenn sie sich selbst nicht für sonderlich frei *halten*?

Wenn dem Opfer ökonomischer Zwänge erklärt wird, es hätte das Angebot, das ihm gemacht wurde, ja auch ausschlagen können – die Option des Verhungerns stand ihm ja allemal frei –, dann handelt es sich um einen Affront gegen den Hausverstand. Dies empfand schon im Jahr 1818 ein vazierender englischer Baumwollarbeiter so, der von der Idee der „freien" Wahl des Arbeitsplatzes nicht übermäßig beeindruckt war:

„It is in vain to insult our common understandings with the observation that such men are free; that the law protects the rich and poor alike, and that a spinner can leave his master if he does not like the wages. True; so he can: but where must he go? why to another, to be sure" (Thompson 1964, S. 129).

Hayek begeht ebendiesen Affront, wenn er bündig erklärt: „Whether or not I am my own master and can follow my own choice and whether the possibilities from which I must choose are many or few are two entirely different questions" (Hayek 1960, S. 17). Das ist offenkundig falsch – ob jemand „sein eigener Herr" ist, kann *nicht* entschieden werden, ohne die Optionen zu spezifizieren, die ihm offenstehen. Der Vagabund wird nicht dadurch zu seinem eigenen Herrn, daß ihm niemand in seine freie Wahl dreinredet, aus welcher Mülltonne er sein Mittagessen zusammenstellt; und die freie Wahl zwischen zwei im wesentlichen gleichartigen Arbeitsplätzen ist überhaupt keine Wahl, wie auch die Entscheidung zwischen einer bestimmten Überlebensmöglichkeit und dem Verhungern wohl kaum das Musterbeispiel einer freien Entscheidung ist. Hayeks Diktum – das einen zentralen Gedanken des neoliberalen Systems zusammenfaßt – versucht, die Realität des ökonomischen Zwangs schlicht hinwegzudefinieren.

Während sich im Denksystem der Zwang verflüchtigt, entsteht angesichts der neoliberalen Praxis die Frage, wo denn eigentlich die Freiheit geblieben ist. Wo ist die Freiheit, wenn ein spezifischer Umgang mit dem Arbeitsmarkt und mit Arbeitslosigkeit gepflogen wird? Und wo bleibt die Freiheit, Fehler zu machen? Wenn die Strafe, die für den Fehler verhängt wird, allzu drakonisch ist, dann bleibt von dieser Freiheit nicht viel übrig. Der Blick auf die empirische Verfassung des Arbeitsmarktes läßt wesentlich mehr *Zwang* erkennen, als mit der Rhetorik der Neoliberalen vereinbar zu sein scheint. Wir haben da den Zwang, fast jede Arbeit als zumutbar anzuerkennen, den Zwang, sich zwischen dem Verhungern und der Annahme eines inferioren Jobs (bzw. der Arbeitsaufnahme in der kriminellen Ökonomie) zu entscheiden, und den Zwang, sich am Arbeitsplatz und in der Schule jeglicher Willkür zu beugen. Unter der Drohung (und nicht dem Angebot) der Arbeitslosigkeit agieren die Arbeitskräfte der freien Wirtschaft wie die Galeerensklaven, die vor der Seeschlacht an die Ruderbänke angekettet werden – sie rudern um ihr Leben, da sie wissen, daß, wenn das Schiff untergeht, sie ebenfalls untergehen. Die Zwänge der Arbeitswelt werden ergänzt durch jene der Arbeitslosigkeit. Wir finden dann ältere Arbeitnehmer, die das Angebot, in Osteuropa zu arbeiten, nicht als eine Art Witz zurückweisen – wie dies die Jüngeren wohl tun würden –, sondern es geradezu unwiderstehlich finden müssen.

Es wäre etwas zu einfach, die neoliberale Doktrin als eine geschickte Propagandaaktion zu entwerfen, die Drohungen als Angebote darstellt und einen Käfig als Reich der Freiheit, um unter diesem rhetorischen Deckmantel die Umverteilung zugunsten der Unternehmerschaft zu betreiben. Diese Umverteilung passiert allerdings; jedoch müssen wir mit dem Ausdruck „Umverteilung“ sehr behutsam umgehen, ganz so wie mit „Überwälzung“. Es ist nicht anzunehmen, daß wir zu irgendeinem Zeitpunkt eine Situation spezifizieren können – mit einer Lohnquote von x Prozent, Lohnnebenkosten in dieser und jener Höhe, einer Verteilung von Risiken und Sicherheiten in dieser und jener Form –, daß wir behaupten könnten, wir hätten nun eine *gerechte* Aufteilung verwirklicht. Die Kalküle der Moralphilosophen sagen uns nicht allzuviel über die wirkliche Welt; für diese gilt, daß man über die Zeit hinweg feststellen kann, daß z.B. Kosten, die früher von den Arbeitgebern getragen wurden, nun der öffentlichen Hand zur Last fallen – wie z.B. auch das (finanzielle) Krankheitsrisiko von den Angestellten auf die Arbeitgeber verlagert wurde. All das ist Ausfluß der wechselnden Machtkonfigurationen und ideologischen Konstellationen, die die Aufteilung von Auszahlungen und Belastungen auf die einzelnen Gruppen einer Gesellschaft bestimmen. Ganz ähnlich kann „Umverteilung", realistisch gesehen, immer nur bedeuten, daß sich eine Gesellschaft von einer empirisch erreichten Verteilung fortbewegt, und nicht die Abkehr von einem theoretisch festgelegten archimedischen Punkt der *einen* gebotenen Aufteilung. Aufgrund dieser komplexen Sachlage haben die Neoliberalen keine Schwierigkeit damit, die *Richtung* der von ihnen befürworteten Korrektur des Ist-Zustands für vernünftig oder gerechtfertigt zu halten. Bessere Wirtschaftsbedingungen für die Unternehmer, so hören wir es überall, werden auch den Arbeitnehmern zugute kommen. Mag sein; doch können sie mit ebenso gutem Gewissen auch glauben, daß die Drohungen der kapitalistischen Wirtschaftsordnung eigentlich Angebote sind?

Ernsthaft könnte derartiges nur von Leuten behauptet werden, für die das Bekenntnis zur Ungleichheit einen fast religiösen Charakter hat, die sich weigern, auch die obszönsten Ausformungen der Vorbedingungen und der Ergebnisse der Lebenslotterie als etwas anderes zu sehen als die Bedingung der Freiheit und des materiellen Wohlstands. Das neoliberale Credo nimmt dann fanatische und fundamentalistische Züge an und wird zu einem Programm, das um einer vagen Verheißung für die Zukunft willen die Glücksmöglichkeiten und Lebenschancen der Gegenwart ganzer Generationen zu opfern bereit ist. Es ist dies der Fanatismus des „pereat mundus", solange nur irgendwelchen Geboten nachgelebt wird, der übersieht, daß abstrakte Ordnungsprinzipien für Menschen ersonnen wurden und nicht umgekehrt, wie es der religiöse Fundamentalismus lehrt.

Die Linke hat der neoliberalen Attacke derzeit nichts mehr entgegenzusetzen. In das Vakuum, das die konventionelle Linke hinterlassen hat, ist ein aufstiegs-, prestige- und machtgeiler Klüngel vorgestoßen, der Kreiskys Einladung, ein Stück des Weges mit dem Sozialismus mitzugehen, begeistert angenommen hat. Seitdem wird das politische Problem im Kontext der Anliegen der Mittelschicht formuliert; selbstredend spielen Aufstiegschancen dabei eine zentrale Rolle. Der andere Teil der Gesellschaft hat mit der Möglichkeit des Aufstiegs sehr wenig zu tun, sehr viel hingegen mit der Wirklichkeit des Abstiegs. Während die Leitartikler in einem fort über die gespaltene Gesellschaft klagen, läßt es die offizielle Politik zu, daß die also beklagten Grabenrisse immer tiefer werden. Von dieser Entwicklung profitieren fast alle, die etwas zu sagen haben, weshalb sie sich auch nie zu mehr aufraffen können als zu schwächlichen ritualisierten Protesten; anstelle der Politik haben wir heute politische Korrektheit. Diese ist eine Form der Höflichkeit, die sich inzwischen auch die Toskana-Fraktion erobert hat; letztere hat von den Bürgern und den Aristokraten nicht nur die Konsumgewohnheiten übernommen, sondern gleich auch die Heuchelei, die es zwar zuläßt, daß immer mehr Menschen zu Untertanen werden, es jedoch verbietet, irgend jemanden „Untertan“ zu nennen. Auf diese Weise tritt zur Illusion der Freiheit jene der Gleichheit; für die Brüderlichkeit – oder deren Parodie – sind weiterhin jene Gewerkschaften zuständig, die weiterhin das einzige Spiel spielen, das sie kennen, das Vorantreiben der Rechte der Arbeitsbesitzer; mit jedem ihrer Erfolge vertiefen sie die Spaltungen, gegen die sie eigentlich ankämpfen sollten. Angesichts dieser allseits ausgeprägten Doppelzüngigkeit möchte man fast das Hinscheiden der erklärten und offenen Gegner der Gleichheit und der Freiheit beklagen, wie dies schon 1906 ein aufrechter österreichischer Sozialdemokrat tat, der „den bösen, schönen Feind, den man hassen, aber achten könnte“, vermißte; an dessen Stelle fand man schon damals nur „die abgelebte Schar der beutegierigen Pfründner“.[2] Diese Worte waren auf die Neureichen der Jahrhundertwende gemünzt; heute bilden die beutegierigen Pfründner bereits eine satte Mehrheit. Ihr gegenüber steht eine „Linke“, deren Engagement sich im alltäglichen Grabenkampf gegen die Unternehmerseite und in den formalistischen Gestikulationen des Zeitgeistes erschöpft. Dies ist keine Alternative zum Neoliberalismus, sondern dessen ideale Ergänzung.

Anmerkungen

1 Eine Erörterung der Unterscheidung zwischen Drohungen und Angeboten findet sich in: Nozick 1969, S. 440-472.

2 Robert Scheu, in: Die Fackel, Nr. 194/1906, S. 4.

Literatur

Die Fackel, Nr. 194/1906.

Die Grüne Alternative (1998): *fair*teilen. Die Grüne Grundsicherung. (GA-Press, Nr. 28a/98). Wien.

Hayek, Friedrich August v. (1944): The Road to Serfdom, London.

Hayek, Friedrich August v. (1960): The Constitution of Liberty. London.

Hayek, Friedrich August v. (1976a): The Mirage of Social Justice. Vol. II of Law, Legislation and Liberty. A new statement of the liberal principles of justice and political economy. London.

Hayek, Friedrich August v. (1976b): Wahrer und falscher Individualismus. In: Friedrich August v. Hayek: Individualismus und wirtschaftliche Ordnung. Salzburg.

Hirsch, Fred (1980): Die sozialen Grenzen des Wachstums. Eine ökonomische Analyse der Wachstumskrise. Reinbek bei Hamburg.

Lasch, Christopher (1995): Die blinde Elite. Macht ohne Verantwortung. Hamburg.

Mises, Ludwig v. (1956): The Anti-Capitalistic Mentality. Princeton.

Murray, Charles (1984): Losing Ground. American social policy, 1950-1980. New York.

Nozick, Robert (1969): Coercion. In: Morgenbesser, Sidney/Suppes, Patrick/White, Morton (Hrsg.): Philosophy, Science, and Method. New York, S. 440-472.

Ormerod, Paul (1996): A New Social Contract? Unemployment in Europe. In: EUI Working Papers, RSC NO.96/39, Florenz.

Thompson, E. P. (1964): The Making of the English Working Class. London.

Zilian, H. G. (1999): Die Zeit der Grille. Eine Phänomenologie der Arbeit. Amsterdam.

Brigitte Unger

Politischer versus ökonomischer Handlungsspielraum in Österreich

Globalisierung und die Ohnmacht der Politik

In Österreich wird, vor allem von seiten der Sozialdemokraten, häufig betont, der wirtschaftspolitische Handlungsspielraum habe abgenommen. Die Wirtschaftspolitik sei eine Gefangene von Sachzwängen geworden, die durch zunehmende Internationalisierung und Globalisierung vorgegeben werden. Politik müsse heute unter Bedachtnahme auf die Reaktionen der Finanzmärkte und der multinationalen Konzerne erfolgen, die eine „linke" Politik sanktionieren. Es sieht so aus, als ob die Finanzmärkte die Politik gestalten und die Politiker die Wirtschaft zu fördern haben. Da bleibt kein Spielraum für Budgetdefizite, Umverteilung oder einen Ausbau des sozialen Sicherungsnetzes. Ziele wie Deregulierung und Privatisierung scheinen vorgegebene politische Parameter geworden zu sein. Eugen von Böhm-Bawerks Vision des Primats der Ökonomie über die Politik scheint noch ausgeprägter zu sein, als er es sich je vorgestellt hat (Böhm-Bawerk 1914): Das ökonomische Gesetz hat die Macht übernommen, und Aristoteles' Politeia, in der dieser das Primat der Politik postulierte, verstaubt mit den übrigen Griechisch-Lehrbüchern. Es wird der Anschein erweckt, als folgte der archaischen Willkür der alten Herrscher, die durch die Entwicklung der Demokratie und die Entstehung der Märkte eingedämmt wurde, nun die dämonische Willkür der Finanzmärkte, die hemmungslos und ungezügelt die Sachzwänge festlegen und die Ohnmacht der Politik besiegeln.

Die These vom verringerten Handlungsspielraum oder gar von der Ohnmacht der Wirtschaftspolitik durch Internationalisierung beruht auf zwei Annahmen:

1. Daß eine starke oder gestiegene wirtschaftliche Abhängigkeit vom Ausland – und damit ein verringerter ökonomischer Handlungsspielraum – besteht.
2. Daß das Primat der Ökonomie über die Politik gilt.

Daraus folgt ein geringer politischer Handlungsspielraum. Im folgenden soll untersucht werden, ob und inwiefern Österreichs wirtschaftspolitischer Handlungsspielraum im internationalen Vergleich tatsächlich gering ist.

Wirtschaftspolitischer Handlungsspielraum im internationalen Vergleich

Wirtschaftspolitischer Handlungsspielraum setzt sich aus mehreren Komponenten zusammen. Erstens aus dem Grad der Internationalisierung bzw. der ökonomischen Abhängigkeit eines Landes, zweitens aus den außenpolitischen Droh- und Sanktionsmöglichkeiten, drittens aus den binnenwirtschaftlichen ökonomischen Möglichkeiten und viertens aus den innenpolitischen Durchsetzungsmöglichkeiten wirtschaftspolitischer Maßnahmen. Die unterschiedlichen binnenwirtschaftlichen ökonomischen Möglichkeiten sind vor allem für Analysen der Dritten Welt interessant, etwa für Fragen des Rohstoffvorkommens. Für Industrieländer wird davon ausgegangen, daß der Industrialisierungsgrad eher ähnlich ist und daher im folgenden unterschiedliche binnenwirtschaftliche ökonomische Handlungsspielräume vernachlässigbar sind.

Mit dieser Einschränkung kann gezeigt werden, daß die Landesgröße – nicht geographisch, aber bevölkerungsmäßig oder ökonomisch, etwa in der Größe des Bruttoinlandsproduktes (BIP) ausgedrückt – ein entscheidender, wenn nicht *der* entscheidende Einflußfaktor auf ökonomischen und politischen Handlungsspielraum ist (Unger 1998b). Allerdings besteht ein Trade-off zwischen ökonomischem und innenpolitischem Handlungsspielraum. Länder mit geringem ökonomischen Handlungsspielraum haben oft innenpolitische Strukturen entwickelt, die diesen Nachteil wieder ausgleichen können.

Die These vom geringen politschen Handlungsspielraum als Folge eines eingeschränkten ökonomischen Handlungsspielraums, die implizit in der österreichischen Sachzwangs-Ohnmachts-Debatte enthalten ist, widerspricht daher den empirischen Ergebnissen. In der Regel weisen kleine Länder einen hohen Grad wirtschaftlicher Verflechtung auf, d.h. einen geringen ökonomischen Handlungsspielraum, haben aber dafür innenpolitische Muster entwickelt, die es ihnen erlauben, exogene Schocks intern zu dämpfen. Auch Kontrollstrukturen der Regierungspolitik sind aufgrund der Kleinheit des Landes eher schwach ausgeprägt, und es herrscht ein Klima der Kompromißbereitschaft und des gegenseitigen Vertrauens (wenn auch manchmal nur aufgrund der Lernerfahrungen der hohen Kosten eines Bürgerkriegs). Einem geringen wirtschaftlichen Handlungsspielraum kleiner Länder steht demnach in der Regel ein hoher innenpolitischer Handlungsspielraum gegenüber. Umgekehrt haben große Länder, die ja fast geschlossene Wirtschaften mit einem sehr geringen Grad an Auslandsabhängigkeit sind, interne politische Kontrollstrukturen entwickelt, die sehr extrem sein können. Die Größe des Landes macht ein ausgefeilteres Überprüfungssystem nötig. Große Länder haben daher oft einen hohen wirtschaftlichen, aber nur einen geringen (innen)politischen Handlungsspielraum. Der Präsident der USA etwa hat deutlich weniger Möglichkeiten, eine Steuerreform durchzusetzen, als der österreichische Bundeskanzler. Der Präsident wirft das geplante Maßnahmenpaket dem Kongreß wie Wölfen vor, die es entweder akzeptieren oder zerreißen.[1] Der österreichische Bundeskanzler hingegen kann auf breiten Konsens zumindest der Abgeordneten seiner Partei sowie auf die Tatsache zählen, daß das Steuerreformpaket bereits als sozialpartnerschaftlicher Kompromiß konzipiert wurde. Es besteht demnach ein Trade-off zwischen ökonomischem und (innen)politischem Handlungsspielraum. (Der außenpolitische Handlungsspielraum ist natürlich ein anderer. Die USA können gegen Kuba Wirtschaftssanktionen verhängen und den Irak attackieren, was kleinen Ländern nicht möglich wäre.)

Österreichs ökonomischer und politischer Handlungsspielraum[2]

Um Österreichs wirtschaftspolitischen Handlungsspielraum empirisch zu messen, wurde eine Reihe von ökonomischen und politischen Indikatoren herangezogen.

Der ökonomische Handlungsspielraum eines Landes wurde durch vier Handlungsbeschränkungen definiert. Er hängt ab:

1. Vom Grad der Offenheit (je größer der Anteil der Exporte und Importe am BIP des Landes, desto höher die außenwirtschaftliche Beschränkung durch Gütermobilität).
2. Von der Realkapitalmobilität (je größer die Zu- und Abwanderung von Firmen, desto höher die Beschränkung des Handlungsspielraums). Als Proxy-Variable wurden der Anteil der ausländischen Direktinvestitionen am BIP und die Differenz zwischen Spar- und Investitionsquote – ein Indikator für Finanzintegration in einem realwirtschaftlichen Modell – herangezogen.

3. Von der Finanzkapitalmobilität, d.h., je größer die Finanzströme in und aus einem Land sind, desto größer ist die Abhängigkeit der Wirtschaftspolitik von den Finanzmärkten (in der Regel werden Abflüsse weit mehr gefürchtet als Zuflüsse, aber ein Überschwemmen des Landes mit spekulativen Finanzanlagen ist meines Erachtens ebenfalls ein Problem). Als Proxy-Variable wurden aus der Zahlungsbilanz und aus Bestandsstatistiken der Bank für Internationalen Zahlungsausgleich internationale Forderungen und Verbindlichkeiten, internationale Wertpapiere und Darlehen, Euronoten und Swaps in Prozent des BIP herangezogen.
4. Von der Arbeitsmobilität (je größer der Zu- und Abfluß von Arbeitskräften, desto größer die Beschränkung der Wirtschaftspolitik). Als Proxy-Variable wurden – aus Mangel an besseren Daten – der Anteil der Netto-Migration an der Bevölkerung und der Anteil an Gastarbeitern am Arbeitskräftepotential herangezogen.

Die Länder wurden bezüglich dieser Daten gereiht. Nach Normalisierung und Standardisierung der Daten erfolgte ein festgelegtes Aggregationsverfahren mittels Rangkorrelation und Kendall's W, einem Maß für *relative agreement*. Die Summe der mit diesem Auswahlverfahren als aggregationswürdig befundenen Daten diente der Endreihung für ökonomischen Handlungsspielraum.

Ähnliches erfolgte für die Erfassung von politischem Handlungsspielraum. Dieser setzt sich aus vier Komponenten zusammen:

1. Aus formalen staatlichen Institutionen, das sind die verfassungsrechtlich festgelegten politischen Spielregeln, welche die Rechte und Pflichten der politischen Akteure wie Parlament, Kanzler, Gerichte etc. festlegen. Als Proxy-Variable wurde die Existenz eines Präsidentschaftssystems, eines Obersten Gerichtshofes, einer zweiten Kammer und von Föderalismus als Beschränkungen politischen Handlungsspielraums angesehen. Länder mit einem parlamentarischen System, keinem Obersten Gerichtshof, mit Einkammersystem und Unitarismus haben hingegen deutlich weniger *checks* and *balances* durch die Verfassung eingebaut.
2. Aus dem Parteiensystem. Eine hohe Anzahl von Parteien, eine Koalitionsregierung, eine hohe ideologische Distanz zwischen den Parteien, ein häufiger Regierungswechsel und viele Wechselwähler reduzieren den politischen Handlungsspielraum. Hingegen ist der politische Spielraum in einem Einparteiensystem, bei Alleinregierung einer Partei, bei

großem ideologischen Konsens zwischen den Parteien, bei hoher Kontinuität der Regierung und bei stabiler Wählerschaft groß.

3. Aus der Verbändestruktur. Länder mit hohem Grad an Neokorporatismus, also einer Art sozialpartnerschaftlichen Arrangements, haben durch Mitwirkung der Verbände bei der Politikimplementierung einen größeren politischen Handlungsspielraum als stärker konfliktorisch und marktwirtschaftlich orientierte.
4. Aus der Beteiligung der Bevölkerung. Die Bedeutung von Referenden, die Häufigkeit von Streiks, das Interesse der Bürger an Politik und das Vertrauen in die Politiker wurden als Proxy hierfür herangezogen.

Die Länder wurden bezüglich aller Variablen gereiht, und die Aggregation von politischem Handlungsspielraum erfolgte nach demselben Rangkorrelationsauswahlverfahren wie zuvor. Hoher politischer Handlungsspielraum der Regierung bedeutet, wenige Beschränkungen, *checks* and *balances* durch die angeführten Variablen zu erfahren.

Für Österreich zeigt sich, daß der ökonomische Handlungsspielraum in der Tat gering ist. Unter 18 Ländern (die EU-15 Länder – wobei Belgien und Luxemburg zusammengerechnet sind –, die Schweiz, Japan und die USA) weist es, nach den Benelux-Ländern und Norwegen, den höchsten Grad der Offenheit aus (Rang 14 von maximal 18) und die höchste Finanzkapitalmobilität auf (Rang 18). Es hat eine hohe Arbeitsmobilität (es teilt sich Rang 15/16 mit Belgien), die nur von Deutschland und der Schweiz übertroffen wird.[3] Lediglich die Realkapitalmobilität ist in Österreich gering (Rang 2) und nur noch in Japan geringer. Sie wird in der österreichischen Debatte häufig überschätzt.[4]

Insgesamt weist Österreich damit eine hohe Beschränkung seines ökonomischen Handlungsspielraums auf (Rang 13).[5] Nur Schweden, Irland, die Niederlande, die Schweiz und Belgien haben eine noch größere außenwirtschaftliche Verflechtung und daher einen noch geringeren ökonomischen Handlungsspielraum als Österreich.

In der Politikwissenschaft wird Großbritannien oft als das Land mit hohem politischen Handlungsspielraum angeführt. Margret Thatchers Implementierung der Poll Tax (einer Kopfsteuer für die Gemeinden) gegen den Willen sogar der Abgeordneten ihrer eigenen Partei war ein drastisches (obgleich nicht langlebiges) Beweisstück hierfür (Steinmo 1993).

Wie der internationale Vergleich zeigt, kommt Österreich gleich danach (Rang 3, d.h. der dritthöchste politische Handlungsspielraum). Nur Nor-

Tabelle: Ökonomische und politische Handlungsspielräume 1970-1997, Länderreihung

	Exporte + Importe in % des BIP	Realkapitalmobilität	Finanzkapitalmobilität	Arbeitsmobilität	Beschränkung ökonomischen Handlungsspielraums	Formal staatliche Institutionen	Politische Parteien	Stärke des Neokorporatismus	Öffentliche Beteiligung	Beschränkung politischen Handlungsspielraums
Österreich	14	2	18	15	13	14	4	1	4	2
Belgien	18	18	12	15	18	5	12	10	7	6
Dänemark	12	7	14	5	10	4	9	6	15	8
Finnland	9	11	11	5	8	1	15	7	11	8
Frankreich	6	10	6	8	5	10	18	15	14	18
Deutschland	7	6	5	18	7	18	9	8	3	13
Griechenland	4	13	10	9	9	6	13	13	17	14
Irland	16	8	13	14	15	9	3	16	6	7
Italien	5	9	2	3	4	11	17	14	13	16
Japan	2	1	2	1	1	17	1	4	8	4
Niederlande	17	16	15	7	16	7	16	9	1	5
Norwegen	15	11	8	11	12	8	7	2	2	1
Portugal	11	5	6	11	6	1	14	12	9	11
Spanien	3	4	4	2	2	15	11	11	18	17
Schweden	10	15	16	9	14	12	6	3	16	12
Schweiz	13	17	9	17	17	13	8	5	10	10
Großbritannien	8	14	17	5	11	3	2	17	4	3
USA	1	3	1	13	3	15	5	18	12	15

Rang 1 = geringste Beschränkung; Rang 18 = maximale Beschränkung

wegen rangiert mit Großbritannien noch weiter vorn. Österreich hat zwar relativ viele verfassungsmäßige Beschränkungen der Regierung (Oberste Gerichtshöfe, ein Zweikammersystem und eine föderale Struktur der gegenseitigen Kontrolle zwischen Bund und Ländern), aber ein relativ harmonisches Parteiensystem mit einer geringen Anzahl von – ideologisch wenig gespaltenen – Parteien und relativ stabiler Wählerschaft. Institutionell erlaubt das System der Sozialpartnerschaft eine hohe Durchsetzungsfähigkeit politischer Entscheidungen. Die Beteiligung der Bevölkerung am politischen Geschehen durch Streiks und Referenden ist gering. Das Vertrauen der Österreicher in österreichische Institutionen (Ausnahme: die Presse) ist hoch (siehe Unger 1998b, S. 340 ff.).

Insgesamt läßt sich Österreich also als Land mit geringem ökonomischen, aber hohem innenpolitischen Handlungsspielraum charakterisieren – eine Tatsache, die dem insbesondere in sogenannten linken Kreisen populären Ohnmachtsgeplänkel widerspricht.

Vom „Austro-Keynesianismus" zum „Austro-Neoliberalismus": Österreichs hoher politischer Handlungsspielraum

Daß Österreichs politischer Handlungsspielraum hoch ist, läßt sich anhand des seit Mitte der achtziger Jahre eingeschlagenen Wegs vom Austro-Keynesianismus zum Austro-Neoliberalismus nachvollziehen. In keinem anderen Land der Welt erfolgte der Abbau des Wohlfahrtsstaates unter so wenig Protest. Gleichzeitig erfolgten neoliberale Veränderungen aufgrund der bremsenden institutionellen „Austro"-Elemente wie der österreichischen Sozialpartnerschaft langsamer als in anderen Ländern. Österreich hinkt der internationalen Entwicklung auch bezüglich der Implementierung neoliberaler Strategien nach. So etwa erfolgte sowohl der Rückgang der Landwirtschaft als auch der Ausbau des Industriesektors in den sechziger und siebziger Jahren um rund ein Jahrzehnt später als anderswo. Auch die Abkehr vom Keynesianismus Mitte der achtziger Jahre erfolgte später als in den meisten anderen Ländern. In einem Mehrländervergleich, insbesondere mit anderen neokorporatistischen Ländern wie den Niederlanden und Belgien, wurde es daher als „Nachzügler" bezeichnet (Hemerijck/Unger/Visser 1998). Daß es in Österreich aber keine neoliberalen Strömungen gäbe oder daß der Terminus „Austro-Neoliberalimus" überzeichnet bzw. falsch sei, wie mir aus sozialdemokratischen Kreisen empört signalisiert wurde, halte ich für einen gefährlichen Dornröschenschlaf. Austro-Neoliberalismus ist eine Mischung angebotsseitiger Elemente der Wirtschaftspolitik (Exportförderung, Investitionsförderung), institutioneller Elemente (sozialpartnerschaftliche Kompromißfindung) und neoliberaler Elemente (schlanker Staat, Privatisierung, Deregulierung, Autonomie der

Universitäten, Einsparungen im sozialen Bereich, Steuerwettbewerb nach unten etc.). Er unterscheidet sich vom Austro-Keynesianismus nur insofern, als statt der nachfrageseitigen Elemente der österreichischen Wirtschaftspolitik (z.B. das Abgehen von einem mittelfristig ausgeglichenen Budget in den siebziger Jahren) jetzt neoliberale Elemente (Budgetkonsolidierung, Privatisierung, Reduktion der staatlichen Verantwortung im sozialen Bereich) erfolgen. Die angebotsseitigen Elemente wie Export- und Investitionsförderung, die schon in den fünfziger Jahren einsetzten, sowie die sozialpartnerschaftlichen Elemente, die in den sechziger Jahren entwickelt wurden, sind auch heute – wenngleich modifiziert – als typische „Austro"-Elemente vorhanden.

Im folgenden soll der hohe politische Handlungsspielraum Österreichs bei diesem Paradigmenwechsel aufgezeigt werden.

Der Wendepunkt: Das Ende des Austro-Keynesianismus 1985

Ab 1983 stiegen die Arbeitslosenraten in Österreich kontinuierlich an. 1985 wurde der Austro-Keynesianismus offiziell begraben, als nach den Wahlverlusten der SPÖ Bundeskanzler Sinowatz den Wirtschaftsbericht der neuen kleinen Koalitionsregierung Sinowatz/Steger dem Parlament vorstellte. Darin wurde der Austro-Keynesianismus als eine kurzfristige Politik des „Durchtauchens" bezeichnet, die langfristig nicht aufrechterhaltbar sei (Seidel 1993). Privatisierung war das Wahlkampfthema 1986. Der Abbau des Verstaatlichtensektors begann mit der Privatisierung der Länderbank im September 1987, im November 1987 folgten die ÖMV, dann die Verbundgesellschaft, die Austrian Airlines und die Creditanstalt (Seidel 1993, S. 146). Die SPÖ war für eine schrittweise und langsame Privatisierung bis zu maximal 49% des Stammkapitals. Doch auch die Wirtschaftskammer, obgleich den Privatisierungen sehr zugetan, warnte vor einer allzuschnellen Übernahme neoliberaler Grundsätze. „Bremsen lokkern statt Gasgeben" war der Spruch ihres Generalsekretärs Kehrer beim Marktwirtschaftskongreß der Bundeswirtschaftskammer 1986 (Teufelsbauer 1986), bei dem vor einer überstürzten Deregulierung der Wirtschaft gewarnt wurde. Das „Austro"-Element auf dem Weg zum Neoliberalismus bestand also hauptsächlich im Bremsen, nicht im Richtungswechsel.

Die Liberalisierung der Kapitalmärkte 1987 stellte einen weiteren Schritt in Richtung Neoliberalismus dar. Österreich folgte damit (verspätet) dem internationalen Trend. Auch die Steuerreform 1988 stand ganz im Zeichen der „Modernisierungs- und Effizienzbestrebungen". Die Steuerreform 1988 reduzierte einerseits Ausnahmen im Steuersystem; so wurden etwa die Sparförderung weitgehend abgeschafft und Verlustabschreibungsmöglichkeiten von Unternehmungen reduziert (siehe Inderst/Mooslechner/Unger 1990). Andererseits wurden die Steuersätze gesenkt. Die Steuerreform hatte zum Ziel, „Effizienz" zu steigern, nicht umzuverteilen. Sie wollte bestenfalls „verteilungsneutral" sein (Nowotny 1988). Die davon zu erwartenden Beschäftigungseffekte waren ebenfalls nicht groß. Vom Österreichischen Wirtschaftsforschungsinstitut wurden 6.000 zusätzlich Beschäftigte und eine Verringerung der Arbeitslosenrate um 0,2 Prozentpunkte prognostiziert. Die neoliberalen Forderungen nach Steuersenkungen und internationalem Steuerwettbewerb wurden in Österreich sehr deutlich umgesetzt.

Das Ansteigen der Arbeitslosenraten löste eine neuerliche arbeitsmarktpolitische Diskussion aus. Hierbei lassen sich bremsende, gegenläufige Austro-Elemente zur neoliberalen Strömung erkennen. Einerseits wurde Arbeitszeitverkürzung wieder zu einem Thema. 1986 wurde der Mindesturlaubsanspruch auf volle fünf Wochen erhöht. Die Hauptstrategien der Arbeitsmarktpolitik waren aber passive Arbeitsmarktpolitik und Frühpensionen.

Von den fünf Grundpfeilern des „Austro-Keynesianismus" war in den achtziger Jahren nicht nur die autonome Geldpolitik, sondern auch die Beschäftigungspolitik der Verstaatlichten Industrie verlorengegangen. Von den restlichen drei Pfeilern war die Budgetpolitik mehr mit Sparkurs als mit Beschäftigungskurs beschäftigt. Nur noch die moderate Lohnpolitik der Sozialpartner und die Hartwährungspolitik blieben aufrecht.

Der Weg zum „Austro-Neoliberalismus" der frühen neunziger Jahre

Die neunziger Jahre starteten zunächst mit einem „Migrationsschock": 1991 stieg das Arbeitsangebot auf dem österreichischen Arbeitsmarkt um zusätzlich rund 200.000, d.h. ca. 7% des Arbeitskräftepotentials. Die weitgehende Absorption des Migrationsschocks durch Erhöhung der öffentlichen Beschäftigung um 140.000 Personen kann als „Austro-Element" der Arbeitsmarktpolitik gegen neoliberale Strömungen interpretiert werden.

Die neuerliche Steuerreform 1993 hingegen folgte der neoliberalen Welle deutlich. Sie zielte darauf, den „Standort Österreich“ zu sichern. Die Gewerbesteuer und die Vermögensteuer wurden gänzlich abgeschafft. Österreich setzte mit dieser Senkung der Steuersätze Zeichen einer *Politik des Steuerwettbewerbs*.

Die angeführten arbeitsmarkt- und steuerpolitischen Maßnahmen in den frühen neunziger Jahren belasteten das Budget weiter. Das Defizit erreichte 1995 mit 5% des BIP seinen Höhepunkt in der österreichischen Nachkriegsgeschichte. 1995 kann als endgültiger Wendepunkt der österreichischen Budgetpolitik gesehen werden: Der defensive Kurs, der seit Mitte der achtziger Jahre eingeschlagen, aber doch in Krisenzeiten (z.B. 1991) unterbrochen worden war, wurde deutlich verschärft. In den Folgejahren erfolgten massive Kürzungen und neue Weichenstellungen der Budgetpolitik – etwa der Beschluß des Stabilitätspaktes, der Österreich zu einem mittelfristig ausgeglichenen Budget in der Wirtschafts- und Währungsunion verpflichtet.

Der „Austro-Neoliberalismus“ auf dem Weg nach Europa

Die Vorbereitungen auf eine *EU-Mitgliedschaft* begannen mit der großen Koalition (Vranitzky/Mock) 1988. Die Regierung, im Einklang mit den Unternehmerverbänden, war die treibende Kraft einer Europäisierung Österreichs. Der EU-phemismus (Weissel 1996), der folgte, war ein Musterbeispiel eines funktionierenden Systems österreichischer Sozialpartnerschaft, wobei die Wirtschaftskammer zusammen mit den beiden Großparteien die Vorzüge einer EU-Mitgliedschaft pries. Der ÖGB hielt still. Das Wirtschaftsforschungsinstitut betonte Skalen- und Wachstumseffekte und errechnete positive Nettoeffekte. SPÖ-Staatssekretärin Brigitte Ederer versprach jedem Österreicher ein zusätzliches Einkommen von 1.000 ATS. Nach einer Volksabstimmung, bei der mehr als 66% der Österreicher pro EU stimmten, wurde Österreich am 1. 1. 1995 Mitglied der Europäischen Union. Die damit verbundenen Konsequenzen einer zunächst deutlichen Erhöhung des Budgetdefizits und anschließender Sparpakete wurden erst anschließend thematisiert. Auch die massiven Veränderungen in vielen anderen wirtschaftspolitischen Bereichen wurden erst sukzessive zum Thema.

Die *Sparpakete 1995 und 1996* können im internationalen Vergleich wohl als ein „Meisterstück“ ausgabenseitiger Budgetkonsolidierung und als ein deutlicher Existenzbeweis eines hohen innenpolitischen Handlungsspielraums angesehen werden. Österreich ist das einzige Land Europas, in dem die Senkung des Budgetdefizits und der Staatsschuld in Prozent des BIP ohne nennenswerte Proteste – wie in Frankreich oder Deutschland – gelang. Zunächst versuchten Finanzminister Lacina und Staatssekretär Ditz unter der großen Koalitionsregierung Vranitzky/Schüssel 1994 im Alleingang, ohne Einbeziehung der Sozialpartner ein Konsolidierungsmaßnahmenpaket zu schnüren. Als Metallindustriegewerkschaftsführer Rudolf Nürnberger unter Protest das SPÖ-Verhandlungskomitee verließ und das Paket als inakzeptabel bezeichnete, war klar, daß es keine Chance einer Durchsetzung hatte. Das 1995 verabschiedete Strukuranpassungsgesetz (Sparpaket I), das schließlich auch die Zustimmung der Gewerkschaften fand, war ein entschärfter Kompromiß. Durch Miteinbeziehung der Sozialpartner in die Ausarbeitung des Strukturanpassungsgesetzes 1996 (Sparpaket II) wurden letztendlich noch viel weitreichendere Maßnahmen als 1994 beschlossen (Karlhofer/Tálos 1999). Durch Einbindung der Sozialpartner, insbesondere der Gewerkschaften, gelang die politische Akzeptanz des „Sparpakets" in einem Ausmaß, wie es der Regierung allein nie gelungen wäre. Die Sozialpartner, vor allem die Arbeitnehmervertreter, übernahmen daher das von der Regierung vorgegebene Thema und erfüllten Staatsentlastungsfunktionen, indem sie ihren Mitgliedern unpopuläre Sparmaßnahmen erläuterten. Trotzdem gelang zumindest eine Verzögerung der Durchsetzung des Sparpakets um ein oder zwei Jahre, wenngleich auch die Tempovorgabe zunehmend durch die Regierung erfolgt, wie die Pensionsreform 1997 zeigte.

Die Diskussion der Teilnahme an der Währungsunion erfolgte ähnlich wie die EU-Debatte. So, wie behauptet wurde, daß Österreich eigentlich schon Mitglied der EU sei, weil es sich im europäischen Wirtschaftsraum befinde (der Beitritt eröffne also lediglich die Möglichkeit von Mitentscheidungen), wurde behauptet, daß Österreich eigentlich schon Mitglied einer Währungsunion sei, weil es den Schilling an die DM gebunden hatte. Ebenso wie bei der EU-Debatte erfolgte keine Diskussion der Probleme, die mit der Aufgabe der Währung für ein Land verbunden sein können – etwa, daß Abwertungsgefahr als disziplinierende Rute im Fenster für Lohnverhandlungen wegfällt. Zwei Drittel der Österreicher sind mit dem Euro zufrieden; von den Konsequenzen für die künftige Budgetpolitik erfuhr niemand etwas.

Im Vergleich zum Austro-Keynesianismus hat das neue Modell seine makroökonomische Steuerungskapazität großteils verloren. *Geld- und Währungspolitik* sind nicht mehr in nationalstaatlicher, sondern in EU-Kompetenz. Der Stabilitätspakt von Dublin 1996 sieht für Teilnehmerländer der Wirtschafts- und Währungsunion ein über den Konjunkturzyklus *ausgeglichenes Budget* vor, d.h. eine weitere Senkung der Budgetdefizite auf 0%. 1998 wurden nationale Aktionspläne der Beschäftigung konzipiert (Unger 1998a), die großen Themen der Arbeitsmarktpolitik – etwa Arbeitszeitverkürzung – wurden dabei aber nicht angegangen. Der öffentliche Sektor hat Aufnahmestops gesetzt und teilweise eine Vorreiterrolle für prekäre Beschäftigungsverhältnisse gespielt. So etwa beschäftigt das Bundeskanzleramt Akademiker-Leiharbeiter.

Bezüglich makroökonomischer Effekte ist festzustellen, daß der Übergang vom Austro-Keynesianismus zum Austro-Neoliberalismus sowohl die Beschäftigung und die Einkommensverteilung als auch die Leistungsbilanz verschlechtert hat. Das Spannungsfeld zwischen den wirtschaftspolitischen Zielen des magischen Vielecks – niedrige Inflationsraten, Vollbeschäftigung, gerechte Einkommensverteilung und ausgeglichene Leistungsbilanz – ist daher prekärer geworden. Österreichs im Vergleich zu anderen neokorporatistischen Ländern extrem ungleiche Einkommensverteilung und die Vergrößerung der Schere zwischen arm und reich in den letzten Jahren lassen natürlich die Frage aufkommen, warum in diesem Bereich die Anpassung an internationale Gegebenheiten nicht erfolgt. Die Einkommensverteilung in allen anderen neokorporatistischen Ländern ist immerhin deutlich weniger ungleich.

Plädoyer gegen die Ohnmacht

Die Kleinheit Österreichs gab ihm die Möglichkeit eines internationalen Steuerwettbewerbs nach unten und damit Free-riding-Chancen. Der große innenpolitische Spielraum erlaubt die Durchsetzung auch relativ drastischer Maßnahmen, wie die Sparpakete oder der Abbau des Bildungswesens durch Autonomie und Aushungerung derzeit belegen. Nichts hätte dagegen gesprochen, Österreichs Free-rider-Position international auch zur Durchsetzung eines fairen Steuersystems zu nutzen. Ebenso wäre eine Budgetkonsolidierung zu Lasten der Exportförderung und nicht der Armen möglich gewesen. Statt Technologiemilliarden hätten Milliarden zur Bekämpfung von Arbeitslosigkeit eingesetzt werden können. Selbst EU-Mittel sind dafür aufzutreiben. Statt die Einkommensverteilung dem englischen Modell anzunähern, wäre das skandinavische Vorbild anzustreben gewesen. Der Handlungsspielraum zu einer linken Politik sowie die Mittel dafür waren und sind vorhanden. Nur die politischen Akteure, denen Neoliberalismus schlaflose Nächte verursacht, sind abhanden gekommen. Ein Erwachen aus dem Dornröschenschlaf, eine Gleichstellung von Oikos und Politeia, Märkte, die wieder Ökomomie betreiben, und Politiker, die wieder die Verantwortung des Politik-Machens übernehmen, sind dafür nötig.

Anmerkungen

1 Eine gelungene Darstellung darüber, wie unterschiedlich erfolgreich Steuerreformen in drei Ländern abliefen, gibt Sven Steinmo (1993).

2 Die folgenden Ausführungen sind Unger 1998b entnommen.

3 Die USA haben eine hohe inneramerikanische Mobilität, aber keine hohe Arbeitsmobilität über die US-Grenzen hinaus.

4 Österreichs niedrige Realkapitalmobilität läßt sich einerseits auf die gewählten Indikatoren – FDI-(Foreign Direct Investment-)Ströme und nicht Bestände – zurückführen. Andererseits sagt tatsächliche Mobilität nichts über potentielle Gefahren einer Abwanderung aus, die offensichtlich extrem stark in den Köpfen österreichischer Politiker sind (siehe Bellak/Unger 1998).

5 Lies: hohe Beschränkung von ökonomischem Handlungsspielraum = geringer ökonomischer Handlungsspielraum.

Literatur

Böhm-Bawerk, Eugen v. (1914): Macht oder ökonomisches Gesetz? In: Zeitschrift für Volkswirtschaft, Sozialpolitik und Verwaltung, Wien, Vol. 23/1914, S. 206-271.

Bellak, Christian/Unger, Brigitte (1998): Internationale Kapitalmobilität und die Neuorientierung der Gewerkschaften. In: Zukunftswerkstätte 1998.

Feuchtmüller, Wolfgang (1987): Der österreichische Kapitalmarkt und die Privatisierung. In: Wirtschaftspolitische Blätter, 5-6/1987, S. 564-574.

Hemerijck, Anton/Unger, Brigitte/Visser, Yelle (1998): Renegotiating the Welfare State. A comparison of Austria, Belgium and the Netherlands. Im Rahmen des Projektes „The Adjustment of National Employment and Social Policy to Internationalization", Leitung V. Schmidt und F. Scharpf, Max Planck Institut, Köln. Köln.

Inderst, Georg/Mooslechner, Peter/Unger, Brigitte (1990): Die Effizienz des österreichischen Sparförderungssystems. Heidelberg.

Karlhofer, Ferdinand/Tálos, Emmerich (1999): Sozialpartnerschaft: Wandel und Reformfähigkeit. Wien.

Nowotny, Ewald (1988): Die große Steuerreform 1988 – Analyse und Bewertung. Unveröff. Typoskript.

Seidel, Hans (1993): Austrokeynesianismus – Revisited. Wien.

Steinmo, Sven (1993): Taxation and Democracy. Swedish, British and American approaches to financing the modern state. New Haven – London.

Teufelsbauer, Werner (1986): Bremsen lockern statt Gasgeben! Ein Plädoyer für eine seriöse Regulierungsdiskussion in Österreich. In: Wirtschaftspolitische Blätter, 6/1986, S. 708-720.

Unger, Brigitte (1998a): Europäische Beschäftigungspolitik. In: Forum für politische Bildung, Wien 1998.

Unger, Brigitte (1998b): Room for Manoeuvre. Choices left for national economic policy. Habilschr. der Wirtschaftsuniversität Wien. Wien.

Weissel, Erwin (1996): Der große EU-phemismus. Hamburg.

Erwin Weissel

Der Neoliberalismus als Opium fürs Volk[1]

„We have nothing to look forward to except a continuance of Conservative Governments, not merely until they have made mistakes in the tolerable degree which would have caused a swing of the pendulum in former days, but until their mistakes have mounted up to the height of a disaster."

J. M. Keynes, 1926

Wenn, wie dies Marx behauptet, das Bewußtsein der Menschen nichts anderes sein kann als ihr bewußtes Sein, gleichzeitig jedoch die herrschenden Ideen, die einen Teil dieses Bewußtseins bilden, die Ideen der herrschenden Klasse sind, dann macht sich die Mehrheit der Menschen offensichtlich falsche Vorstellungen von der sozialen Wirklichkeit. Diese Ideen sind das Werk von Ideologen, die den herrschenden Zustand scheinbar erklären, tatsächlich jedoch verklären und dadurch die Dominanz der Herrschenden stabilisieren. Das „Opium des Volkes", von dem Marx in seiner Religionskritik spricht, wird von Spezialisten für das Volk produziert, und diese sind nun einmal, wenn wir vom Spezialfall der Religion absehen, die Ökonomen als die „wissenschaftlichen Vertreter der Bourgeoisieklasse".

Die pauschale Verurteilung war zweifellos übertrieben, denn etliche Ökonomen – so mancher von Marx selbst zitiert! – haben die herrschenden Zustände sehr kritisch analysiert. Sie blieben jedoch in den herrschenden Denkmustern befangen, und ihre Problemlösungen kurierten dementsprechend am Symptom, nicht an der Ursache. Im heute dominierenden Neoliberalismus wird diese Tradition fortgesetzt. Wie wird das neue Opium des Volkes für das Volk produziert?

Die fundamentale Täuschung: Allgemeininteresse und Wertfreiheit

Schon Marx hat darauf hingewiesen, daß eine Klasse vorgeben muß, im Allgemeininteresse zu handeln, wenn sie ihr Klasseninteresse durchsetzen will. Das schließt freilich nicht aus, daß sie auch tatsächlich – und nicht bloß scheinbar – das Allgemeininteresse wahrt, denn in diesem ist ja ex definitione ihr eigenes Interesse enthalten. Jedoch ist dieser Fall höchst unwahrscheinlich, wenn wir darunter eine Maßnahme verstehen, aus der jeder einen Vorteil zieht.

Bei jeder möglichen Maßnahme gibt es Gewinner und Verlierer. Man kann das Allgemeininteresse dann als gewahrt ansehen, wenn der Vorteil, den die Gewinner erzielen, größer ist als der Nachteil, den die Verlierer hinnehmen müssen, denn die Gewinner können ja diesfalls die Verlierer mindestens voll entschädigen und noch etwas für sich behalten. Bloß haben jene Autoren, die diese Gemeinwohl-Variante entwickelten, von Anfang an die tatsächliche Entschädigung als eine Frage der Sozial- und nicht der Wirtschaftspolitik aufgefaßt, also die Wohlstandsvermehrung von der Wohlstandsverteilung getrennt. Das ist nicht unplausibel, weil z.B. sehr wohl eine Entschädigung der Reichen abgelehnt werden kann, wenn sie die Verlierer und die Armen die Gewinner sind. Aber abgesehen davon verursacht die Durchführung der Kompensation Kosten, und die können beträchtlich sein (schließlich müssen die gewinnenden und verlierenden Personen genau identifiziert und die entstandenen Vor- und Nachteile exakt berechnet werden), im Extremfall sogar so hoch, daß kein gesamtwirtschaftlicher Nettovorteil übrigbleibt.

Diesem Dilemma kann ausgewichen werden, indem man auf jedwede Kompensation verzichtet. Nimmt man nämlich an, daß viele Maßnahmen mit jeweils anderen Gewinnern und Verlierern gesetzt werden, die dem obigen Kriterium (Vorteile größer als Nachteile) entsprechen, und ist es bloßer Zufall, ob ein beliebiger einzelner zu den Gewinnern oder zu den Verlierern gehört, dann muß jeder beliebige einzelne langfristig per saldo gewinnen, muß die Summe der Vorteile, die ihm der Zufall zuschanzt, größer sein als jene der zufallsbedingten Nachteile. Ein sozialpolitisches Problem tritt erst gar nicht auf, die Wahrung des Allgemeininteresses wird wertfrei bewältigt. Damit läßt sich herrlich die gängige Praxis unserer Politiker begründen, immer nur von den Vorteilen der Gewinner zu reden, wie dies beispielsweise bei der Regierungsargumentation für den EU-Beitritt Österreichs oder für die Teilnahme an der Währungsunion zu beobachten war.

Das Spiel mit gezinkten Würfeln

Der Trick besteht folglich darin, dem einzelnen weiszumachen, daß er letztlich immer gewinnt, auch wenn ihm des öfteren Nachteile aufgepelzt werden, denn irgendwo wird er ja irgendwann beim Vorteil dabei sein. Werden nun die Nachteile nicht quantifiziert (womit zwangsläufig auch die Verlierer identifiziert werden müßten), ist nicht gewährleistet, daß das Gemeinwohl-Kriterium erfüllt ist, d.h., ein Klasseninteresse kann als Allgemeininteresse ausgegeben werden. Ferner ist selbst bei ständig erfülltem Kriterium keineswegs sicher, daß jeder langfristig gewinnt, denn der Zufall läßt auch Extreme entstehen, ewige Verlierer und gigantische Gewinner, zwischen denen aus ethischen Gründen doch eine Umverteilung, eine Kompensation stattfinden sollte. Schließlich liegt, wie zahlreiche empirische Untersuchungen belegen, gar kein Zufall vor, keine Gleichheit der Chance, zu den Gewinnern und/oder Verlierern zu gehören.

Machen wir uns diese Umstände an Beispielen klar:

- Verschiedentlich wird eine „moderate" Lohnpolitik vorgeschlagen, um mehr Beschäftigung zu erreichen, oft konkretisiert als jährliches Wachstum des Reallohnniveaus, das um einen Prozentpunkt hinter dem Produktivitätswachstum zurückbleibt. Die Beschäftigten sollen sich damit aus Solidarität mit den Arbeitslosen begnügen (so etwa die EU-Kommission), sie sind die Verlierer. Gewinner sind die Arbeitgeber – eine Solidarität der Kapitalbesitzer mit den Besitzlosen wird nicht eingefordert! – und bloß in ganz bescheidenem Umfang die Arbeitslosen, denn empirische Untersuchungen haben ergeben, daß eine Lohnsenkung um 1% die Beschäftigtenzahl um 0,5 bis 0,8% steigert – das wären also in Österreich bei rund drei Millionen Beschäftigten etwa 15.000 bis 24.000 zusätzliche Arbeitsplätze für rund 300.000 Arbeitslose; gewiß keine zu vernachlässigende Anzahl, aber ist der Erfolg nicht zu teuer erkauft, ist den Gewinnern mehr zugefallen, als die Verlierer eingebüßt haben? Man beachte, daß die Lohn- und Gehaltssumme trotz größerer Beschäftigtenzahl zurückgeht. Wenn der daraus resultierende Rückgang der Konsumnachfrage nicht vom Konsum (plus den Investitionen) aus den höheren Gewinnen kompensiert wird, sinkt das Volkseinkommen.

- Schumpeter bemerkt irgendwo, das Erfolgsrezept der kapitalistischen Marktwirtschaft beruhe darauf, daß sie im Übermaß belohnt und bestraft. Das macht einen Sinn, wenn die Folgen von Entscheidungen und/oder Handlungen (Unterlassungen) voraussehbar sind, denn dann wird jeder die Strafe vermeiden und die Belohnung erzielen können (im Fachjargon: Es geht um den rationalen Umgang mit Risiko). Genau das trifft jedoch für viele Entscheidungen und/oder Verhaltensweisen nicht zu. Wer beispielsweise ein neues Produkt auf den Markt bringt, kann nicht voraussehen, ob es ein Schlager oder ein Flop wird; er ist nicht mit Risiko, sondern mit Ungewißheit (Unsicherheit) konfrontiert, und unsere Spielregeln sind so beschaffen, daß die Strafe auf viele aufgeteilt wird (die beschränkte Haftung, das Konkurs- und Ausgleichsrecht!), während die Belohnung den einzelnen zufällt. Es herrscht keine Symmetrie, die Verlierer werden nicht zu Lasten der Gewinner entlastet.
- Zahlreiche Untersuchungen haben gezeigt, daß die Chance, zu den Gewinnern zu gehören, beispielsweise sehr stark von dem sozialen Milieu abhängt, in das man hineingeboren wurde. Obdach- und arbeitslose Millionärskinder sind noch nie beobachtet worden, und schon in der Anfangszeit der Humankapitaltheorie wurde festgestellt, daß man aus der Höhe des Einkommens der Eltern ziemlich gut auf die Höhe des Einkommens der Kinder schließen kann. Dabei ist noch gar nicht berücksichtigt, welch bedeutende Rolle das Erbrecht spielt, das sich nicht mit einer Ordnung vereinbaren läßt, die angeblich auf dem Leistungsprinzip aufbaut (wie schon Durkheim hervorhob). Anders dargestellt müßte, wenn die Leistungsfähigkeit (Chance) nur vom Zufall abhängt und das Einkommen ihr proportional ist, die Größenverteilung der persönlichen Einkommen symmetrisch (eine Gaußsche Glockenkurve) sein; tatsächlich ist sie jedoch schief, mit einer Häufung der Fälle im unteren Einkommensbereich. D.h., die Chance, eine bestimmte Einkommenshöhe zu erreichen, nimmt mit deren Anstieg eher ab als zu.

Letztlich wird demnach alles so dargestellt, als ob das, was den Reichen nützt, auch den Armen zugute komme (der „Trickling-down-Effekt"); als ob das, was dem Kapital nützt, auch den Arbeitern zugute komme (wie der deutsche Kanzler Schmidt argumentierte, sind die Gewinne von heute die Investitionen von morgen und die Arbeitsplätze von übermorgen).

Das Effizienzargument gegen die Sozialpolitik

Sozialpolitik ist einfach Verteilungspolitik. Sie wird, wie soeben gezeigt, angeblich schlicht überflüssig, wenn nur konsequent genug Wirtschaftspolitik, also Produktionspolitik betrieben wird, denn es gewinnen dann alle, es bedarf keiner lenkenden Eingriffe in die Verteilung. Aus diesem Opium läßt sich durch Umkehrschluß ein weiteres Sedativum gewinnen: Sozialpolitik zerstört den Zusammenhang zwischen Leistung und Einkommen, ist folglich dysfunktional, weil sie die Leistungsanreize beeinträchtigt und die Effizienz mindert. Die Täuschung ist ungemein geschickt angelegt.

Zum einen läuft das Argument darauf hinaus, daß die Umverteilung zu einem Produktionsrückgang führt, daß das Gesamtprodukt ohne Umverteilung höher liegt als mit ihr. Wer demnach durch die Sozialpolitik begünstigt wird, mag ein relativer Gewinner sein, denn sein Anteil am Gesamtprodukt ist höher, aber sein absoluter Gewinn ist gering und kann sich im Extremfall sogar in einen Verlust verkehren, wenn nur das Gesamtprodukt stark genug sinkt, von dem er einen höheren Anteil erhält. Im Grunde genommen wird hier, in der Sozialpolitik, jene Abwägung der Vor- und Nachteile argumentativ verwendet, die bei der Begründung wirtschaftspolitischer Maßnahmen sorgfältig vermieden wird. Der Bürger ist hereingelegt, er merkt nicht, daß eine grundsätzliche, vom Neoliberalismus propagierte Überlegung, die in allen Politikbereichen angestellt werden müßte, selektiv angewendet wird.

Zum anderen ist unbestritten, daß infolge verschiedener Umstände der Marktmechanismus in vielen Fällen der Praxis nicht jenes effiziente, optimale Ergebnis hervorbringt, das die Theorie postuliert. Das führt zu dem Problem, korrigierende staatliche Eingriffe zu konzipieren, die infolge der Wechselwirkungen zwischen Märkten auch dort erfolgen müssen, wo der Mechanismus tadellos funktioniert (sein Ergebnis wird ja durch von außen kommende, verzerrte Einflüsse seinerseits verzerrt). Und der Arbeitsmarkt, im Zentrum der Sozialpolitik, funktioniert nun einmal miserabel, weil er im günstigsten Fall zwar gewährleisten kann, daß alle Unselbständigen beschäftigt werden, nicht aber, daß deren Entlohnung für einen angemessenen Unterhalt ausreicht. Was als Beschäftigungspolitik diskutiert und praktiziert wird, von Ausbildungskursen über Beschäftigungsprämien (Kombilohn) bis hin zur negativen Einkommensteuer und zum Bürgergeld, kämpft in Wirklichkeit gegen dieses Manko an.

Den damit erzielten bescheidenen Erfolgen stehen beträchtliche Aufwendungen oder Nachteile gegenüber, die unter Schlagworten wie Sozialschmarotzertum, Mitnahmeeffekt, Schwarzarbeit u.a. beklagt und einem moralischen Fehlverhalten zugerechnet werden. In Wirklichkeit liegt eine rationale Orientierung an der Logik einer Marktwirtschaft vor, ein opportunistisches Verhalten. Wer beispielsweise Arbeit sucht, ein Arbeitslosengeld von 100 bezieht und ein Jobangebot von 110 nicht akzeptiert, wendet jenes Marginalkalkül an, auf dem die Neoklassik aufbaut, schlägt den Neoliberalismus mit seiner eigenen Waffe. Und der kontert dann mit dem, was er ausgeklammert hat, nämlich mit der Moral – der Arbeitslose liegt ja den Beschäftigten auf der Tasche, und die sind leicht davon zu überzeugen, daß er gefälligst jedes Arbeitsangebot zu akzeptieren hat.

Schließlich ist noch hervorzuheben, daß in der neoklassischen Argumentation die Effizienz (Optimalität) verabsolutiert, als unabdingbarer höchster Wert postuliert wird, als ein Kriterium, das bei jeder Maßnahme erfüllt sein muß. Da der Marktmechanismus nicht nur die Zweckwidmung der Ressourcen, die Allokation, sondern auch die funktionelle und personelle Verteilung des Gesamtproduktes bestimmt, bedeutet dies, daß Eingriffe in die Verteilung, die aus Gründen der Gleichheit oder Gerechtigkeit oder Fairneß etc. erfolgen, unzulässig sind, weil sie Ineffizienz erzeugen. Die kapitalistische Gerechtigkeit lautet, so Milton Friedmann, daß jeder vom Gesamtprodukt proportional zu dem erhält, was er dazu beigetragen hat. Wer die kapitalistische Marktwirtschaft akzeptiert, muß ihr Verteilungsergebnis akzeptieren, es sei denn, er korrigiert es außerhalb der Märkte durch private, freiwillige Wohltätigkeit. Damit werden Besserverdiener in gesicherter Position einverstanden sein, und die anderen haben keine politische Macht.

Die Ausnahme als Regel

Es ist unschwer einzusehen, daß eine konsequente Umsetzung des neoliberalen Konzeptes nur einen „Minimalstaat“ zuläßt, der den Bürgern innere und äußere Sicherheit sowie die Durchsetzung der Privatrechtsordnung gewährleistet, eine höchst bescheidene Armenpolitik – und eben nicht Beschäftigungspolitik! – betreibt und jene Infrastruktur errichtet, die von den Privaten mangels direkter Rentabilität nicht geschaffen wird (wie etwa

Straßen). Tatsächlich greift aber der Staat in zahlreiche Märkte massiv ein und tut damit genau das, was der so lobgepriesene Hayek partout verhindern wollte, indem er nur Regeln oder Maßnahmen als legitim zuließ, die für alle und jeden gelten: Die Neoliberalen intervenieren zugunsten von Gruppeninteressen und rechtfertigen diesen Bruch mit dem eigenen Konzept als notwendige Ausnahme, sofern sie nicht überhaupt auf jedwede Erklärung verzichten.

Grundlage dieser Spiegelfechterei ist die erfolgreich popularisierte Auffassung, daß der Marktmechanismus immer noch so funktioniert, wie es vor zwei Jahrhunderten Adam Smith zu sehen vermeinte: Der Bäcker backt gutes Brot, weil sonst seine Kunden zum Konkurrenten abwandern. Und weil sich Smith nicht darüber äußerte, warum dennoch der Staat die Sanktion des „Bäckerschupfens" vorsah, wird auch heute nicht darüber geredet, daß der Markt sich nicht selbst überlassen werden kann, daß zügelloser, ungeregelter Wettbewerb keineswegs optimale Versorgung gewährleistet in einem sozialen Gesamtklima, in dem man die Schafe schert, auch wenn sie fast keine Wolle mehr tragen. Marktversagen wird nur dann bekämpft, wenn die Anbieter benachteiligt sind (auf dem Arbeitsmarkt sind es die Anbieter von Arbeitsplätzen, nicht von Arbeitskraft, je nach Bedarf wird eben der Sachverhalt umgestülpt).

Die angesichts der zahlreichen Fälle von Marktversagen nur zu berechtigte Frage, ob denn nun die Märkte im Regelfall funktionieren und bloß ausnahmsweise versagen oder ob sie nicht eher versagen als funktionieren, wird erst gar nicht erörtert. Das ist verständlich, denn es ist leichter und vor allem ideologisch weniger gefährlich, das Versagen zu detaillieren als das Funktionieren, weil letzteres ja stets irgend jemanden ausschließt, während ersteres einen Ausschluß kritisiert. Nehmen wir als Beispiel die Hätschelkinder der Industrie- und Wettbewerbspolitik, die kleinen und mittelgroßen Unternehmungen (KMUs). Sie sind für gewöhnlich den Großen im Konkurrenzkampf unterlegen (die Gründe interessieren hier nicht, sie sind unbestritten) und sollen deshalb durch Subventionen, Steuerbegünstigungen, arbeits- und wettbewerbsrechtliche Sonderregelungen etc. gefördert werden, insbesondere wegen der Arbeitsplätze (immerhin ist in Österreich z.B. fast jeder dritte Beschäftigte in einem Betrieb mit weniger als 20 Beschäftigten tätig). Das klingt so wunderschön sozial, aber selbst wenn wir davon absehen, daß dasselbe Ziel erreicht werden könnte, wenn man die Großen härter als bisher anfaßt, werden dadurch auf Kosten der Steuerzahler und Konsumenten ineffiziente Anbieter am Leben erhalten, die längst untergegangen sein oder erst gar nicht gegründet werden sollten – entweder würde der Marktmechanismus dafür sorgen, daß die freigesetzten Arbeitskräfte wieder Beschäftigung finden (etwa bei den überlebenden, effizienten Betrieben, auf die sich die Nachfrage verlagern würde), dann ist die Förderung unzulässig, oder er sorgt nicht dafür, dann versagt er grundsätzlich und nicht bloß ausnahmsweise.

Nehmen wir als weiteres Beispiel den österreichischen Streit um die Ladenöffnungszeiten. Sie waren gesetzlich limitiert, und der Wunsch, der Handelsunternehmung die Entscheidung über sie zu überlassen, aktivierte einen latenten Interessenkonflikt zwischen den Eigentümern, die durch längere Öffnungszeiten Umsatz und Gewinn steigern wollten, den Kunden, für die es um eine Annehmlichkeit ging, und den Handelsangestellten, die nachteilige Arbeitszeiten befürchteten. Das neoliberale Rezept wäre die völlige Freigabe (Deregulierung) gewesen, der Marktmechanismus hätte dann entschieden, ob die Eigentümer ihre vermehrten Kosten in höheren Preisen unterbringen können, die von den Kunden für die Annehmlichkeit zugestanden werden, oder in niedrigeren Löhnen auf die Angestellten rückwälzen können, die das bei der hohen Arbeitslosigkeit hinnehmen müssen, oder aber nichts überwälzen können und freiwillig bei dem bleiben, was gesetzlich vorgeschrieben war, oder im Wettbewerb eliminiert werden. Tatsächlich wurde dann bloß der gesetzliche Spielraum vergrößert, nicht zuletzt deshalb, weil – was nicht klargemacht wurde – der Markt in dem grundsätzlichen Sinn versagt, als der Umsatz bloß geringfügig von den vermehrten Kaufmöglichkeiten abhängt und in erster Linie vom Einkommen der Kunden, das sich ja nicht ändert. Das heißt, es hätten wieder einmal die Großen die Kleinen, die Stärkeren die Schwachen verdrängt, und das gilt für jeden beliebigen Markt.

Kurzum, jeder unregulierte Markt, wie ihn die Neoliberalen angeblich wollen und nur in Ausnahmefällen verwässern, zeitigt stets die unattraktive Folge, daß – wie es der prononcierte Liberale Jesajah Berlin formulierte – die Freiheit der Hechte den Tod für die Karpfen bedeutet. Wo das politisch nicht verkraftbar ist, wird ausnahmsweise reguliert – mit Effizienz hat dies, da es um Politik geht, nichts zu tun.

Das fehlerhafte theoretische Fundament

Die Inkonsistenzen in der Verwirklichung des neoliberalen Konzeptes können zur unverschämten Heuchelei werden, wenn es um die Erhaltung von Privilegien geht. Das ist nicht verwunderlich, lebt doch der Politiker in zwei konträren Welten gleichzeitig: in einer Marktwirtschaft, die vom einzelnen die Wahrung des Eigeninteresses ohne Rücksicht auf andere fordert, und in der politischen Sphäre, wo er im Interesse anderer (der Wähler) ohne Rücksicht auf sein Eigeninteresse handeln soll. Diese Kluft läßt sich nur durch Schwindeln überbrücken, durch Scheinlösungen der Probleme. Beispielsweise wird, wie bereits erwähnt, der Arbeitslose finanziell unter Druck gesetzt, wenn er nicht einen beliebigen Job annimmt – daß darunter auch seine Familie leidet, wird ausgerechnet von jenen Politikern nicht thematisiert, die angeblich sosehr familienpolitisch engagiert sind.

Ebensowenig verwundert, daß das, was die neoliberale Theorie liefert, höchst selektiv angewendet wird. Die Löhne dürfen nicht angemessen steigen oder müssen sogar sinken (wie in den USA, wo die Hälfte der Arbeitnehmer seit den siebziger Jahren Reallohnverluste hinnehmen mußte), weil wir den Niedriglohnländern gegenüber konkurrenzfähig bleiben müssen. Wenn das stimmt (was übrigens zweifelhaft ist, denn die Außenhandelsquote der EU insgesamt macht weniger als ein Zehntel des BIP aus), wieso müssen dann nicht auch die Honorare der Ärzte oder Rechtsanwälte sinken? In einem kritischen Lehrbuch fragen die beiden Autoren boshaft, ob diejenigen Ökonomen, die den Politikern die Vorteile eines freien Waren- und Dienstleistungsverkehrs predigen, dies auch dann vertreten würden, wenn man sie durch billige ausländische Universitätsprofessoren ersetzte, aber das wird ebensowenig passieren wie die Verdrängung der Ärzte und Rechtsanwälte – kein Politiker wird die Hand beißen, die ihn füttert.

Der Politiker braucht nämlich für seine praktische Tätigkeit oder Untätigkeit ein theoretisches Fundament, das überzeugend wirkt, auch wenn seine Schlüssigkeit von kompetenten Fachleuten – die allerdings in der Minderheit sind – bezweifelt wird. Nehmen wir als Beispiel die derzeitigen Bemühungen um eine Senkung der Steuerbelastung mit der Begründung, hohe Steuern hätten eine leistungs- und investitionshemmende Wirkung. Es klingt zweifellos plausibel, daß man umso weniger leistet oder investiert, je geringer das daraus resultierende Nettoeinkommen ist. Jedoch wird dabei vernachlässigt, daß aus den Steuereinnahmen staatliche

Leistungen finanziert werden wie Straßenbau, Gewährleistung von Sicherheit, Zugang zur Bildung usw., sodaß erst der Saldo darüber entscheidet, wie der Besteuerte reagiert (im Fachjargon ausgedrückt: Das Operieren mit der Ceteris-paribus-Klausel ist unzulässig). Manche Autoren haben diesen Ansatz verwendet, aber die werden wegen ihrer Originalität gerühmt (jedem Ökonomen ist etwa das Tiebout-Theorem oder die Lindahl-Steuer geläufig) und ansonsten ignoriert.

Es versteht sich von selbst, daß glatte Trugschlüsse, unzulässige Verallgemeinerungen und sprachliche Manipulation gleichfalls zum Täuschungsrepertoire gehören. Die Behauptung, daß private Altersvorsorge auf Basis einer Kapitaldeckung jenes Problem zu lösen vermag, das ein staatliches Umlageverfahren nicht bewältigt, beruht auf einem Trugschluß von Geld auf reale Güter (schon Samuelson, der den „Generationenvertrag" erfand, wies darauf hin, daß dieser stets erforderlich ist, egal, wie vorgesorgt wird), weil man zwar Geld (oder in Geld ausgedrückte Ansprüche) aufheben kann, nicht jedoch die Güter, die man später konsumieren will. Gegen die Auslagerung von Produktionsstätten an Standorte, die günstigere Bedingungen (niedrige Löhne, niedrige Steuern, niedrige Umweltstandards) aufweisen, gibt es angeblich kein Mittel außer der Anpassung der eigenen Bedingungen, aber so allgemein gilt das eben nicht – eine korrekte Anlastung der Transportkosten würde das Problem deutlich entschärfen, und als jüngst ein Chemiekonzern eine bayrische Produktionsstätte auslagern wollte, drohte die dortige Gesundheitsministerin ganz einfach mit dem Boykott von dessen Medikamenten, d.h., kein Staat ist in jeder Hinsicht hilf- und wehrlos den Multis ausgeliefert. Immer wieder hören wir, daß „die Wirtschaft", „die Investitionen", „das Sparen" gefördert werden müssen, aber hinter dieser Verdinglichung werden Personen versteckt, die für ein bestimmtes Verhalten belohnt werden, zu Lasten derjenigen, die sich nicht gleichfalls so verhalten wollen oder können.

Ein Gutteil der theoretischen Streitfragen könnte durch empirische Analysen insofern geklärt werden, als die vorhandene oder fehlende Übereinstimmung mit der Wirklichkeit Schlüsse auf die Tragfähigkeit der Argumentation zuläßt. Nehmen wir als Beispiel die Behauptung, in den USA habe ein sehr mäßiger Lohnanstieg zu wachsender Beschäftigung und sinkender Arbeitslosigkeit geführt, während in der EU ein starkes Ansteigen der Löhne Arbeitsplätze gekostet habe, direkt wie auch indirekt als Folge nachlassender Investitionen wegen sinkender Renditen. Die von der EU selbst veröffentlichten Daten sprechen dagegen, denn von den siebziger bis in die neunziger Jahre nahmen in den USA die Reallöhne zu und in der EU tendenziell ab, der Gewinnanteil am BIP stieg in der EU deutlich, und dennoch gingen die Investitionen in Prozent des BIP zurück, während die Sparquote zunahm (was übrigens eine keynesianische Erklärung der Stagnation nahelegt).

Verschleierte Inkonsistenzen

Die Konfrontation mit der Wirklichkeit hilft dann nicht, wenn es darum geht, ob die Elemente des neoliberalen Konzeptes, deren jedes plausibel wirkt, miteinander vereinbar sind. Und diese innere Logik ist mehr als brüchig. Beispielsweise wird einerseits angenommen, daß der einzelne im Regelfall rational handelt, also aus den ihm offenstehenden Möglichkeiten jene wählt, bei der die Relation von Nutzen und Aufwand für ihn am günstigsten ist, womit Effizienz für ihn gewährleistet ist. Andererseits wird behauptet, daß der Konkurrenzmechanismus gesamtwirtschaftliche Effizienz gewährleistet, weil jeder gezwungen ist, seine Ressourcen dort und so einzusetzen, wo er maximal zum Gesamtnutzen beiträgt (Smiths „unsichtbare Hand"). Nun hindert aber nichts den einzelnen daran, sich auch dann effizient zu verhalten, wenn kein Wettbewerbsdruck vorhanden ist, d.h., der Zwang ist überflüssig. Daraus ergibt sich der Umkehrschluß, daß sich der einzelne ohne den Konkurrenzdruck anders verhalten würde, sein effizientes Verhalten ist ineffizient. Die Rent-seeking-Literatur stellt einen Versuch dar, diesen Widerspruch aufzulösen, scheitert jedoch daran, daß sie ihn lediglich auf die politische Ebene verlagert, weil nicht einzusehen ist, warum die mit Stimmrecht ausgestatteten Rent-seeker sich durch Politiker behindern lassen. Einfacher ausgedrückt: Wettbewerb ist keine Annehmlichkeit, und es ist rätselhaft, warum etwa die österreichischen Unternehmen für den EU-Beitritt waren, weil die vier Freiheiten die Konkurrenz intensivieren (hier ist übrigens auch ein theoretischer Fehler mit im Spiel, weil der Unternehmer kostenlos seinen Gewinn maximiert, während der Arbeiter sehr wohl sein „Arbeitsleid" berücksichtigt).

Nehmen wir als weiteres Beispiel die Behauptung, für den Einsatz der heutigen Technologie seien qualifizierte Arbeitskräfte erforderlich, und die Unqualifizierten, auf die sich die Arbeitslosigkeit konzentriert, fänden nur bei geringeren Löhnen Beschäftigung. Sehen wir einmal davon ab, daß diese „Qualifikation“ als Fähigkeit, etwas zu tun, nirgends exakt definiert wird – die Hinweise auf EDV und „Flexibilität“ erklären ja nichts, sondern sind ihrerseits erklärungsbedürftig (wenn etwa die Fähigkeit des Umlernens gemeint ist, wieso lernt man das nicht in der Schule?). Wenn gemeint ist, daß der Unqualifizierte mit der heutigen Technologie nur wenig produktiv ist, was stellt er denn wie her? Man beachte, daß es sich um eine zusätzliche, derzeit nicht ausgeübte Tätigkeit handeln muß, denn anderenfalls wäre der teure Qualifizierte schon längst verdrängt! Wenn gemeint ist, daß für den Unqualifizierten eine andere Technologie eingesetzt werden muß: Wie sieht sie aus und, vor allem, warum gibt es nur diese zwei (wo bleibt die Kreativität?) und wieso würden, wenn die Löhne der Unqualifizierten gesenkt werden, beide zur Anwendung gelangen, ohne Verdrängung? Wie man sieht, ist bloß die Lohnsenkung konkret, aber dieses Patentrezept funktioniert nur dann, wenn die dazu passenden technologischen Details konkretisiert sind, und die bleiben verschwommen.

Die Neoliberalen gehen vor wie ein Theater, das Eintrittskarten nicht für ein ganzes Stück verkauft, sondern für einzelne Akte, obendrein aus verschiedenen Stücken. Aufgeführt wird dann eine willkürliche Aneinanderreihung der Teile, und das eigentliche Drama ist die Rat- und Hilflosigkeit des Publikums.

Zusammenfassung

Der Neoliberalismus enthält etliche Schwachstellen, weil er – wie jede Ideologie – die Schattenseiten des von ihm propagierten Systems vertuschen muß. Sie zu entdecken, erfordert kritische Distanz zu einem Gedankenmix, der die Bereitschaft zum unkritischen Glauben erweckt, weil er dem einzelnen viel verspricht, was dieser schätzt. Er wirbt um Vertrauen, um es prompt zu mißbrauchen, er suggeriert einfache Lösungen, die so augenscheinlich sind, daß niemand sie nachprüft. Er kombiniert alle Illusionen über unsere Gesellschaft zu einer einzigen Megaillusion: zu der entpolitisierten Politik. Kollektives Handeln entspringt nicht einem kollektiven Willen, sondern dem Zusammenwirken isoliert gesetzter Akte von einzelnen. Und alles mit der Weihe der Wissenschaftlichkeit.

Im Vergleich zum raffinierten Konstrukt der Ökonomen wirkt das, was die Politiker daraus machen, reichlich plump, aber leider reicht es für den Gimpelfang. Nehmen wir als Beispiel die geplante Abschaffung der Erbschaftsteuer bei Betriebsübernahmen. Wirtschaftsminister Farnleitner begründete dies damit, daß der Finanzminister ohnehin nichts verliere, „denn wenn sich der Nachfolger die Übernahme nicht leisten kann, dann wird das Unternehmen liquidiert, und er bekommt überhaupt keine Steuern mehr" (wörtlich laut „Presse"-Bericht). Hier wird der Eindruck erweckt, der Staat säge von den Maschinen, Geräten, Gebäuden, Grundstücken usw. ein Stück ab, und dem armen Erben bleibe nichts übrig, als den funktionslos gewordenen Rest auf die Mülldeponie zu schmeißen. Das uralte und längst widerlegte Märchen von der Zerstörung des Realkapitals durch die Erbschaftsbesteuerung ist einfach strohdumm. Selbst wenn der Erbe die Unternehmung nicht als Ganzes veräußert, sondern stückweise verkauft, setzen die Käufer diese Stücke gewinnbringend ein (sonst würden sie ja nicht kaufen) – es gibt also keinen Steuerausfall. Und ein Erbe kann sich die Übernahme und Fortführung nur dann „nicht leisten", wenn er zur Leitung einer Unternehmung unfähig ist, weshalb er eben dieses Vermögen an Fähige abtritt, aus dem Erlös die Erbschaftsteuer bezahlt und mit den restlichen drei bis vier Fünfteln der Wertsumme machen kann, was er will. Volkswirtschaftlich ist kein Nachteil nachzuweisen, aber um das zu erkennen, muß man Ministerworten mißtrauen – und wer wagt es schon, einen Bestandteil eines Dogmas anzuzweifeln?

Man könnte nun meinen, das Opium für das Volk sei überflüssig, denn in der Nachkriegszeit, unter dem „Keynesianischen Konsens", waren die Gewinne zwar geringer, aber immer noch beachtlich und, vor allem, ohne das Risiko des sozialen Sprengstoffs massenhafter Arbeitslosigkeit zu erzielen. Das Kapital kann seine Vormacht auch ohne die neoliberale Illusion behaupten. Jedoch war auch der Keynesianismus eine Illusion – wie Keynes selbst in einer bekannten Passage über die zweifache Täuschung im Kapitalismus aufzeigt – und wurde von den Arbeitern allmählich durchschaut. Eine neue Illusion mußte her und mit allen Mitteln, gegen alle Kritik aufrechterhalten werden. Denn von den Arbeitern droht immer noch jene Gefahr, die Marx treffend beschrieben hat: „Die Forderung, die Illusionen über seinen Zustand aufzugeben, ist die Forderung, einen Zustand aufzugeben, der der Illusionen bedarf."

Anmerkung

1 Nachdem das Manuskript zum Druck gegangen war, erhielt ich Kenntnis von Kurt W. Rothschild: „Sprüchliches und Widersprüchliches. Anmerkungen zur kognitiven Dissonanz in der Ökonomie“ (in: Konjunkturpolitik, 44/2, 1998). Trotz des nahezu identischen Ausgangspunktes bestehen keine Überschneidungen.

Karl Wörister

Sozialstaat: Entwicklungen und Perspektiven

Einleitung

Mit einem Anteil von annähernd 30% des Bruttoinlandsproduktes (BIP) für Sozialausgaben ist Österreich hinsichtlich dieses Anteils ein ganz normaler Staat. Im Unterschied zum Durchschnitt der EU-Staaten wird hier jedoch etwas mehr für die Alten, die Witwen und die Familien ausgegeben, etwas weniger jedoch für Arbeitslosigkeit. Abgesehen davon, daß sich mit solchen Vergleichen einzelne Staaten charakterisieren lassen, sind darin auch Spielräume in der Sozialpolitik erkennbar. Es geht nicht nur darum, wieviel ein Land für soziale Zwecke ausgibt, es geht auch um die Verteilung der Leistungen.

Im folgenden Beitrag werden einige Aspekte des Sozialleistungssystems beschrieben. Vorerst wird der Stellenwert der einzelnen Geldleistungen aus den verschiedenen Sozialtöpfen anhand einiger Daten beleuchtet. Anschließend wird auf Entwicklungen auf dem Arbeitsmarkt eingegangen, die für den Sozialstaat neue Herausforderungen darstellen. Diese noch nicht bewältigten Probleme kennzeichnen zum Teil schon lange die Situation von Frauen auf dem Arbeitsmarkt und im System der sozialen Sicherheit. Ihre gesellschaftliche Rolle bzw. Stellung ist – im Unterschied zum Durchschnittsmann – durch viel unentgeltliche oder schlecht bezahlte Arbeit und durch eine vergleichsweise schlechte Absicherung gekennzeichnet. Auf dieses Verhältnis von Arbeit und sozialer Absicherung wird im Beitrag eingegangen, wobei sich dann die Frage stellt, ob für die Zukunft nicht eher eine Konvergenz zwischen den typischen Geschlechtersituationen zu erwarten und bewußt anzustreben ist als eine Annäherung von Frauen an die jetzige Situation von Männern, wie dies vielfach für „fortschrittliche" Frauenpolitik kennzeichnend ist.

Ausgehend von zum Teil bereits laufenden Entwicklungen werden abschließend einige mögliche Perspektiven für die Weiterentwicklung des Sozialstaates zur Diskussion gestellt.

Sozialpolitik als Steuerungsinstrument

Die letzten hundert Jahre waren durch einen massiven Ausbau sozialstaatlicher Leistungen gekennzeichnet. Diese Entwicklung fand vor dem Hintergrund großer sozioökonomischer Veränderungen[1] statt. Der Sozialstaat war Ergebnis neuer, massenhaft auftretender Problemlagen – etwa Gefährdung der Existenzsicherung bei Verlust des Arbeitsplatzes bzw. bei Arbeitsunfähigkeit. Der politische Druck zum Ausbau des Sozialstaates erfolgte vor allem von seiten der Arbeiterbewegung. Nicht zuletzt waren auch die Furcht vor sozialen Unruhen und die Bedrohung, die aus der Existenz der kommunistischen Staaten wahrgenommen wurde, für die Entwicklung des Sozialstaates bestimmend.

Schrittweise erfaßte die Sozialversicherung immer größere Personenkreise für immer mehr Risiken. Daneben wurden auch arbeitsrechtliche Ansprüche (Entgeltfortzahlung im Krankheitsfall etc.) ausgeweitet, und universelle Leistungen (Familienbeihilfen, Pflegegeld u.a.) ergänzten das System der sozialen Sicherheit.

Deckte das System der sozialen Sicherung nach dem Zweiten Weltkrieg „normale“ individuelle Risiken zunehmend ab, erweiterte sich seine Funktion seit den siebziger Jahren (Ölschock, wachsende Arbeitslosigkeit) auf eine *gruppenspezifische* Politik zur Regelung von Arbeitsmarktproblemen. Waren vorerst nur kleinere Gruppen betroffen (Bergarbeiter-Sonderunterstützung, einzelne Betriebe mit Kurzarbeit), weitete sich das System auf ältere Personen generell aus, indem mit der Sonderunterstützung für alle ab 54jährigen Frauen bzw. ab 59jährigen Männer eine spezielle Leistung geschaffen wurde. Zugleich wurden auch die Zugangsvoraussetzungen für Frühpensionen gelockert und bald auch die Bezugsdauer für ältere Arbeitslose (vorerst nur in Krisenregionen und verbunden mit einer Bezugsdauer bis zu vier Jahren) verlängert. Darüber hinaus wäre noch zu erwähnen, daß neben diesen Regulierungen im Arbeitslosen- und Pensionsbereich auch in der Landwirtschaft große Mittel für die Nicht-Arbeit bereitgestellt wurden bzw. werden.

Über 1 Million Menschen im Erwerbsalter über Sozialleistungen versorgt

Derzeit beziehen rund eine Million Menschen in Österreich eine Sozialleistung, die der Existenzsicherung dient:

- Pension: ca. 500.000 (ca. 250.000 Invaliditätspensionen, 150.000 vorzeitige Alterspensionen und ca. 100.000 Hinterbliebenenpensionen)
- Arbeitslosenleistungen: ca. 220.000 Personen
- Krankengeld/Entgeltfortzahlung: ca. 100.000 Personen
- Karenzgeld/Wochengeld/Sondernotstandshilfe: ca. 120.000 Personen
- Sozialhilfe: ca. 30.000 Personen

Berücksichtigt man die mitversorgten Familienangehörigen, erreicht man in etwa die obengenannte Zahl von Menschen. Daneben werden noch die Alten versorgt (ca. 1, 2 Mio. Menschen).[2]

Bei den angeführten Leistungen war die Entwicklung nicht einheitlich. Betrachtet man die Entwicklung zwischen 1980 und 1997, ergibt sich folgendes Bild:

- Die Anzahl der Arbeitslosen-LeistungsbezieherInnen verfünffachte sich,
- die Zahl der „FrühpensionistInnen" (Pensionen wegen Invalidität, wegen langer Versicherungsdauer, wegen Arbeitslosigkeit) verdoppelte sich,
- die Zahl der BezieherInnen von Einkommensersatzleistungen bei Mutter-/Elternschaft stieg aufgrund des verlängerten Karenzurlaubs (1990-1992) auf das Dreifache an.
- Keine großen Veränderungen gab es bei Einkommensersatzleistungen wegen Krankheit.

Diese Entwicklung stellt zweifellos eine große Herausforderung für den Sozialstaat dar. 1997 kamen auf 1.000 Erwerbstätige etwa 800 Pensionen, Arbeitslosenleistungen und Karenzgelder.[3] Es war daher nicht überraschend, daß in den letzten Jahren bei den Bemühungen um die Erfüllung der Maastricht-Kriterien auch Kürzungen bei Sozialleistungen vorgenommen wurden (Arbeitslosengeld, Notstandshilfe, Karenzgeld, Pensionen usw.). Mit weiteren Maßnahmen wird allgemein gerechnet. Betroffen von diesen Kürzungen sind nicht nur SozialleistungsempfängerInnen. Auch die Erwerbstätigen haben höhere Abgaben zu leisten (Sozialversicherung, höhere Steuern). Zugleich finden auf dem Arbeitsmarkt beträchtliche Veränderungen statt.

Tabelle 1: Entwicklungen einzelner Sozialleistungen 1980/1997 Anzahl in Tausend

	1980	1997
Arbeitslosengeld und Notstandshilfe	41	212
„Frühpensionen"*	181	369
Karenzgeld	36	115

* Eigenpensionen vor Erreichung des Pensionsalters (gesamte Pensionsversicherung, ohne Beamte)

Quellen: AMS, Hauptverband der österreichischen Sozialversicherungsträger, eigene Berechnungen

Veränderungen auf dem Arbeitsmarkt

So hat die ständig steigende Arbeitslosigkeit zweifellos die Position des Kapitals gestärkt. Die wachsende Arbeitsplatzunsicherheit erweist sich zunehmend als wichtiges Disziplinierungsmittel der UnternehmerInnen gegenüber ihren Beschäftigten. Dies zeigt sich einerseits in der politischen Offensive der UnternehmerInnenseite zur Durchsetzung neuer Arbeitszeitregelungen. Andererseits sitzen ArbeitnehmerInnen bei der Durchsetzung ihrer Rechte zunehmend auf dem schwächeren Ast.

Als ein sehr deutliches Zeichen dieser neueren Entwicklung kann etwa der sichtbare *Rückgang der Krankenstandsquoten* gesehen werden. Entfielen seit Beginn der Zählung von Krankenständen (seit Wirksamwerden des ASVG 1956) auf einen Beschäftigten jeweils rund 15 Krankenstandstage pro Jahr[4], ist nun seit 1994 ein sehr deutlicher Rückgang zu verzeichnen. 1997 sank dieser Wert auf 13,2 Tage. Innerhalb der größeren Krankheitsgruppen fiel dabei auf, daß in den letzten Jahren nur Krankenstandstage wegen psychiatrischer Beschwerden nicht rückläufig waren.

Daß diese gesamte Entwicklung nicht reibungslos verläuft, zeigen Daten über *Arbeits- und Sozialrechtsverfahren* in der 1. Instanz (Arbeits- und Sozialgerichte). 1997 überstieg deren Anzahl erstmals 50.000; etwa jeweils die Hälfte entfiel auf Arbeitsrechtssachen und Sozialrechtssachen. In den letzten zwei Jahrzehnten hat sich deren Zahl mehr als verdoppelt

(+ 111%).[5] Diese Entwicklung zeigt, daß Konflikte zwischen ArbeitgeberInnen und -nehmerInnen zunehmen. Arbeitsrechtsverfahren werden übrigens fast ausschließlich am Ende eines Dienstverhältnisses ausgetragen (Ausnahme: öffentlicher Dienst).

Durch die zunehmende Ausgliederung von älteren bzw. behinderten ArbeitnehmerInnen aus den Betrieben einerseits und durch die Erwartung auf eine anschließende soziale Absicherung andererseits steigt wiederum die Wahrscheinlichkeit von Auseinandersetzungen mit den Pensionsversicherungsträgern, die für die Zuerkennung von Invaliditätspensionen zuständig sind.[6] Ingesamt sind hier sowohl Praxis als auch Gesetzeslage in den letzten Jahren restriktiver geworden.

Die Zunahme bei Invaliditätspensionen, die auch in den anderen Staaten der EU zu beobachten ist, dürfte wohl vorwiegend Ergebnis der Arbeitsmarktentwicklung sein. Die Zahl der Invaliditätspensionen (im Erwerbsalter) ist übrigens annähernd so hoch wie die Zahl der BezieherInnen von Arbeitslosengeld und Notstandshilfe. So gab es Ende 1997 in der Pensionsversicherung der Unselbständigen 188.000 Invaliditätspensionen im Erwerbsalter (1980: 86.000). Deren steigende Zahl kann aber auch als Ausdruck eines höheren Arbeitsdrucks und der raschen technologischen Veränderungen gesehen werden. Ein Teil der Beschäftigten kann hier nicht mehr mithalten, ein Teil kann wohl auch als gesundheitliche Opfer dieser Veränderungen gesehen werden. Auffallend ist – ähnlich wie in der Krankenstandsstatistik – der wachsende Anteil jener, die wegen psychiatrischer Beschwerden aus dem Erwerbsleben ausscheiden. 1997 nahm diese Gruppe bereits den zweiten Platz innerhalb der festgestellten Krankheitsgruppen ein.[7]

Neben den technologischen Veränderungen und der verschärften Situation auf dem Arbeitsmarkt bestimmen auch die neuen *Arbeitszeitformen* die Arbeitsbedingungen. Wirtschaftliche Probleme insgesamt oder einzelner Betriebe und Branchen schlagen unmittelbarer bei den Beschäftigten durch, die durch flexible Arbeitszeiten, Wochenendarbeit, Teilzeitarbeit, befristete Beschäftigungsverhältnisse und Einkommensunsicherheit durch einen wachsenden Anteil von mehr oder minder selbständigen Tätigkeiten (Werkverträge) unter Druck geraten. Gelang es bis vor kurzem noch, Wochenendarbeit auf die mehr oder minder notwendigen Bereiche zu beschränken (z.B. Landwirtschaft, Teile der Industrie, Gastgewerbe, Sozial- und Gesundheitsbereich), wächst nun der Druck auf Ausweitung der Arbeitszeit auf bisher weitgehend als „heilig“ anerkannte Tage, obwohl kein wirklicher Bedarf hierfür erkennbar ist.

Folgende Daten mögen die Situation illustrieren (unselbständig Erwerbstätige):

- 1997 waren 420.000 Personen teilzeitbeschäftigt (14% der unselbständig Erwerbstätigen).
- Im Oktober 1998 waren 6% der Beschäftigungsverhältnisse[8] geringfügig (Frauen: 10%, Männer: 3%) (insgesamt: 178.000).
- 1997 arbeiteten 520.000 ständig/regelmäßig/saisonal an Wochenenden (17% der Beschäftigten).[9]
- 240.000 Beschäftigungsverhältnisse waren befristet (8% der Beschäftigten).[10]
- 300.000 arbeiteten ständig/regelmäßig bis 22 Uhr (10%).
- Im Juli 1998 waren 21.000 als LeiharbeiterInnen beschäftigt.
- Ende 1998 waren 18.000 als freie DienstnehmerInnen beschäftigt.
- Aufgrund der neuen Werksvertragsregelung dürften etwa 20.000 Personen zusätzlich versichert als neue Selbständige tätig sein.[11]
- 1998 erbrachten rund 7% der Beschäftigten unbezahlte Überstunden.

Aus den Daten der Sozialversicherung ist ersichtlich, daß zumindest ein Teil der untypischen Beschäftigungsverhältnisse (Teilzeit, geringfügige Beschäftigung, freie Dienstverträge) vor allem in Randbereichen häufig vorkommt; gemeint sind damit Alte (vor und/oder nach der Pensionierung) und Junge (etwa StudentInnen) sowie in den Arbeitsmarkt (wieder-) einsteigende Frauen (Bridge-jobs). Beispielsweise standen nach den Daten des Hauptverbandes der österreichischen Sozialversicherungsträger im Jahresdurchschnitt 1997 bei den ab 60jährigen unselbständig Erwerbstätigen 18.000 vollversicherten Beschäftigten 19.000 geringfügig Beschäftigte gegenüber. Ein Teil dieser Beschäftigungsformen entspricht vielfach auch den Bedürfnissen der Betroffenen. So können auf diese Weise etwa StudentInnen, kinderbetreuende Elternteile, Ältere und Behinderte oft einer Erwerbstätigkeit nachgehen. Vielfach sind auch BezieherInnen von Sozialleistungen erwerbstätig bzw. erbringen wichtige gesellschaftliche Leistungen. Auf diese Gruppe wird im folgenden eingegangen.

Aktivitäten von SozialleistungsbezieherInnen und Nichterwerbstätigen

Trotz gegenteiliger Erfahrungen besteht oft die Vorstellung, BezieherInnen von Sozialleistungen würden nichts leisten (können) und daher nur Kosten verursachen. Daß diese Vorstellung nicht der Wirklichkeit entspricht, läßt sich anhand verschiedener Daten zeigen. Es gilt jedoch zu bedenken, daß hier verschiedene Motive dahinterstehen können. Neben rein ökonomischen Motiven (Verbesserung der Einkommenssituation bei oft sehr niedrigen Leistungen) dürfte auch das Bedürfnis eine große Rolle spielen, sich irgendwie nützlich zu machen.

Nicht gezeigt werden kann mit folgenden Daten selbstverständlich, wie groß der Anteil der *„Schwarzarbeit“* ist. Diese ist schwer zu erfassen und in diesem Beitrag kein Thema. Hinzuweisen wäre nur darauf, daß die Abgrenzung zwischen legalen Aktivitäten und Schwarzarbeit fließend ist und wohl manche dieser Arbeiten legitim und vernünftig erscheinen.[12]

PensionistInnen

Nach den Daten des Hauptverbandes der österreichischen Sozialversicherungsträger waren im Dezember 1997 über 50.000 PensionistInnen neben ihrem Pensionsbezug – versichert! – erwerbstätig. Dazu kamen noch 23.000 Personen, die neben einer Eigenpension geringfügig beschäftigt waren (Juli 1997); die Zahl der geringfügig beschäftigten Witwen-/WitwerpensionistInnen geht aus den Daten des Hauptverbandes nicht hervor. Insgesamt gingen also über 70.000 PensionistInnen einer gemeldeten Erwerbstätigkeit nach. Da über die Erwerbstätigkeit von PensionistInnen detaillierte Daten vorliegen (Sonderauswertungen des Hauptverbandes), soll hier noch auf einige bemerkenswerte Fakten hingewiesen werden:

- War Ende 1997 etwas mehr als ein Drittel der unter 55jährigen erwerbstätigen PensionistInnen (inklusive BeamtInnenpensionen) mit Eigenpension selbständig erwerbstätig (Landwirtschaft, Gewerbe), stieg dieser Anteil bei 55- bis 64jährigen auf die Hälfte und bei ab 65jährigen auf zwei Drittel dieser PensionistInnen.[13] Wenn PensionistInnen (insbesondere die Älteren) erwerbstätig sein wollen, dann können sie dies am ehesten, wenn sie einen eigenen Betrieb haben. Unselbständig Erwerbstätige wiederum sind in höherem Alter besonders häufig geringfügig beschäftigt.

- Im Dezember 1997 waren rund drei Viertel der Witwerpensionisten in der Altersgruppe der unter 55jährigen erwerbstätig, innerhalb der Witwenpensionistinnen waren es vier von zehn.[14]

BezieherInnen von Leistungen aus der Arbeitslosenversicherung

Im Juli 1997 waren rund 20.000 BezieherInnen einer Leistung aus der Arbeitslosenversicherung geringfügig beschäftigt. In den entsprechenden Daten des Hauptverbandes ist jedoch nicht ersichtlich, wieviel davon auf das Karenzgeld und wieviel auf das Arbeitslosengeld und die Notstandshilfe entfielen. Einkommen oberhalb der Geringfügigkeitsgrenze sind nur kurzzeitig möglich; über die Zahl der Betroffenen liegen jedoch keine Daten vor. Im Jahresdurchschnitt sind weiters etwa 20.000 Arbeitslose in Schulungsmaßnahmen.

BezieherInnen von Teilleistungen

Bei zwei Leistungsarten sehen Gesetze Teilleistungen für jene vor, die ihre Arbeitszeit reduzieren. So können teilzeitbeschäftigte Karenzgeld-Anspruchsberechtigte unter bestimmten Bedingungen ein *Teilzeitkarenzgeld* und Personen im Alter zwischen 55 und 59 (Frauen) bzw. zwischen 60 und 64 (Männer) eine *Gleitpension* beziehen. Während von den KarenzgeldbezieherInnen rund 4% der Anspruchsberechtigten die entsprechende Teilleistung beziehen (im Sommer 1998 ca. 3.700), sind dies bei den Gleitpensionen nur rund 1% (ca. 1.000). Aus den Daten ist ersichtlich, daß diese Pension überwiegend von Angestellten in Anspruch genommen wird (90% Angestellte bzw. ca. 3% der potentiell Anspruchsberechtigten innerhalb der Angestellten).

Weitgehend unbezahlte Arbeit neben Sozialleistungsbezug

Über diese Gruppe liegen keine detaillierten Zahlen vor. Eindeutig ist die Situation nur bei KarenzgeldbezieherInnen, die das Karenzgeld (bzw. das vorangegangene Wochengeld nach der Geburt des Kindes bzw. anschließend die Sondernotstandshilfe) für die Zeit während der Betreuung des Kleinkindes erhalten.[15]

Eine große Bedeutung haben nach den Daten des Mikrozensus für die Kinderbetreuung jedenfalls die Großeltern. So gaben im September 1995 85.000 Frauen an, nahezu täglich Hilfe von den Großeltern zu erhalten, weiteren 95.000 wird mindestens einmal wöchentlich geholfen und 250.000 seltener (Hammer 1997). Bei einem beträchtlichen Teil der Großeltern dürfte es sich um PensionistInnen handeln, die dadurch die Erwerbstätigkeit ihrer Tochter (allenfalls des Sohnes) erst ermöglichen und damit nicht zuletzt einen Beitrag zur Finanzierung ihrer Pension leisten.

Bei der Frage nach der Hilfe an körperlich beeinträchtigte Menschen gaben 210.000 an, daß ihnen täglich Familienangehörige bzw. Verwandte helfen. 75.000 erhalten von den Angehörigen wöchentlich Hilfe und 70.000 zumindest ab und zu (Vötsch 1997). Auch hier dürften viele BezieherInnen von Sozialleistungen unter den helfenden Personen sein; die finanzielle Grundlage ermöglicht dies. Nicht zuletzt wäre darauf hinzuweisen, daß viele Frauen ihr Leben lang unentgeltliche Arbeiten leisten (Kinderbetreuung, Betreuung von pflegebedürftigen Angehörigen und Nachbarn bzw. im Rahmen karitativer Organisationen), sodaß sie im bestehenden System nicht einmal eigenständige Ansprüche erwerben. Die rund 400.000 Frauen im Alter, die keine eigene Pension erhalten, dürften dies wohl dieser Tatsache zu ver„danken" haben. Bei jenen, die einen Pensionsanspruch haben, sinkt die Pension mit der Zahl der Kinder, die Frauen geboren und betreut haben (Wörister 1998, S. 175).

Diese Liste könnte wohl noch verlängert werden. Sie mag aber veranschaulichen, welch große Bedeutung SozialleistungsbezieherInnen und andere Nichterwerbstätige für die Gesellschaft haben. Möglicherweise hängt die in Österreich überdurchschnittlich hohe Frauenerwerbsquote innerhalb der EU-Staaten (und der höheren Vollzeitquote) auch mit dem hohen Anteil an FrühpensionistInnen zusammen. Es ist auch bekannt, daß gerade viele Frauen auf eine frühzeitige Pensionierung drängen, um damit zur Betreuung von Enkelkindern oder zur Pflege von Angehörigen frei zu sein. Allerdings werden sie im bestehenden System – und ganz besonders auch noch nach dem Inkrafttreten der 1997 beschlossenen Pensionsreform – durch Abschläge bestraft; ihre Leistung zählt bei der Berechnung der Pension nicht.

Es sollte auch nicht übersehen werden, daß Phasen der Arbeitslosigkeit oft für verschiedene andere wichtige Aufgaben in der Familie bzw. im Haushalt (und vereinzelt auch im eigenen landwirtschaftlichen Betrieb) genutzt werden. Diese Phasen mögen vor allem dann bedeutsam sein, wenn beide Partner ansonsten erwerbstätig sind. Auch die Tatsache, daß im Jahresdurchschnitt rund 30.000 Frauen (plus einige Männer) wegen „Mobilitätseinschränkungen“ arbeitslos sind, verweist auf ihre familiären Aufgaben; bei dieser großen Gruppe handelt es sich um Personen, die wegen familiärer Betreuungsarbeit für den Arbeitsmarkt nicht mobil genug sind.

Abschließend soll hier auch noch auf die Problematik der InvaliditätspensionistInnen im Erwerbsalter hingewiesen werden. Die meisten sind vermutlich noch zu einer Vielzahl von Arbeiten in der Lage, auch wenn ihre Leistungsfähigkeit am Arbeitsmarkt nichts mehr zählt. Oft werden Aktivitäten dieser Personen mißtrauisch betrachtet. Die Betroffenen riskieren damit ständig, neuerlich zu medizinischen Untersuchungen vorgeladen zu werden und damit u.U. ihre Pension wieder zu verlieren. Dabei wäre ein Arbeitsverbot als geradezu unmenschlich zu bezeichnen. Warum soll nicht jemand jene Arbeiten machen, die er/sie noch machen kann? Ende 1997 waren rund 2.600 InvaliditätspensionistInnen im Haupterwerbsalter (bis zum Alter von 54 Jahren) versicherungspflichtig erwerbstätig, was einem Anteil von rund 4% der InvaliditätspensionistInnen in dieser Altersgruppe entsprach.[16]

Frauen- und Männererwerbstätigkeit im Haupterwerbsalter (25 bis 54 Jahre)

Die Daten des Mikrozensus zeigen eine große Kluft zwischen dem Erwerbsverhalten von Frauen und Männern. Werden Erwerbskarrieren von Männern noch immer als weitgehend „normal“ bezeichnet, gilt die Erwerbssituation von Frauen gerne als von „atypischen“ Beschäftigungsverhältnissen geprägt.

Bei dieser Unterscheidung ist jedoch zu berücksichtigen, daß unterschiedliche Entwicklungen in Gang sind. Sind bei Männern gewisse Auflösungserscheinungen der traditionellen Erwerbskarrieren zu beobachten, ist die Entwicklung bei Frauen durch eine nach wie vor steigende Erwerbsbeteiligung gekennzeichnet. Der wachsende Anteil der Frauen auf dem Arbeitsmarkt ist jedoch in einem hohen Maß unter anderen Bedingungen erwerbstätig als Männer. Dies liegt wohl nicht zuletzt daran, daß die Betreuungsarbeit in den Familien im Zug der Bemühungen um mehr Gleich-

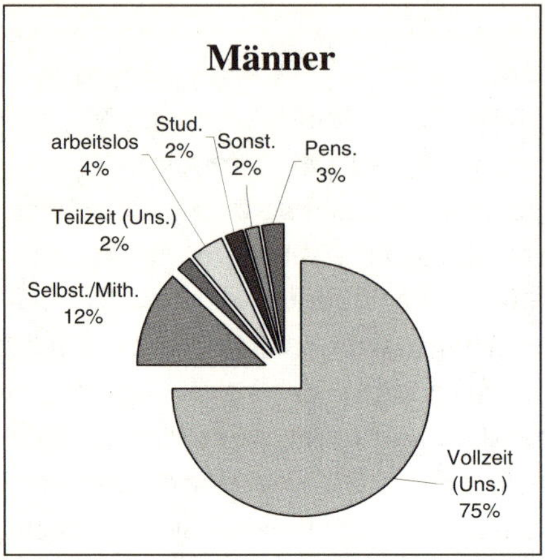

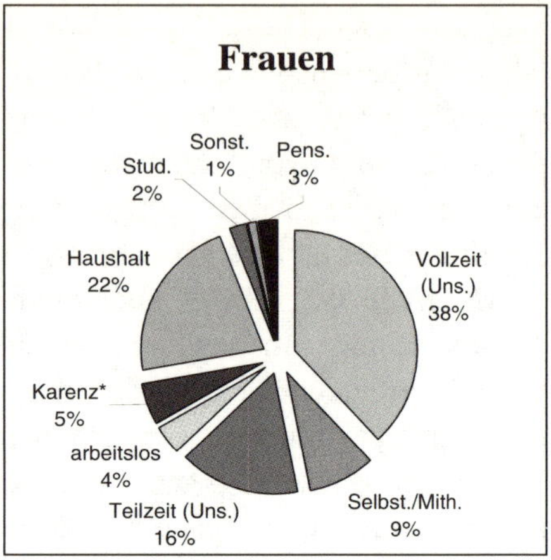

* inklusive Wochengeld
Quelle: ÖSTAT; eigene Berechnungen (Lebensunterhaltskonzept)

behandlung als Herausforderung für Eltern und Familien mit pflegebedürftigen Angehörigen bestehen bleibt. Die Bemühungen um mehr partnerschaftliche Arbeitsteilung in der Familie halten bei weitem nicht mit dem wachsenden Bedürfnis von Frauen nach eigenständiger ökonomischer Absicherung Schritt. Ähnliches gilt auch für den Ausbau von entsprechenden Betreuungseinrichtungen und für die Arbeitsorganisation in den Betrieben (familienfreundliche Arbeitszeiten ...). Daher ist die Situation von Frauen weiterhin durch mehr oder minder lange Unterbrechungen der Erwerbstätigkeit (phasenweise), Teilzeitbeschäftigungen, Mithilfe im Familienbetrieb, befristete Beschäftigungsverhältnisse etc. gekennzeichnet.

Die Daten für 1997 zeigen, daß innerhalb der 25- bis 54jährigen (Haupterwerbsalter, gesamte Wohnbevölkerung) der Anteil der Vollzeitbeschäftigten unter 50% liegt, während fast neun von zehn Männern als Vollzeitbeschäftigte im Erwerbsleben stehen (75% als unselbständig Erwerbstätige, 12% selbständig). Hingegen stand mehr als die Hälfte der Frauen gar nicht oder nur teilweise im Erwerbsleben (siehe Graphik).

Bei diesen Daten ist zu berücksichtigen, daß es sich hier um eine Querschnittbetrachtung handelt. Die einzelnen Personen ändern häufig ihren sozialen Status. Dies bedeutet etwa, daß wesentlich mehr Frauen im Lauf ihres Lebens „haushaltsführend“ sind als die angeführten 22%, dasselbe gilt auch für die übrigen Anteile (z.B. Vollerwerbstätige). Zu bedenken ist weiters, daß insbesondere innerhalb der Frauen eine Unterscheidung zwischen jenen mit Kindern und jenen ohne Kinder sinnvoll wäre, da gerade dieser Umstand die Erwerbskarriere sehr stark bestimmt.

Insgesamt zeigen diese Daten die große Spaltung von Frauen in verschiedene Gruppen, auch wenn die Zugehörigkeit zur einen oder anderen Gruppe meist nur eine Phase darstellt. Die Existenz von verschiedenen Gruppen (Phasen für einzelne Frauen) nebeneinander hat Auswirkungen auf die politische Stärke von Frauen. Während die männliche Wohnbevölkerung relativ homogen ist und daher viele gleichgelagerte Interessen hat, ist Frauenpolitik durch sehr kontroversielle Auseinandersetzungen innerhalb der Frauen gekennzeichnet.[17] Die daraus resultierende politische Schwäche ist wohl ein wesentlicher Grund für die Vielzahl von nach wie vor bestehenden Benachteiligungen von Frauen, etwa auch in den sozialen Sicherheitssystemen. So ist etwa im Pensionssystem und in der Arbeitslosenversorgung die Benachteiligung der Frauen wesentlich größer als im Erwerbsleben. Dies zeigt sich etwa daran, daß die neuen Pensionen der Frauen nur halb so hoch sind wie jene der Männer[18] und daß viele Frauen nach Ablauf des Arbeitslosengeldes aufgrund der Anrechnungsbestimmungen bei der Notstandshilfe erst gar keine Leistung erwarten können. Rund 40% der neuen Eigenpensionen, drei Viertel der Arbeitslosenleistungen und 85% der Notstandshilfeleistungen an Frauen lagen 1997 unterhalb des Einzelrichtsatzes für die Ausgleichszulage. Hingegen bezog „nur“ jede achte unselbständig erwerbstätige Frau (ohne geringfügig Beschäftigte!) ein Einkommen unterhalb dieses Niveaus.[19]

Diese Daten zeigen auch, daß die Existenzsicherung von Frauen in hohem Ausmaß vom Funktionieren der Partnerschaft abhängig ist – ein Umstand, der in männlich dominierten Expertenkreisen kaum thematisiert wird. Diese Abhängigkeit bestimmt jedoch entweder subtil oder ganz brutal das Geschlechterverhältnis.[20] An der Aufrechterhaltung des Status quo ist natürlich eher der männliche Teil der Bevölkerung interessiert, zum Teil schließen sich aber auch Frauen an (etwa Karrierefrauen usw.).

Darüber hinaus dominiert in der Sozialpolitik eine Formel, die besagt, daß eigenständige Ansprüche während Kinderbetreuung bzw. Pflegearbeit eine „Falle“ darstellen und daher möglichst vermieden werden bzw. nur kurze Zeit gelten sollen. Offensichtlich bringen die sozialpolitischen Sanktionen (kein Einkommen bei Nichterwerbstätigkeit, kleines Einkommen bei geringer Erwerbstätigkeit ...) bei weitem nicht den gewünschten Erfolg. Eine Lösung dieses Problems scheitert nicht zuletzt mangels entsprechender Anstrengungen bei der Suche nach adäquaten Lösungen. Statt dessen werfen sich die an der Diskussion Beteiligten die ewig gleichen Argumente an den Kopf. Gemeinsam ist ihnen jedoch, daß sie sich in die männlich dominierte Geldverteilungsmaschinerie nicht gern einmischen und den ausgesprochen patriarchalen Charakter des Systems nicht in Frage stellen.

Konsequenzen für die Sozialpolitik

Im folgenden werden einige Reformvorstellungen angeführt. Über diese Punkte hinaus könnten jedenfalls noch weitere wirtschafts-, bildungs- und auch sozialpolitische Reformen angeführt werden.

1. Für Österreich läßt sich sagen, daß die Ausgangssituation für eine adäquate Weiterentwicklung relativ günstig ist. Der Anteil der Sozialausgaben am BIP entspricht dem Durchschnitt vergleichbarer Länder. Zugleich ist die Arbeitslosigkeit – zumindest derzeit – vergleichsweise niedrig; als Problem ist sie jedoch existent.
2. Die Entwicklungen auf dem Arbeitsmarkt führen nicht zuletzt deswegen zu Problemen, weil das System der sozialen Sicherheit auf Vollbeschäftigung (der Männer) und Vollzeitjobs ausgerichtet ist. Diesbezüglich war dieses patriarchalische System zu Lasten der Frauen und auch anderer kleinerer Gruppen immer schon inadäquat. Neben den nackten Interessen der Unternehmen dürfte auch der verstärkte Zustrom von Frauen in den Arbeitsmarkt die Entwicklung mitbestimmt haben und wird diese wohl noch weiter beeinflussen. Damit können jene notwendigen gesellschaftlichen Tätigkeiten, die in großem Ausmaß – unbezahlt – erbracht wurden und noch immer werden, nicht mehr weiter ausgeblendet werden. Die Antworten auf die Frage, wie man mit diesem Problem umgeht, sind sehr unterschiedlich, ebenso wie auch das Problem unterschiedlich definiert wird. Allein die unterschiedlichen Schwerpunktsetzungen machen dies deutlich (Frauenpolitik? Familienpolitik?). Die Verwirklichung gleicher Lebenschancen für Frauen und Männer ist sicher auch ein familienpolitisches Problem und sollte sich daher nicht in der Frage erschöpfen, auf welche Weise die Lebenslage

von Frauen am raschesten an jene der Männer angeglichen werden sollte.

3. Daraus ergeben sich Herausforderungen für die Sozialpolitik. Etwa:

- *Wie kann unbezahlte Arbeit besser aufgeteilt werden?*

  Halbe/halbe innerhalb der Familie ist einer der aktuellen Vorschläge. Sicher ist es zuwenig, wenn hier einige T-Shirts mit der entsprechenden Aufschrift von einem kleinen Teil einer einzigen Partei verteilt werden. Warum macht des Sozialministerium für diese sozialpolitisch eminent bedeutsame Forderung nicht eine große Kampagne? Oder für Väterkarenz oder Aufteilung des Karenzurlaubs? Ein winziger Teil des Sozialbudgets könnte wohl einiges bewirken, vielleicht mehr als die neue Regelung für Elternkarenz ab 1997 (Karenzgeld bis zum zweiten Geburtstag des Kindes nur, wenn beide Elternteile den Karenzurlaub beanspruchen). Aufgrund dieser Maßnahme ist der Anteil der Väter innerhalb der KarenzgeldbezieherInnen von 1% auf etwa 1,5% und der Anteil der Teilzeitkarenz von 3% auf 4,5% gestiegen.

  Eine weitere Antwort wäre prinzipiell, wie diese Arbeit innerhalb der Gesellschaft besser verteilt werden könnte. Schließlich wirken sich solche Tätigkeiten (Kinder-, Alten- und Behindertenbetreuung) auf das Einkommen der Betroffenen aus, egal, ob Halbe/halbe praktiziert wird oder nicht. Auch hier sollte weitergedacht werden. Weiter oben wurden Daten über entsprechende Hilfeleistungen angeführt. Jedenfalls sollte nicht übersehen werden, daß es ein großes Potential von SozialleistungsbezieherInnen auf der einen Seite und überforderte Familien bzw. Familien mit geringem Pro-Kopf-Einkommen wegen der Einkommensverluste auf der anderen Seite gibt, weil dort entsprechende Familienangehörige (Großmütter ...) fehlen.

- *Wie kann bisher unbezahlte Arbeit im Sozialleistungssystem stärker berücksichtigt werden?*

  Die oben zuletzt angesprochene Herausforderung läßt sich zweifellos besser bewältigen, wenn es positive Anreize gibt, etwa eine – vielleicht nur geringe – Honorierung für ein paar Stunden pro Woche, das Absehen von Abschlägen bei der Frühpension usw. [21]

  Eine besondere Form der Anerkennung von Familienarbeit stellt das *Splitting* im Bereich des Pensionssystems dar, wie es in der Schweiz seit kurzem explizit gilt. In diesem Fall werden Pensionsbeiträge während einer Ehe beiden Partnern 50:50 gutgeschrieben.[22] Damit wirken sich Einkommenseinbußen aufgrund von Kindererziehung zumindest im Bereich des Pensionssystems nicht einseitig negativ bei Frauen aus.[23]

4. Bei den geltenden Regeln in der österreichischen Sozialversicherung stellen Pension und Arbeitslosengeld einen bestimmten Prozentsatz des vorangegangenen Einkommens, wobei einzelne Ausnahmen existieren. Wer viel verdient hat, kann – insbesondere im Pensionssystem – mit einer vergleichsweise hohen Leistung rechnen; wer wenig verdient hat, kann sehr häufig nur eine kleine Leistung erwarten, die für ein eigenständiges Leben nicht ausreicht; meist sind hiervon Frauen und auch Behinderte betroffen. In der Regel bedeutet dies für die Betroffenen ökonomische Abhängigkeit vom Ehepartner oder den Weg zur Sozialhilfe.
   Die geltenden Regelungen basieren auf der (ideo-!)logischen Annahme, daß Einkommen im Erwerbsleben zur Gänze verbraucht wird und eine Sicherung des gewohnten Lebensstandards ausschließlich vom Pensionssystem abhängt. Tatsächlich können Gutverdiener auch mehr sparen, wobei ihnen der Staat durch steuerliche Förderungen unter die Arme greift. So haben etwa BeamtInnenpensionistInnen, jene Gruppe mit den höchsten Pensionen, auch den höchsten Anteil an Lebensversicherungen und Wertpapieren. Hingegen haben ArbeiterInnen mit ihren eher kleinen Pensionen am wenigsten davon (siehe Wolf 1997).
   Es stellt sich somit die Frage, ob es nicht sinnvoll wäre, die Leistungsberechnung in den einzelnen Gruppen degressiv auszugestalten. In den weitaus meisten OECD-Staaten sind degressive Regelungen üblich (siehe Wörister 1991; Rosner 1998). Ein solches System würde von den Besserverdienenden zu den Schlechterverdienenden umverteilen und damit letztlich auch noch die Ungleichheit in der Versorgung zwischen den Geschlechtern verringern. Beispiele für degressive Berechnungsmethoden sind: feste Sockelbeträge (eventuell abhängig von der Versicherungsdauer), Mindestpensionsregelungen, explizit degressive Berücksichtigung des früheren Einkommens bei der Pensionsberechnung.
5. Wie weiter oben gezeigt wurde, ist die Kombination von Sozialleistungsbezug *und* Erwerbseinkommen gar nicht so selten. Dies gilt vor allem im Bereich der Hinterbliebenenpensionen und ein wenig auch bei Eigenpensionen, sofern es sich nicht um vorzeitige Alterspensionen handelt (Ausnahme: Gleitpension). Natürlich stellt sich hier die Frage, ob der gleichzeitige Bezug von Sozialleistung und Erwerbseinkommen in

jedem Fall sinnvoll ist; andererseits ist es für die Betroffenen nicht immer leicht zu verstehen, warum relativ geringe (oft nicht existenzsichernde) Erwerbseinkommen zum Verlust einer existenzsichernden Sozialleistung führen.

Besonders problematisch ist die Situation bei einzelnen Gruppen, die besondere Schwierigkeiten haben, sich auf dem Arbeitsmarkt zu behaupten bzw. wieder einzusteigen (Langzeitarbeitslose, Menschen mit Behinderungen, Ältere). Jedenfalls werden die bestehenden Regelungen oft als echte Hürden gesehen, auch wenn hier in letzter Zeit in Österreich bereits kleine Fortschritte zu beobachten sind (Möglichkeiten des Weiterbezugs von Arbeitslosengeld neben einer Erwerbstätigkeit, Solidaritätsprämie).

Diese Formen des „Kombilohns" dürften in Hinkunft eine größere Bedeutung haben. Es geht bei diesen Modellen auch um partielle Schritte in Richtung eines *Grundeinkommens*. Die Entwicklung passender Modelle stellt eine bedeutsame Herausforderung der Sozialpolitik in nächster Zeit dar. Diese Modelle haben vor allem in den Phasen des Einstieg in das und des Ausstiegs aus dem Erwerbsleben Bedeutung; darüber hinaus hätten jene, die nur teilerwerbsfähig sind, eine einigermaßen sichere finanzielle Grundlage.

Solche Kombi-Modelle sind auch sozialen Unterstützungen (Sozialhilfe) überlegen, die ausschließlich bei absoluter Bedürftigkeit anfallen. Abgesehen davon, daß solche Leistungen eine echte Falle darstellen können, sind Bedürftigkeitsprüfungen sehr schwierig, und die zuständige Bürokratie ist mit oft unlösbaren Aufgaben konfrontiert (tatsächliches Einkommen? alleinlebend oder in Partnerschaft?). Insofern ist die von manchen Seiten immer wieder vorgebrachte politische Forderung, Sozialleistungen nur Bedürftigen zukommen zu lassen, unseriös.

Zu klären wäre auch noch, ob statt des angeführten Kombi-Systems bei der einen oder anderen Gruppe Alternativen vorzuziehen wären. Eine Alternative stellen *Lohnkostenzuschüsse* dar. Im Prinzip besteht jedoch kein großer Unterschied zu einer Teil-Sozialleistung, die direkt an die Betroffenen ausbezahlt wird. Bei Lohnkostenzuschüssen muß jedoch nicht vom Prinzip einer kollektivvertraglich garantierten Mindestlohngarantie abgegangen werden. Eine weitere Alternative wären *Quotenregelungen.* In diesem Fall sind die ArbeitgeberInnen verpflichtet, einen bestimmten Anteil an Beschäftigten für einzelne Gruppen freizuhalten (Beispiel: Behinderten-Einstellungsgesetz). De facto entspricht diese Variante einer Arbeitgeberabgabe für Lohnkostenzuschüsse an bestimmte Gruppen. Bei Nichterfüllung der Quote wäre eine Sozialabgabe an einen Sozialfonds zu entrichten. Anders als beim geltenden Behinderten-Einstellungsgesetz müßte diese Taxe wohl ein Vielfaches des bestehenden Niveaus (ca. 2.000 Schilling monatlich pro Person, die nicht beschäftigt wurde) betragen, wenn die Quotenregelungen wirkungsvoll sein sollen.

Anmerkungen

1 Zunehmende Arbeitsteilung, Urbanisierung und damit verbunden die sinkende Bedeutung der Selbstversorgung im Rahmen der Landwirtschaft, Zerfall der Großfamilie als Versorgungseinheit, medizinischer Fortschritt, steigende Lebenserwartung usw.

2 PensionistInnen ab 60 (Frauen) bzw. 65 (Männer).

3 Ergebnis eigener Berechnungen im Rahmen einer noch unveröffentlichten Studie („Sozialleistungen 1990-2000").

4 Die Schwankungen lagen seit 1956 zwischen 17 und 14 Tagen.

5 Statistische Informationen, November 1998: Verfahren in Arbeits- und Sozialrechtssachen 1970-1997.

6 Allerdings muß hier darauf hingewiesen werden, daß auch die außergewöhnliche demographische Entwicklung der letzten Jahre (großer Geburtenanstieg in den Jahren ab 1938!) die Entwicklung mitbestimmt hat.

7 In der Pensionsversicherung der Unselbständigen entfielen 1997 40% der neuen Invaliditätspensionen (inklusive vorzeitige Alterspensionen wegen geminderter Arbeitsfähigkeit) auf Krankheiten des Bewegungs- und Stützapparates, 16% auf psychiatrische Krankheiten und 13% auf Herz-/Gefäßerkrankungen. Fast 7 von 10 neuen Pensionen entfielen damit auf diese drei Krankheitsgruppen.

8 Ohne BeamtInnen.

9 D.i. Samstag ab 13 Uhr. Siehe Hammer 1998.

10 Inklusive Lehrlinge (Arbeitskräfteerhebung).

11 Ca. 8.000 Personen wurden im Herbst 1998 als *neue Selbständige* erfaßt; der Großteil der Betroffenen dürfte jedoch nun als gewerblich Selbständige versichert sein (siehe Statistische Informationen, Februar 1999).

12 Wenn etwa ein/e Ausgleichszulagen- oder NotstandshilfebezieherIn einige hundert Schilling zu der niedrigen Leistung hinzuverdient, wäre es wohl aus verwaltungsökonomischer Sicht unsinnig, wegen dieser kleinen Beträge Bescheide auszustellen und Gelder zurückzuverlangen oder Überweisungsaufträge zu ändern. Die anfallenden Verwaltungskosten können bei kleinen Beträgen nur allzuleicht höher sein als Ersparnisse durch gekürzte Sozialleistungen.

13 Ähnliches gilt auch innerhalb der Witwen- und WitwerpensionistInnen; allerdings liegen hier die Selbständigenanteile bei Pensionistinnen im Erwerbsalter etwas niedriger (etwa 2 von 10).

14 Im Alter (hier: ab 65) hatten dann 9 von 10 Witwerpensionisten eine weitere Pension (Eigenpension), innerhalb der Witwenpensionistinnen nicht ganz die Hälfte.

15 Inwieweit es sich um einen „Lohn“ für die Kinderbetreuung handelt, ist nicht ganz klar. Einerseits handelt es sich um eine Versicherungsleistung (Ersatz für verlorengegangenes Einkommen aufgrund der Kinderbetreuung), andererseits hat die einheitliche Leistung auch einen gewissen Entlohnungscharakter. Ein Karenzgeld für alle hätte noch viel stärker die Funktion, Kinderbetreuung zu entlohnen (u.U. auch noch neben einer Erwerbstätigkeit). Ziemlich deutlich ist die Entlohnungsfunktion bei der Anrechnung von Kindererziehungszeiten in der Pensionsversicherung. Hier handelt es sich um feste Beträge, die additiv zu allfälligen anderen Ansprüchen berücksichtigt werden. Voraussetzung ist allerdings ein Pensionsanspruch, der aber auch durch Kinderbetreuung entstehen kann.

16 Eigene Berechnungen auf Grundlage einer Sonderauswertung des Hauptverbandes der österreichischen Sozialversicherungsträger.

17 Ähnliches gilt auch für die Familienpolitik; siehe Badelt/Österle 1998, S. 133 ff.

18 So betrug 1997 die mittlere neue Eigenpension nur 52% der mittleren Männerpension.

19 Siehe Statistische Informationen, Oktober 1998.

20 In der Frage der Gleichbehandlung der Frauen nimmt die Bedeutung der ökonomischen Unabhängigkeit der Frauen meines Erachtens einen viel zu geringen Stellenwert ein. Ökonomische Abhängigkeit ist mit Unterdrückung bzw. möglicher Unterdrückung verbunden und beeinflußt sehr wesentlich die Lebenschancen.

21 Es ist überhaupt fraglich, ob es Sinn macht, alle Arbeiten im Pflege- bzw. Betreuungsbereich im Rahmen von Vollzeitjobs – und das vielleicht ein Erwerbsleben lang – zu erbringen. Derartige Tätigkeiten sind oft mit hohen psychischen und physischen Belastungen verbunden. Besonders sinnvoll erscheint in diesem Zusammenhang die praktizierte Einbeziehung des Zivildienstes in diesen Bereich. Diese Einschränkung ist zeitlich begrenzt und für die Zivildienstleistenden eine wichtige Erfahrung.

22 Denkbar wäre dies auch bei gemeldeten Lebensgemeinschaften.

23 Zusätzlich werden dort auch Zeiten der Kinderbetreuung und der Pflege angerechnet; die Beträge hierfür werden ebenfalls 50:50 aufgeteilt.

Literatur

Badelt, Christoph/Österle, August (1998): Grundzüge der Sozialpolitik. Wien.

Hammer, G. (1997): Kinderbetreuung in der Familie. In: Statistische Nachrichten, 6/1997, S. 463-468.

Hammer, G. (1998): Arbeitszeit. In: Statistische Nachrichten, 8/1998, S. 604-623.

Hauptverband der österreichischen Sozialversicherungsträger: diverse Daten bzw. Auswertungen.

Rosner, P. (unter Mitarbeit von Karl Wörister) (1998): Staatsfunktionen und Sozialstaat. In: Der Staat und seine Funktionen. Neue Formen der Erfüllung öffentlicher Aufgaben. Hrsg. vom Bundesministerium für Finanzen. Wien, S. 321-408.

Statistische Informationen. Hrsg.: Arbeiterkammer Wien.

Vötsch, Werner (1997): Personen mit körperlichen Beeinträchtigungen: wer hilft? In: Statistische Nachrichten, 9/1997, S. 743-748.

Wolf, W. (1997): Personen- und Haushaltseinkommen von Pensionisten – Ausstattung von Pensionistenhaushalten. In: Statistische Nachrichten, 7/1997

Wörister, Karl (1991): Einkommensersatz durch die Pension – ein internationaler Vergleich. In: Soziale Sicherheit, 1991, S. 418-424.

Wörister, Karl (1998): Familienbezogene Leistungen aus der Sozialversicherung und äquivalente Leistungen aus anderen Systemen. In: Badelt, Christoph: Zur Lage der Familien in Österreich. Wien, S. 101-176.

Klaus Firlei

Ist der postmoderne Kapitalismus noch gestaltbar?

Arbeit und Grundsicherungen in der Falle des heimlichen Neoliberalismus

Der Kapitalismus hat sich bis zur Unkenntlichkeit gewandelt. Das System hat einen Tempowechsel vorgenommen, der die politischen und staatlichen Strukturen hoffnungslos überfordert. Aber auch die kapitalismuskritische Theorie kommt ganz einfach nicht mehr mit. Diese Theorieschwäche ist Mitursache der jammervollen Hilflosigkeit im Umgang mit den neuartigen Zerstörungen und Krisen, die das Wirtschaftssystem heute hervorbringt.

Das Thema dieses Bandes ist, in Anlehnung an eine geniale Beschreibung von Karl Marx, deswegen so hervorragend ausgewählt, weil es doppelbödiger nicht sein könnte. Wenn von der „Armut des Habens“ die Rede ist, so stellt sich die Frage, inwieweit die Linke heute von der „neoliberalen Invasion“ infiziert ist, ja sich an ihr heimlich beteiligt.

Die Thematik der Arbeitswelt und der sozialen Absicherungen ist besonders gut dazu geeignet, diese Frage in der – angesichts des Standes der Dinge – gebotenen Brutalität zu stellen. Sowohl die Linke an der Macht als auch die kritische Linke fühlen sich immer noch viel zu wohl in ihrer Haut. Ein ungetrübter Blick auf die Arbeitslandschaft und die soziale Sicherheit von heute sowie auf die erkennbaren Trends müßte beiden eigentlich den Schlaf rauben.

Die Diskussionen um die Arbeit und ihre Zukunft werden seit Jahren durch eine neue, beängstigende Begriffslandschaft beherrscht. Die Rede ist von Flucht aus dem Arbeitsrecht, Zunahme atypischer Beschäftigungsverhältnisse, Krise des Normalarbeitsverhältnisses, Absterben der Gewerkschaften, Ende der Ära des Arbeitsvertrages und Beginn der Ära des Werkvertrages, Entstehen eines Systems flexibler Unterbeschäftigung, Ausbreitung neuer Produktionskonzepte, Vier-Viertel-Gesellschaft, Ende der Lohngesellschaft, Auflösung des Betriebsbegriffes, neuem Nomadentum, virtuellen Unternehmen, Projektarbeit, Arbeitskraft-Unternehmern, „neuen Selbständigen“ wie auch neuen Taglöhnern.

Die Realität entspricht diesen Diskursen. Wie ein Tornado fegen die beobachtbaren Entwicklungen über die bisherige gemütliche Arbeitslandschaft hinweg. Massenarbeitslosigkeit wird mit steigender Tendenz zur Dauererscheinung, ohne Hoffnung auf eine Wende. Der Sektor prekärer Beschäftigung wächst, die Mehrheit der Jobs wird unsicherer und belastender. Arbeit bietet immer weniger Menschen ein ausreichendes Einkommen. Die durch Jahrzehnte gültige Normalität der lebenslangen Vollzeitbeschäftigung verflüchtigt sich. Der Masse an Arbeitskräften bietet sich die Perspektive einer diskontinuierlichen, unsteten, brüchigen, mit schwankenden Einkommen versehenen Arbeit. Damit wird auch ein stabiler und planbarer Lebensverlauf zur Ausnahme. Rein quantitativ schrumpft Arbeit zur Marginalie im Leben (umgelegt auf das ganze Leben: zwei, tendenziell nur eine Stunde Arbeit pro Tag).

Die Erwerbsarbeit bleibt dennoch Mittelpunkt aller Zuweisungen an Geld, Status, Macht und Kompetenz, denn nach wie vor hängen fast alle materiellen Sicherungen (Sozialsystem, Familie) von der Erwerbsarbeit ab. Der am Weltmarkt exponierte Arbeitssektor steht unter einem rabiaten Wettbewerbsdruck, der auch die staatlichen Schutzschirme demontiert. Schon stehen weitere Automatisierungswellen vor der Tür, die ganze Branchen wegschwemmen werden. Unternehmen verwandeln sich in informationsverarbeitende Aktionszentren, die ein flexibles Zusammenspiel verschiedener, möglichst billiger Produktionsfaktoren in einem elektronischen Verbund organisieren, ohne geographische Begrenzung und ohne auf klassische (geschützte) Arbeitsverträge angewiesen zu sein. Durch die Verbreitung modernster Produktionstechnologien bis in die letzten Winkel des Planeten schmilzt das bisherige Produktivitätsgefälle zu den „Billiglohnländern“, ein Prozeß, der durch den weltweiten Ausbau und die Verbilligung von „Netzen“ für den Transport von Waren, Diensten und Informationen weiter angeheizt wird. Gerade die stark zunehmende Informationsarbeit ist ortsungebunden und außerhalb traditioneller betrieblicher Strukturen organisierbar. Die Wissensökonomie ist überhaupt weitgehend regulierungsresistent.

Das Sozialsystem kann die Verarmungswirkungen von Arbeitslosigkeit und prekärer, diskontinuierlicher Unterbeschäftigung nicht kompensieren. Es verstärkt per Saldo – in Österreich deutlicher als in vielen anderen Staaten – die jeweils erreichte Position im Erwerbsstatus, statt sie zu kompensieren. Der Grund dafür ist seine gering ausgeprägte Bedarfsbezogenheit und vice versa die hochgradige Erwerbszentriertheit des „Normal"-Sozialsystems.

Ein beträchtlicher und sich ständig vergrößernder Teil der abhängig Erwerbstätigen fällt daher gleich durch mehrere Netze. Nicht selten gerät dies zu einem freien Fall ins Bodenlose: zuerst durch das Netz des auf das Normalarbeitsverhältnis zugeschnittenen Arbeitsrechts, in weiterer Folge durch das Netz der Schutzbemühungen der kollektiven Interessenvertretungen, die sich im wesentlichen auf die Kernbelegschaften konzentrieren, dann durch das Netz des vom Beschäftigungsstatus abhängigen sozialrechtlichen Schutzes und schließlich auch durch das Netz jener vielfältigen Benachteiligungen und Zugangsbarrieren in dieser Gesellschaft, die sich aus Einkommensarmut, Zeitknappheit, gesundheitlichen Belastungen, geringer Qualifikation, geringen Aufstiegschancen, schlechten Wohnverhältnissen usw. ergeben.

Diese Veränderungen sind metapolitischer Natur. Damit meine ich, daß die Lösungen jenseits der Reichweite der heutigen Politik, jenseits der heutigen politischen Denkweisen und jenseits der Steuerungskapazität der bestehenden Regulierungssysteme liegen.

Die Behauptung, die bestehenden Politikformen seien gegenüber diesen Entwicklungen hilflos, wird, weil fatalistisch, im Ringelspiel linker Kommunikation als neoliberal angesehen. Nun birgt diagnostische Schärfe im Hinblick auf Politikrestriktionen sicher die Gefahr eines Abgleitens in Fatalismus und Resignation oder in eine transreale Revolutionsrhetorik. Aber die Kritik an diagnostischer Treffsicherheit hinsichtlich der Grenzen der Politik war immer schon eine Lieblingsgebetsmühle des Reformismus.

Um die Frage entscheiden zu können, ob diese These ein „feiges Zurückweichen" vor der neoliberalen Denkwelt ist oder ob nicht vielmehr das Pathos der Appelle an die Rekonstruktion von Politik (der „alten" nämlich, jener, die auf Staat, Gesetz, Klasse, Bewegung setzt) sozusagen durch eine „neue Entschlossenheit" die eigentliche Kapitulation vor dem Neoliberalismus ist, muß nachgebohrt werden, wie tief die Veränderungen eigentlich reichen.

Hier tut sich ein Abgrund auf, der dazu berechtigt, von einer ganz neuen Systemformation zu sprechen. Die Tiefe der Veränderungen erweist sich schon anhand der Begriffe, mit denen die bisherige arbeits- und sozialbezogene Politik zu hantieren gewohnt war, also an den tragenden Säulen ihrer hochfliegenden Pläne und Strategien. Die allmähliche Verdunstung dieser Begriffe erfolgt so gründlich, daß der Plan einer Wiederbelebung des bisherigen Sozialmodells des Wohlfahrtskapitalismus – ich darf doch anmerken: bedauerlicherweise – als illusionär angesehen werden muß.

Noch immer wird unbedarft mit operativen Zielen wie Schaffung von „Arbeitsplätzen“, „Arbeitszeitverkürzung“, „Ausdehnung des Arbeitsrechts auf neue Arbeitsformen“ usw. gearbeitet. Diese Begriffswelten stoßen auf zunehmend weniger Entsprechungen in der Wirklichkeit: Die Unterscheidung in Arbeitslose und Arbeitende, der Begriff des Arbeitsplatzes, die Betriebsstruktur als Bezugspunkt kollektiver Interessenvertretung, der Begriff des Arbeitnehmers, um nur einige Beispiele zu nennen, lösen sich auf. Immer mehr Beschäftigungsformen liegen zwischen echter Unternehmertätigkeit und klassischer Arbeitnehmerrolle. Das Massenphänomen der (diskontinuierlichen) Unterbeschäftigung schiebt sich zwischen die Pole der Vollarbeit und der Arbeitslosigkeit.

Diese Differenz zwischen Realität und strategischer Traumwelt trifft zuallererst die Mainstream-Strategie der Arbeits- und Sozialverwaltungswirtschaft des Goldenen Zeitalters des Fordismus ins Herz. Das Maßnahmenpaket dieses sehr bemühten Ansatzes besteht im Kern darin, das Arbeitsangebot zu begrenzen, die Arbeit gerechter zu verteilen, Lücken im arbeitsrechtlichen Schutz zu schließen, eine Anhäufung von Arbeitszeit (und Einkommen) bei einzelnen Personen zu verhindern und um jeden Preis „Arbeitsplätze“ im Erwerbssektor zu schaffen. Die prekären, zum Teil außerhalb des Arbeitsrechts liegenden Beschäftigungsverhältnisse sollen stärker geschützt und der Arbeitnehmerbegriff auch auf wirtschaftlich abhängige Selbständigentätigkeiten ausgedehnt werden. Damit soll die neue Arbeit verteuert werden, um die Dumpingeffekte der billigeren, nicht geschützten Arbeit zu verringern. Es geht daher um Arbeitszeitverkürzung („Arbeit teilen“), um Streckung der Arbeit durch Bildungsurlaube, um „Vollbeschäftigungspolitik“ im Sinn der Erschließung neuer Felder der Erwerbsarbeit, z.B. im Bereich der sozialen Dienste.

Dieses Modell ist immer noch von der Aura eines linken, „fortschrittlichen“ und sozialen Ansatzes umgeben. Daher seien ein paar Fragen gestattet: Wie sollen neue Beschäftigungsformen geschützt werden, wenn kein Arbeitgeber mehr vorhanden ist, der zu diesem Schutz verpflichtet werden kann? Wie sollen Menge und Preis der neuen Arbeit kartelliert werden, wenn die Träger dieser neuen Arbeitsformen wie Unternehmer denken und handeln? Wie soll Arbeit umverteilt werden, wenn der Maßstab nicht mehr die Arbeitszeit, sondern das Ergebnis ist? Wie soll ein differenziertes Arbeitsrecht funktionieren, wenn die Beschäftigten angesichts einer instabilen Risikogesellschaft nur eines im Sinn haben: in kurzer Zeit möglichst viel netto zu verdienen? Wie soll ein Staat, der zum Spielball der Standortkalküle international hochgradig mobiler Unternehmen geworden ist, die neue Arbeit schützen, wenn das Ausmaß an ungeschützter Arbeit zu einem entscheidenden Wettbewerbsvorteil wird? Wie will man Kapital und Symbolanalytiker, technische Innovatoren und andere extrem mobile Gewinner aus den heutigen Entwicklungen an ein Territorium binden und zu den erforderlichen Zahlungen und zur Duldung dieser rigorosen Einschränkungen veranlassen? Wie sollen sie an das Territorium angebunden werden, in dem ausschließlich die Steuerhoheit, die Rechtshoheit und die Umverteilungshoheit ausgeübt werden kann? Wie will man den nationalen Territorialstaat mit einer gegenüber früher noch deutlich erhöhten Steuerungskapazität gegenüber den Märkten und gegenüber dem Gewinner-Segment auch bei den Arbeitnehmern und neuen Selbständigen ausstatten?

Damit sind wir beim Staat. Gerade ein Blick auf diesen führt zu heilsamen Desillusionierungen. Der Staat war und ist Quelle des Schutzes der Arbeit, ihrer sozialen Ergiebigkeit und der dazu komplementären sozialstaatlichen Garantien. Ebendieser Staat, der strukturell dazu in der Lage war, das Arbeits- und Sozialmodell der letzten hundert Jahre zu tragen, diffundiert allmählich. Es ändern sich gleichzeitig so viele – stillschweigend mitgedachte – Voraussetzungen von Politik, Arbeitsregulierung und Sozialstaat, daß man von einer neuen gesellschaftlich-ökonomischen Formation sprechen muß. Es ändert sich nicht nur die Architektur der Gesellschaft, sondern die Gesellschaft hat gar keine Architektur mehr. Sie verändert sich von einer gleichsam physikalisch strukturierten zu einer biologisch strukturierten Gesellschaft.

Verwirft man (daher) die neofordistische Selbsttäuschung und sieht man richtigerweise die mit den Trends auf den Arbeitsmärkten und im Sektor der Erwerbsarbeit einhergehenden monetären Verarmungsprozesse als Kernproblem der heutigen Entwicklungen an, dann bieten sich soziale Grundsicherungen als Lösung an. Ihr gemeinsamer Nenner ist es, daß sie die armutserzeugenden Eigenschaften der neuen Arbeitswelt ausgleichen, vor allem die Verringerung und die Unstetigkeit der Einkommen. Das Spektrum der

Grundsicherungsmodelle ist sehr breit. Es reicht von einer vollständigen Entkoppelung von Arbeit und Einkommen bis hin zu einer bloßen Ergänzung der Sozialversicherung durch bedarfsbezogene Sockelungen.

Die Grundsicherungskonzepte spalten das sozial engagierte Reformlager. Typisch für die Unsicherheiten bei deren Beurteilung ist etwa die aus gewerkschaftlicher Sicht vorgetragene Kritik des Grundsicherungskonzeptes der *Bayrisch-Sächsischen Zukunftskommission*. Ihr wird zum Vorwurf gemacht, sie sei eine rechtskonservative Konzeption. Immer wieder stoßen wir auf Kritik aus linker und gewerkschaftlicher Perspektive: mit Grundsicherungen sei die Aufgabe des Vollbeschäftigungsziels, das Abschreiben der Arbeit und die Reduzierung des Sozialsystems auf eine ärmliche Mindestsicherung anstelle einer Lebensstandardsicherung verbunden. Man fördere damit überdies ein „reaktionäres" Frauenbild und verbaue vor allem Frauen den Weg in die befreiende Selbstverwirklichung und Unabhängigkeit durch Erwerbsarbeit.

Links ist also die Vollbeschäftigung, rechtskonservativ (oder neoliberal) ist die Grundsicherung. Links ist also die Erwerbsarbeitsgesellschaft, rechts ist die Tätigkeitsgesellschaft einzuordnen.

So einfach ist die Welt aber nicht. Die Gegenthese lautet: Die Krise der Erwerbsarbeit bietet Chancen zu einem Neuentwurf der Arbeitsgesellschaft, ist eine Chance zur Befreiung der Arbeit. Sie weist einen Weg, die Ankoppelung der Bedürfnisse der Arbeitnehmer und der Sozialleistungsempfänger an die Mutterkuh eines zerstörerischen Produktionssystems zu verringern. Hingegen ist gerade der Versuch der Erhaltung der Erwerbsarbeitsgesellschaft und des dazu passenden Sozialsystems eine Perpetuierung der Hegemonie des Kapitals. Der Neofordismus mit seinem Festhalten am System kartellierter Erwerbsarbeit ist gespiegelter Neoliberalismus plus Verteilungsrhetorik.

Ich vertrete hier die These, daß diese Einschätzung richtig ist. Nur: Sie trifft auch für Grundsicherungen rein monetärer Art zu. Die Orientierung auf eine in Geld bestehende Grundsicherung ohne Verknüpfung mit Arbeit und Tätigkeit läuft Gefahr, daß sie ungewollt zum Verbündeten der „neoliberalen Invasion" *(Bourdieu)* wird. Damit könnte sich der neoliberale Furor endlich ein soziales und demokratisches Mäntelchen umhängen. Die Herrschaft über die Welt wäre um weniger als ein Butterbrot zu haben – „panem et circenses", heute: Kunstnahrung plus multimediale Unterhaltung.

Die Konzeption der Grundsicherung ist nämlich ein Kind des Verteilungsdenkens. Sie schöpft ihre sozialpolitische Kraft aus der monetären Ökonomie, sie baut auf soziale Qualität durch Geld. Aber Armut hat nicht nur mit Geldmangel zu tun. Dies darf nicht als zynische Haltung gegenüber dem Geldbedarf von Armen und Armutsgefährdeten verstanden werden. Heute gilt mehr denn je: Ohne Geld ist der Mensch kein Mensch. Wenn alles zum Markt wird, dann entwickelt sich auch die soziale Frage immer ausschließlicher zu einer Frage der Geldverteilung. Der Absolutismus der Warengesellschaft führt zu einer immer umfassenderen Verstrikkung der Menschen in die Logik der Geldökonomie. Dies kann und soll nicht bestritten werden.

Dennoch darf man die immanenten Beschränkungen einer Grundsicherungskonzeption, die nur auf Geld setzt und die Arbeitswelt sich selbst überläßt, nicht übersehen oder verdrängen. Das „andere Gesicht der Armut" ist, daß alle Menschen in bestimmten Bereichen des Lebens verarmen, auch wenn ihre Realeinkommen wachsen. Diese Verarmungen bleiben wegen der manischen Fixierung auf bestimmte Arten des Reichtums, des Waren- und Geldreichtums, verborgen. Das Paradoxon einer sektoralen Auseinanderentwicklung von Armut und Reichtum ist das zentrale Kennzeichen der heutigen ökonomischen Entwicklungsphase. Was passiert, wenn das soziale Schicksal der Menschenmassen weiterhin an die Entwicklung der Wettbewerbsökonomie, wie sie ist, gefesselt bleibt und diese Massen nur dann sozial (als Beschäftigte wie als Bezieher von Sozialleistungen) überleben, wenn sie alles akzeptieren, was diese Ökonomie mit Mensch, Natur, Kultur und Zukunft anstellt? *Gruhl* hat es auf den Punkt gebracht: *„Die vielen arbeitenden Menschen werden zu den Totengräbern dieser Welt."*

Angesichts der Folgen des Wachstums für Natur, Mensch, Kultur und Geist sind gerade jene, die immer lauter nach Arbeit und Geld verlangen (müssen), der demokratische Treibsatz einer unkontrollierten Wachstumsbeschleunigung. Es kommt damit zu einer reaktionären Wende des Sozialgedankens, zu einem (un-)heimlichen Bund einer sich im Postfordismus in fordistischer Manier gebärdenden Arbeitnehmerbewegung mit dem Neoliberalismus, eines links eingefärbten Habens der Deklassierten gegen die Vision einer Gesellschaft des „Seins". Damit ist auch erklärbar, daß die Verwalter des kartellierten, abstrakten Arbeitsvolumens, jene, die grundlegenden Reformen immer schon aus dem Weg gegangen sind, immer weiter in das neoliberale und gleichzeitig in das politisch rechte und reaktionäre Lager abdriften.

Zu thematisieren wäre sohin die schlampige Liaison des Systems kartellierter, entfremdeter Arbeit und monetärer Sozialpolitik mit der quantitativen, die konkreten Inhalte von Produktion und Produktionsfolgen ausblendenden Wachstumsphilosophie.

(Nur) monetäre Grundsicherungen ändern nichts an der qualitativen Problematik des heutigen Wachstumsprozesses. Die einst halbwegs funktionierende Parallelität von monetärem Wachstum und menschlichem Reichtum ist der Geldökonomie abhanden gekommen. Das Wachstum ist destruktiv geworden, seine Bilanz ist negativ. Die nicht monetären Reichtumsfelder, z.B. die Nichterwerbsarbeit, werden verdrängt, abgewertet und prekarisiert. Die Erwerbsarbeit gerät unter einen schrankenlosen Rationalisierungsdruck. Die Natur, eine Reichtumspenderin höchster Qualität, wird demoliert und achtlos verschlissen. Das für ein befriedigendes Leben erforderliche soziokulturelle Umfeld wird ausgetrocknet. Menschengerechte Zeitstrukturen lösen sich auf. Verheerend sind vor allem die Auswirkungen auf Tätigkeiten außerhalb des Erwerbssektors, auf jene Arbeit, die durch Konvivialität und Kooperation, durch eine nicht tauschförmige Verknüpfung produktiver Leistungen und eine Einbettung in kulturell geprägte Umfelder gekennzeichnet ist. Diese unverzichtbare Brücke zwischen Warenwelt und Lebenswelt wird morsch und droht einzustürzen.

Wenn Grundsicherungen an dieser verhängnisvollen qualitativen Dynamik des Systems nichts ändern, dann lösen sie das Armutsproblem nur vordergründig. Sie wären nur eine armutspolitische Notbremse.

Daher geht es um die Stellung von Arbeit und Tätigkeiten in Verbindung mit einem Grundsicherungssystem. Grundsicherungen sollten nicht Freizeit (Nicht-Arbeit, Einkommensausfälle), sondern autonome lebensweltliche Tätigkeiten außerhalb der Marktökonomie finanzieren. Sie sollten eine Tätigkeitsgesellschaft konvivialer, selbstbestimmter, in Gemeinschaften, Familien und Vereinigungen erbrachter Arbeit stützen. Die damit alimentierten, in soziokulturelle Zusammenhänge und Sinnstrukturen eingewobenen Tätigkeiten bilden die Grundlage für eine neue Art von – allerdings in Geld nicht meßbarem – Reichtum. Sie verbinden die Fülle der auf Märkten produzierten Waren und Dienstleistungen mit einem selbstgestalteten, lebensweltlichen, nichtrationalisierten Kosmos, in dem nicht Artefakte und Sachzwänge herrschen, sondern der Mensch.

Solche Grundsicherungen wären ein realistischer und wirksamer Gegenentwurf zum neoliberalen Weltbild und zur neoliberalen Realität. Sie ermöglichten ein Leben ohne eine totale Ankettung an die Megamaschine. Sie würden befreite und selbstorganisierte Arbeit finanzieren. Kollektive Grundsicherungen könnten die Infrastruktur für eine kulturelle Gegenwelt gegen die Verarmungen des Warenmodells bilden.

So weit, so schön. Aber Entwürfe ohne Subjekt sind Glasperlenspiele. Unbestreitbar stellen Grundsicherungen, noch dazu in Kombination mit einem Neuentwurf der Arbeits- und Tätigkeitswelt, extreme Anforderungen an Einsicht, Solidarität und Antizipationsvermögen der Menschen sowie an die Handlungsfähigkeit der politischen Institutionen. Es handelt sich dabei um mehr als eine neue Sozialpolitik. Es geht um einen neuen „Gesellschaftsvertrag".

Damit sind tiefe Einschnitte in Interessen, Gewohnheiten, Süchte, Betrachtungsweisen und Sinnkonstruktionen verbunden. Wir wissen, auf welche Widerstände gerade bei den sogenannten „kleinen Leuten" selbst minimale Veränderungen im Sozialsystem stoßen. Woher soll also das Subjekt solcher Großreformen kommen? Sind nicht die Menschen vom ökonomischen Denken zerfressen? Definieren sie sich nicht als Monaden, ihr Leben als Aufeinanderfolge von Tauschprozessen, ihre Besitzstände als politisch unantastbar und die Welt als Kaufhaus? Wurde die ökonomistische Sicht des Lebens nicht bereits voll und ganz auch von Arbeitnehmern und Sozialleistungsempfängern übernommen?

Nichts beweist wohl mehr die Theorielücke der zeitgenössischen Kapitalismuskritik als diese Frage nach dem Subjekt von Großreformen. Stellt man sich ihr, so werden die tiefliegenden Konvergenzen und versteckten Allianzen der im fordistischen Kapitalismus steckengebliebenen (sozialen) Reformstrategien mit dem Denkmodell des Hyperkapitalismus offenbar. Abermals demaskiert sich die alte Arbeits- und Sozialpolitik als das Gegenteil ihres äußeren Anscheins.

Während man in verbaler Verurteilung des Elends und seiner reichen Mitverursacher schwelgt, sich in den Begriffskaskaden von Kartell und Gegenmacht, von Widerstand und Aufstand ergeht und sich in der Verurteilung des Sturzflugs des Sozialen an Radikalität überbietet, spult das ökonomische System die vor seinem endgültigen Triumph letzte noch verbliebene Aufgabe ab: die Ausradierung aller nicht marktfähigen Produktions-, Denk- und Lebensprozesse.

Wer verändern will, muß sich zuvor aller Illusionen entledigen. Revolutionen sind unmöglich geworden. Die Klasse ist verschwunden. Die Konflikte gehen quer durch die Subjekte. Der Staat als Instrument der Reform ist zerfranst. Die Denkprozesse sind von der kapitalistischen Content-Industry okkupiert. Herrschaftsfreie Kommunikation ist ohne Chance.

Was also ist die Antwort auf New Labour, deren Galionsfiguren diese Resignation so erfolgreich verkörpern?

Was ist die Antwort darauf, daß sich die festgefügten Begriffe, Architekturen und Strukturen völlig auflösen? Politik hat es mit dynamischen, unkontrollierbaren und extrem schnellen Fraktalen zu tun. Diese postmoderne Gesellschaft ist, gemessen an den alten Kriterien, am Raster abstrakter Gesellschaftstechnologien (Staat, Verbände, kollektiver Widerstand), subjektlos und quallig. Sie ist zum Dschungel geworden, unsteuerbar, unübersichtlich, irrational. Sie ist biologisch geworden, eher einem Lebewesen als einer Maschine ähnlich. Die Gesellschaft treibt vor sich hin. Der Medienhandelskonzern Saturn drückt dies in seiner Werbung mit zwei Worten aus: „Zukunft passiert.“ *Peter Sloterdijk* vermerkt, *„wir fahren nicht mehr von Genua aus in die Neuzeit, wir rollen auf einem Förderband ins Unabsehbare“*.

Auch die Subjekte sind nicht mehr kompakt und gleichsam als Ameisen des Klassenkampfes verwendbar. Nach der Diffusion des Staates kündigt sich, jedenfalls unter dem Blickwinkel der Handlungsfähigkeit dessen, was man einmal Gesellschaft nannte, die nächste Katastrophe an. Subjekte sind Voraussetzung für kollektive Veränderungen – ebenso wie kollektive, verbindliche, sprachgestützte Kommunikationsprozesse und die damit verbundenen gemeinsamen Sinnkonstrukte. Die Subjekte verlieren nunmehr an Konsistenz. Sie geraten zu puzzleartigen, in ihren wechselnden Rollen und Maskierungen unberechenbar gewordenen, gegenüber den Content-Industries offenen Systemen. Obwohl sie sich damit desintegrieren, radikalisieren sich gleichzeitig ihre Interessenhaltungen. Sie verlieren den kontrollierenden Zusammenhang zu den Realitäten, zu anderen Subjekten, zu gemeinsamen Handlungsweisen und wechselseitigen Handlungswirkungen.

Warum Politik aber so weit hinter dem zurückbleibt, was möglich (und notwendig) wäre, erfordert noch einen weiteren Schritt. In der Archäologie einer gleichzeitig modernen wie postmodernen Gesellschaft muß noch eine Schicht tiefer gegraben werden. Erst dann stoßen wir auf zwei ganz zentrale Fetische auch der Linken: einerseits auf grundlegende Irrtümer in der Fundamentaltheologie der Moderne, andererseits auf die allseitige Unterwerfung des menschlichen Denkens unter buchhalterische statt qualitative Zieldefinitionen. Beide Irrtümer, kombiniert in der Verbindung von Moderne und Kapitalismus, gehen auf das Konto der unterlassenen Dechiffrierung von zwei Begriffen: „Interesse" und „Ich".

Die Frage nach der prekären Rolle der Begriffe „Interesse" und „Ich" richtet sich nicht nur an die (wegen der beliebigen Austauschbarkeit der Personen ohnehin nur vermeintlich) Herrschenden und Reichen. Die Konstruktion des isolierten Individuums ist nicht nur die grundlegende Glaubenswahrheit des Neoliberalismus, sondern der ganzen Moderne, einschließlich der in der Moderne so wohlig eingerichteten Gegenwelten zum Kapital, der Sozialpolitik, der Arbeitnehmerbewegung und jener eindrucksvollen Regelwerke, die zum Zweck der sozialen Absicherung geschaffen wurden.

Auch die konkreten Bausteine der Gesellschaftsmythologie der Linken, also Gewerkschaft, Solidarität, Staat, Partei, Diktatur des Proletariats und andere, sind letztlich Interessen-Konzentrate, fixiert auf Institutionen und abstrakte Prinzipien. „Plan" und „Kapitalakkumulation" entspringen den gleichen Archetypen. Ihr gemeinsamer Nenner ist – nicht anders als der des Kapitals – abstrakter Reichtum. Die zentrale Befreiungsperspektive ist die Entwicklung der Arbeitsproduktivität.

Ein Blick auf die Ursprünge der Moderne und der Aufklärung zeigt, daß dieses Projekt als ein Projekt des Krämergeistes, als ein Projekt bourgeoiser Projektionen angelegt ist. Die vielfältigen Tiefendimensionen von Mensch und Kosmos in ihren reichhaltigen Verflechtungen wurden durch die Idee des bloßen Vorwärts aufgegeben, Tiefe wurde durch Spanne, durch Quantität ersetzt *(Salter)*. Auf diese neue Mythologie konnten und können sich Plutokratie und Marxisten, Wissenschaftler und Sozialreformer, Standortoptimierer und Reformer, Regulierer und Deregulierer ganz gut verständigen.

Diese Glaubens-Konstruktionen der Moderne stehen nun in ganz engem Zusammenhang mit der Kernfrage kritischer Theorie, der Frage nach der Regulierbarkeit des blinden Schicksals, nach der Steuerungskapazität der menschlichen Gesellschaft.

Kann man eine Gesellschaft, wie sie sich heute in ihrer ganzen Komplexität und Unstrukturiertheit präsentiert, mit so einfachen Steuerungsmodellen, in denen das „Ich“ eine derart zentrale Rolle spielt, überhaupt noch politisch verändern?

Kann eine Gesellschaft, die „Interesse“ quantitativ und instrumentell (Geld, Macht, Qualifikation) definiert, zu einer Gesellschaft werden, die den Menschen und seine Bedürfnisse in den Mittelpunkt stellt?

Kann eine Gesellschaft, die sich als menschliche gestalten will, auf die Bestimmung von Lebensqualität und Werten durch die Kultur- und Geisteswelt verzichten und statt dessen immer ausschließlicher Lebensziele, -weisen und -formen über Geld, Marktprozesse, Waren, Dienstleistungen und technische Instrumente definieren, politisch wie individuell?

Genügen daher Markt und Staat zur Definition dessen, was wir wollen und was wir sollen? Die Antwort lautet meines Erachtens: Nein.

Die Komplexitäts- und Kognitionswissenschaften, die fortgeschrittensten aller Wissenschaften, bestätigen die zivilisationskritische Anklage der Moderne (im Sinn des Befundes: Zerstörung kultureller und geistiger Qualitäten) sowie die steuerungstheoretische Kritik an einer gesellschaftlich staatlichen Struktur, die sich nur auf monadische Individuen stützt und die jede Verbindlichkeit kulturell-geistiger Konstruktionen abgestreift hat. Nach *Capra* sind die Eigenschaften der Teile nur von der Dynamik des Ganzen her zu verstehen; letztlich gibt es keine Teile. Was wir als Teil bezeichnen, ist bloß ein Muster in einem unauftrennbaren Beziehungsgewebe.

Nur eine Synthese radikal konstruktivistischen Denkens mit den Überlegungen zur Beherrschung von extremer Komplexität in den Systemwissenschaften wird das Dilemma der Unfähigkeit zu einer „Renaissance der Politik“ auflösen können. Dazu bedarf es aber (wieder) zu „Selbst“-Bewußtsein gelangter Subjekte, die dazu fähig sind, sich jenseits der wölfischen Gesetze des Dschungels gegenseitig dazu zu verpflichten, ein gemeinsames Leitbild vom guten Leben zu vereinbaren und sich als Teil einer sinnvollen Ordnung zu begreifen, egal, ob dies ihren aktuellen Interessen jeweils entspricht oder nicht. Eine andere Art von Kohäsion postmoderner (chaotischer, biologischer) Gesellschaften ist nicht denkbar.

Die Überwindung der egozentrischen, linearen Befreiungsideologie der Moderne ist, zusammenfassend ausgedrückt, der gemeinsame Horizont der Komplexitätswissenschaften, der philosophischen Kritik der Moderne und einer entwickelten Steuerungstheorie der Postmoderne. Eine kritische Theorie des heutigen Kapitalismus kann nicht darauf verzichten, diese Elemente aufzugreifen und zu integrieren.

Die Befreiungsideologie der Moderne wurde, weil abstrakt formuliert, zum Fluch – Kapital, Staat, Plan, Umverteilung. Ein auf den allgemeinen Fortschritt gerichtetes, also kollektiv-eschatologisches statt konkretes, reflexives Befreiungsmodell muß sich notwendig auf einen abstrakten gemeinsamen Nenner berufen und ihn zum Goldenen Kalb erhöhen. Waren und Geld sind abstrakter Reichtum, aber das gilt auch für das Entgelt der Arbeitnehmer und die Transferleistungen des Sozialstaates. Auch der Sozialstaat ist somit Teil des Warenfetischs – nur eben als ein umverteilter Warenfetisch. Die Folgenblindheit und die qualitative Destruktivität des Wachstums sind daher in den bestehenden Arbeits- und Sozialstaat eingebaut. Reichtum (und Armut) können aber nur qualitativ definiert werden. Das konnte man solange ignorieren, als der Kapitalismus dazu in der Lage war, das abstrakte Wertwachstum in einen durchaus beachtlichen Gebrauchswertzuwachs umzusetzen. Heute zeigt sich, daß diesbezüglich grundsätzlich keine prästabilisierte Harmonie besteht. Der Kapitalismus kann eine positive Beziehung zwischen Wertsumme und Lebensqualität, zwischen Sozialprodukt und Zukunftsfähigkeit, zwischen kapitalistischer und lebensweltlicher, naturbezogener oder kultureller Reichtumsproduktion nicht garantieren. Das wird heute schlagend.

Eine Vervielfachung von Geld, Bruttoinlandsprodukt, Reallöhnen und Pensionen kann daher auch in Verarmung münden, vor allem, wenn der Grenznutzen der Vermehrung von Waren gegen Null geht. Denn Waren müssen in Lebensstrukturen, Lebenswelten und Sinnstrukturen eingefügt und integriert sein. Werden diese erodiert und zerstört, fehlt dem Warenreichtum die erforderliche Grundlage für eine sinnvolle Nutzung durch den Menschen.

Der Kapitalismus in seiner heutigen Dynamik zerstört die kulturelle Identität des Menschen, degradiert ihn zum entfremdeten Produzenten und Konsumenten, reduziert diese – zu phantastischer Entfaltung und Kreativität, Erlebnisreichtum und Kunstwerken befähigten, lebendigen, intelligenten und bewußten – Partikel des Kosmos zu leblosen, in rigide Kontexte eingepreßten Figuren im Meer von Konsumtionsakten. Diese Ökonomie zerstört das Leben selbst – was die Religionen auch sehr klar erkennen – und wirft den Menschen auf eine eher niedrige Stufe der Zivilisation zurück.

Diese Logik funktioniert nur auf der Basis der Vorstellungen eines isolierten „Ich“ und des damit verbundenen Interessenbegriffs. Jede Konfrontation dieses Systems mit den menschlichen Bedürfnissen auf einer qualitativen Ebene – d.h. mit Maßstäben von Reichtum, die sich aus einer Reflexion der Schätze der Kultur- und Geisteswahrheiten ergeben – ist per se systemverändernd, denn sie steht in einem unüberbrückbaren Gegensatz zur heutigen Wirtschaftsverfassung.

Damit käme der sich abzeichnende unregulierte Kapitalismus der Postmoderne von vier Seiten her unter Druck: Er kann die menschlichen (immateriellen) Kernbedürfnisse nicht befriedigen. Er ist nicht dazu in der Lage, die wesentlichen Grundrechte des Menschen zu achten, einschließlich der Rechte der künftigen Generationen. Er vermag es nicht, die neben dem Markt bestehenden Produktionssysteme (Natur, Tätigkeit, Kultur) in ihrer Existenzberechtigung und Eigenart zu achten. Und er ist, was nicht vergessen werden soll, nicht im geringsten modern, rational und effizient.

Letzteres sei hervorgehoben, weil eine zivilisationskritische, Sinnkategorien miteinbeziehende Kapitalismuskritik von den zynischeren Teilen der Nomenklatura gern als verschroben abqualifiziert wird. Es ist daher knallhart festzuhalten, daß dieses System und die ihm verfallene Politik auch minimalen Rationalitätsanforderungen nicht genügen.

Die ungesteuerte Entwicklungslogik seiner „externen Effekte" hat vielmehr ein beispiellos irrationales, dämonisches und gespenstisches System hervorgebracht. Nur seine immer exklusiveren Maskeraden und die Tatsache, daß wir alle Teil dieses monströsen Gebildes sind, blockieren die Erkenntnis, daß wir es mit einem – ganz cool und rational betrachtet – bankrotten, sinnlos Ressourcen verprassenden und durch Vernunft nicht mehr nachvollziehbaren Moloch zu tun haben. Man kann diesen heutigen Kapitalismus daher als ein System bezeichnen, das eher von Dämonen und Gespenstern denn von kalten Managern und coolen Rechnern beherrscht wird. Auch hier sind Literatur und Kunst der wissenschaftlichen Analyse voraus. *Günther Anders* hat darauf hingewiesen, daß heute die avancierteste Technik in den antiquiertesten Händen liegt. Prometheus sei vor den Dingen in die Knie gegangen.

Zusammenfassend: Es wäre angebracht, in den sogenannten Reformdiskursen historisch verfestigte Fetische aufzugeben. Die Leitlinien eines neuen planetarischen Entwurfs, eines Lebens in qualitativem Reichtum sind bezeichnenderweise keine politischen Strategien mehr, sondern neue Metaerzählungen als Grundlage eines Paradigmenwechsels: vom mechanistischen Weltbild zum systemischen Weltbild, vom Materialismus zum

Immaterialismus und vom Interesse zum Erkennen. Veränderung wird, wenn sie passiert, vor allem ein narrativer Vorgang sein.

Nochmals zurück zur „Sozialpolitik“: Die Perspektive einer durch Grundsicherungen gestützten Tätigkeitsgesellschaft löst einen wichtigen und quantitativ sehr großen Teil der Gesellschaft aus der Warenlogik heraus. Hier könnten sich andere ökonomische Logiken entfalten. Die Flankierung mit kollektiven Grundsicherungen ermöglicht weitere (informationelle, kulturelle, politische) Gegengewichte zur expansionistischen Maximierungslogik der selbstverständlich weiterbestehenden Zentren der Wettbewerbsökonomie. Möglich, daß die Subjekte auf diese Weise wieder zu sich selbst und zu zwischenmenschlichen Diskursen finden.

Literatur

Bennholdt-Thomsen, Veronika/Mies, Maria (1997): Eine Kuh für Hillary. Die Subsistenzperspektive. München.

Capra, Fritjof (1996): Lebensnetz. Bern.

Gruhl, Herbert (1992): Himmelfahrt ins Nichts. München.

Paul-Horn, Ina (1997): Transformation der Arbeit. Wien.

Rifkin, Jeremy (1995): The End of Work. New York.

Sloterdijk, Peter (1993): Im selben Boot. Versuch über die Hyperpolitik. Frankfurt/M.

Willke, Helmut (1992): Ironie des Staates. Grundlinien einer Staatstheorie polyzentrischer Gesellschaft. Frankfurt/M.

Josef Schmee

„Es ist viel rauher geworden ...“

Gewerkschaftspolitik in Zeiten des Neoliberalismus

„Der Kampf um mehr Lohn ist einer der elementaren 'facts of life' der modernen Industriegesellschaft. Wer keine andere Existenzgrundlage hat als seine Arbeitskraft, wird naturgemäß bemüht sein, dieses Gut möglichst teuer zu verkaufen ... Die Auseinandersetzung um den Lohn ist Angelpunkt der ständigen Spannung zwischen den wichtigsten Gesellschaftsgruppen im kapitalistischen System. Hier vor allem wurzelt jener Klassenkonflikt – ob versteckt oder offen, latent oder akut –, der gleichzeitig auch eine Haupttriebfeder der wirtschaftlichen und gesellschaftlichen Dynamik des Kapitalismus ist.“

Theodor Prager

Die Lohnpolitik als Instrument der Verteilungspolitik?

Die Gewerkschaften operieren auf dem Arbeitsmarkt, wobei sie zwischen zwei Strategien wählen können: Entweder handeln sie mit den Arbeitgebern lediglich die Arbeitsbedingungen, d.h. die Löhne und Gehälter der unselbständig Beschäftigten aus, was jedoch nach sich zieht, daß es den Arbeitgebern alleine überlassen bleibt, wieviele Arbeitsplätze für die Arbeitnehmer zur Verfügung gestellt werden. Oder die Gewerkschaften verhandeln einerseits über die Höhe der Löhne und Gehälter und andererseits über die Höhe des Beschäftigungsvolumens. In der Vergangenheit wurde seitens der Gewerkschaften primär die erste Strategie eingeschlagen, da diese für sie leichter umzusetzen war. Die zweite Strategie der Gewerkschaften scheiterte jedoch am permanenten Widerstand der Arbeitgeber. Jüngstes eindrucksvolles Beispiel hierfür ist das Scheitern des „Bündnisses für Arbeit“ zwischen den deutschen Gewerkschaften und Arbeitgebern. Mit ein Grund dafür ist, daß diese Strategie gleichbedeutend einer

Beschäftigungsgarantie für die Arbeitnehmer wäre, die konträr zu den Interessen der Arbeitgeber steht (vgl. Weissel 1998, S. 5). In diesem Zusammenhang muß jedoch darauf hingewiesen werden, daß – sollte es den Gewerkschaften gelingen, eine Beschäftigungsgarantie etwa von fünf Jahren auszuverhandeln – diese nach Ablauf der Frist von den Arbeitgebern wieder aufgekündigt wird. Daran können weder ein Lohnverzicht noch massive Subventionen etwas ändern. Diese Situation sollte endlich in die Köpfe der für die Einkommenspolitik zuständigen Akteure dringen, denn das wehleidige Klagen im nachhinein spiegelt lediglich deren Hilflosigkeit wider.

Die Lohnpolitik der vergangenen Jahre

Wie war es nun tatsächlich um die Lohnpolitik der österreichischen Gewerkschaften bestellt? Ganz allgemein ist diese einerseits an der längerfristigen Produktivitäts- und Preisentwicklung orientiert, andererseits reagiert sie kurzfristig relativ flexibel auf Änderungen der Arbeitsmarktsituation, d.h., die Gewerkschaften sind in ihrer Lohnpolitik stark makroökonomisch orientiert. Ausgehend von einer langfristigen Konstanz der funktionellen Verteilung haben die Ziele Wirtschaftswachstum, hohes Beschäftigungsniveau und Preisstabilität sowie die Sicherung der internationalen Wettbewerbsfähigkeit Priorität. Gemessen an diesen wichtigen Zielsetzungen war die Lohnpolitik in den letzten Jahrzehnten erfolgreich, d.h., die internationale Wettbewerbsposition der österreichischen Wirtschaft konnte verbessert und ein vergleichsweise hohes Produktivitäts- und Realeinkommenswachstum erzielt werden.

In einer jüngeren Untersuchung (Schreckeneder 1994, S. 56 ff.) wird die Lohnpolitik des Österreichischen Gewerkschaftsbundes (ÖGB) empirisch unter die Lupe genommen, d.h., es wird untersucht, inwieweit sich der ÖGB in seiner Einkommenspolitik an der Gesamtwirtschaft orientiert und eine produktivitätsorientierte sowie solidarische Lohnpolitik betreibt.[1] Die These, die Reallöhne sollten sich langfristig wie die gesamtwirtschaftliche Arbeitsproduktivität entwickeln, wurde in der Untersuchung bestätigt. Auch die zweite These, die Reallöhne sollten sich am gewogenen Durchschnitt aus Branchenproduktivitätszuwachs und Durchschnittsproduktivitätssteigerung orientieren, konnte empirisch bestätigt werden. So lagen in der Papierindustrie im Zeitraum zwischen 1971 und 1980 die

Reallöhne zwischen Branchenproduktivitätswachstum und gesamtwirtschaftlicher Produktivitätsänderung. In der Maschinen-, Stahlbau-, Eisen- und Metallwarenindustrie lagen die Reallöhne über dem Gesamtdurchschnitt, aber unter dem Branchenproduktivitätswachstum. In den achtziger Jahren kam es jedoch in allen Wirtschaftsklassen – außer in der Textilindustrie – zu einer Wende: Die Reallohnveränderungen etwa in der Papier- und Elektroindustrie näherten sich nun deutlich der unteren Grenze des gesamtwirtschaftlichen Produktivitätswachstums an. Parallel dazu ging – mit Ausnahme der Maschinen- und Stahlbau- sowie der Elektroindustrie – die Beschäftigung zurück. Durch diese Entwicklung der Branchen wird auch die Veränderung der wirtschaftspolitischen Haltung gut sichtbar, d.h., die Lohnpolitik in Österreich wurde mehr und mehr dazu benützt, um sogenannte Krisenbranchen mit niedrigen Löhnen und Gehältern zu stützen. Somit wurde in den achtziger Jahren die Beschäftigungspolitik in Österreich zunehmend eine Frage der Lohnpolitik.

Der ÖGB spricht dann von einer solidarischen Lohnpolitik, wenn die Nivellierung das Gesamtniveau parallel zur Gesamtproduktivität anhebt. Diese Sichtweise geht jedoch zu Lasten der unselbständig Beschäftigten, da ja eine solche gewerkschaftliche Lohnpolitik nur den Status quo der Lohnstruktur zementiert, was auch von der Empirie bestätigt wird. Ein Blick auf die Entwicklung der Monatsverdienste in der Industrie in den letzten Jahren zeigt auf, daß sich die Lohnunterschiede sogar noch vergrößert haben: Der Variationskoeffizient, d.h. die relative Streuung der Bruttoverdienste um den Mittelwert, ist seit den sechziger Jahren stark gewachsen (1961: 14,6; 1993: 25,3). Die Brutto-Monatsverdienste je Beschäftigtem in der Industrie lagen 1993 in der Erdölbranche um 70%, bei den Eisenhütten um 17% und in der Papierindustrie um 13% über dem Industriedurchschnitt. Hingegen betrugen sie 1993 in der Bekleidungsindustrie 56% und in der Ledererzeugungsindustrie 58% des Industriedurchschnitts. Diese Situation läßt eher auf ein amerikanisches denn ein europäisches Ausmaß schließen. Somit läßt sich die vom ÖGB oftmals angeführte These, er betreibe eine solidarische Lohn- und Gehaltspolitik, nicht aufrechterhalten. Diese müßte ja zum Abbau von Lohnunterschieden führen, was jedoch nicht der Fall gewesen ist.

Obwohl sich die Kollektivvertragspolitik mehr von der Vorstellung einer sozial gerechten als einer marktgerechten Lohnstruktur leiten läßt, werden die absoluten Zielgrößen einer gerechten Lohnstruktur nicht bis kaum diskutiert. Diese Politik kann als relativ konservativ eingestuft werden, da der horizontalen Verteilungsgerechtigkeit nur eine untergeordnete Rolle eingeräumt wird. Die branchenmäßigen Produktivitätsunterschiede können nicht als hinreichender Bestimmungsgrund der österreichischen Lohnstruktur angesehen werden, da die Arbeitnehmer in strukturschwächeren Branchen nicht aufgrund geringerer Arbeitsleistungen, sondern ausschließlich wegen der schlechteren Rentabilitätssituation ihrer Betriebe niedrige Löhne beziehen. Im Regelfall sind die körperliche und psychische Arbeitsleistung und -belastung gleich hoch anzusetzen wie bei Arbeitnehmern mit Durchschnitts- oder sogar Spitzeneinkommen; manchmal – und darauf ist an dieser Stelle besonders hinzuweisen – ist die körperliche Belastung vergleichsweise noch höher.

Lehrbeispiel „Lohn- und Gehaltspolitik im ÖGB"[2]

Von den gewerkschaftlichen Grundsätzen zur Lohn- und Gehaltspolitik konnten im Jahr 1996 die Arbeitnehmer im ÖGB selbst wenig verspüren – im Gegenteil: Die Lohn- und Gehaltsrunde war eine der härtesten seit 1945. Eingebettet in wirtschaftliche und organisatorische Schwierigkeiten des ÖGB, primär Probleme des gewerkschaftlichen Managements, versuchte die ÖGB-Führung den eigenen Mitarbeitern einen angemessenen Lohnzuwachs vorzuenthalten. Das erste Angebot lautete: 0,3% zuzüglich einer Einmalzahlung von 2.000 Schilling; der Betriebsrat forderte jedoch 3,5%. Darüber hinaus wurden noch weitere Forderungen des Zentralbetriebsrates an den Arbeitgeber gerichtet: a) neues Verwendungsgruppenschema; b) Vordienstzeitenregelung; c) Neuformulierung des § 25 und anderer Paragraphen der Arbeitsordnung im Sinn der EU-Sozial- und Arbeitsrechtsrichtlinien; d) Regelung der Mehrfachbezüge von Arbeitnehmern und Pensionisten des ÖGB; e) Gewährung einer Bildschirmzulage; f) Arbeitszeitverkürzung; g) Betriebsvereinbarung zur Chancengleichheit der Frauen im ÖGB; h) Betriebsvereinbarung zur Organisationsreform des ÖGB sowie Ausbau der Weiterbildung.

Im Zug der Auseinandersetzungen[3] ging ein Schreiben[4] der ÖGB-Führung an alle Mitarbeiter, in dem einleitend darauf hingewiesen wurde, daß es „einerseits das Recht und die Pflicht guter Betriebsräte ist, für ihre Mitarbeiter das bestmögliche Ergebnis anzustreben, andererseits es ebenso wichtig ist und notwendig erscheint, die Mitarbeiter über die Position des

Arbeitgebers zu informieren“ ... „Wir tun das in aller Offenheit, weil uns informierte Mitarbeiter besonders wichtig sind.“ Um das Angebot der ÖGB-Führung den Mitarbeitern auch schmackhaft zu machen, wird im obigen Schreiben weiter ausgeführt: „Rechnet man die halbe Biennalerhöhung mit ein (alle zwei Jahre, daher halbiert), ist jedenfalls sichergestellt, daß es bei keinem Mitarbeiter zu einem Realeinkommensverlust kommt, da die Inflationsrate in jedem Fall überschritten wird.“... „Das Angebot mag niedriger als erhofft sein, aber es bleibt trotzdem ein Zuwachs.“ Diese Ausführungen sprechen für sich, wurde hier doch die gleiche Lohn- und Gehaltspolitik eingeschlagen, wie sie bisher nur von der Arbeitgeberseite bekannt war. Mit einer solchen Vorgangsweise haben in Zukunft die Arbeitgeber ein leichtes Spiel, Lohnzurückhaltung zu fordern, wenn dies auch von der Gewerkschaftsführung für die eigenen Mitarbeiter verlangt wird. Der Biennalsprung ist eine Kompensation für niedrigere Einstiegsgehälter und kann daher nicht als Kompensation für den Preis- und Produktivitätsanstieg eingerechnet werden. Weiters hat mit dieser Vorgangsweise auch die Glaubwürdigkeit des ÖGB als Korrektiv zur Arbeitgeberseite stark gelitten.

Dieser Lohn- und Gehaltskonflikt war nicht der erste seiner Art, bei dem die Zweideutigkeit der Lohnpolitik der ÖGB-Führung zum Vorschein kam: Im Jahr 1990 trat der ÖGB erstmals mit der Forderung nach Einführung eines Mindestlohns in der Höhe von 10.000 Schilling brutto im Monat an die Öffentlichkeit, ohne dabei zu bedenken, daß auch einige seiner Mitarbeiter[5] zu diesem Zeitpunkt von dieser Forderung betroffen waren. Zwar wurde nach Sichtbarwerden dieser lohnpolitischen Blamage die Situation dieser wenigen Personen schleunigst bereinigt, jedoch ändert das nichts am Zustand der gewerkschaftlichen Lohn- und Gehaltspolitik im eigenen Haus. Wenn der ÖGB auch in Zukunft über motivierte Mitarbeiter verfügen will, so hat er dafür die notwendigen strukturellen Voraussetzungen wie etwa eine adäquate Bezahlung seiner Mitarbeiter zu schaffen.

Einige kritische Anmerkungen zur politischen Ökonomie des Lohnverzichts

Eingangs ist zu überprüfen, ob durch den Verzicht auf Einkommen tatsächlich – wie oft behauptet wird – in entsprechendem Maß zusätzliche Arbeitsplätze geschaffen werden. Arbeitgeber werden sich etwa in Zeiten sinkender Kapazitätsauslastung über die Senkung der Einkommen freuen. Die Entlastung auf der betrieblichen Kostenseite bildet einen Ausgleich für die abnehmenden Umsatzaussichten und stabilisiert so eine Gewinnposition trotz nachlassender Konjunktur. Sie wären letztendlich schlechte Arbeitgeber, würden sie das auf der einen Seite eingesparte Geld wieder für Löhne und Gehälter neuer Arbeitskräfte ausgeben, also zu zusätzlichen Kosten machen, denen auf der anderen Seite keine zusätzlichen Erlöse gegenüberstehen. Sollte – bedingt durch den Einkommensverzicht – die private Nachfrage zurückgehen, so werden die Arbeitgeber die durch diesen Verzicht stabilisierten Gewinne dazu verwenden, krisenfeste Wertpapiere zu kaufen, andere Unternehmen zu erwerben oder im Ausland zu investieren. Dadurch werden die Gewinne zu einem nicht unerheblichen Teil dem inländischen Wirtschaftskreislauf entzogen. Somit könnte sich der Einkommensverzicht zu einer Art Bumerang für die heimische Wirtschaft entwickeln, d.h., der Rückgang der Nachfrage beschleunigt die konjunkturelle Talfahrt, und die Gefahr einer Rezession nimmt zu. Die privaten Unternehmen haben somit weder aus ökonomischen Gründen Anlaß für zusätzliche Einstellungen, noch können sie durch moralische Appelle oder Kollektivverträge dazu veranlaßt werden. Somit liegt auf der Hand, daß ohne eine erhebliche Veränderung der politischen Kräfteverhältnisse in diesem Land sich auch in Zukunft nichts ändern wird.

Das neue alte lohnpolitische Konzept der Arbeitgeber

Seit geraumer Zeit wird darauf hingewiesen, daß der Wirtschaftsstandort Österreich durch die hohen Bruttolohnkosten in Gefahr ist. Als empirischer Beleg dienen den Arbeitgebern internationale Vergleichszahlen, aus denen hervorgeht, daß insbesondere die Lohnnebenkosten besonders hoch sind. Ganz allgemein stellt sich in diesem Zusammenhang die Frage, ob die Höhe der Arbeitskosten tatsächlich das kardinale Problem der Betriebe darstellt. Wirft man einen Blick auf die Statistiken des Kreditschutzverbandes, so ist ersichtlich, daß mehr als 80% der Insolvenzen „hausgemacht“, also vom betroffenen Arbeitgeber selbst zu verantworten sind. Insbesondere sind dafür Gründe wie Fahrlässigkeit, fehlende kaufmännische Qualifikation, Planungs- und Kalkulationsfehler sowie fehlendes Eigenkapital verantwortlich zu machen. Es sind lediglich 10% der Insolvenzgründe, die auf geänderte Wettbewerbsbedingungen, Lohn- und Steuererhöhungen sowie gesetzliche Vorschriften zurückzuführen sind. Auch die Personalkosten machen einen immer geringer werdenden Anteil an den Gesamtkosten aus. Diese lagen bei der Mehrzahl der Industriebranchen Anfang der neunziger Jahre nur mehr zwischen 15 und 35% der gesamten betrieblichen Produktionskosten – mit weiterhin fallender Tendenz. Anstatt immer wieder gebetsmühlenartig von den zu hohen Arbeitskosten zu reden, sollten die Arbeitgeber das Einsparungspotential bei Material-, Energie- und Transportkosten sowie bei effizienter Arbeitsorganisation unter die Lupe nehmen, da dieses wesentlich höher ist als bei den Arbeitskosten.

Entscheidend für die betriebliche Situation sind jedoch nicht die Lohnnebenkosten, sondern die gesamten Arbeitskosten bezogen auf die Produktivität, also die Lohnstückkosten. In den letzten Jahren hat sich die Position Österreichs bei den Lohnstückkosten gegenüber den wichtigsten Handelspartnern kontinuierlich verbessert. Wie hoch die Lohnstückkosten sind, hängt zum einen vom nominellen Stundenlohn einschließlich der Lohnnebenkosten und zum anderen von der Arbeitsproduktivität der Arbeitnehmer ab. So sinken etwa die Lohnstückkosten, wenn die Arbeitsproduktivität steigt, während steigende Stundenlöhne steigende Lohnstückkosten nach sich ziehen. In der Praxis ergeben sich steigende Lohnstückkosten vor allem dann, wenn die realen Stundenlöhne im selben Ausmaß ansteigen wie die Arbeitsproduktivität der Arbeitnehmer und wenn darüber hinaus durch die Gewerkschaften auch noch ein Inflationsausgleich durchgesetzt werden kann.

Kritik gegen das Konzept der Lohnstückkosten kommt jedoch von der „Arbeitsgruppe Alternative Wirtschaftspolitik“, die in ihrem Memorandum ’94 ausführt, daß „der Begriff der Lohnstückkosten über das tatsächliche Ausmaß der Lohnkostenbelastung Unklarheit schafft; er ist somit für die Verteilungsdebatte untauglich“. Zur Untermauerung der Kritik wird nachstehendes Beispiel angeführt: Erhöhen etwa die Arbeitgeber ihre Warenpreise und steigt der nominelle Stundenlohn der Arbeitnehmer im selben Ausmaß wie deren reale Arbeitsproduktivität, so sinkt der Lohnanteil je verkaufter Ware, also je Umsatzeinheit. Anders ausgedrückt: Gleichbleibende Lohnstückkosten bei steigenden Warenpreisen führen zu einer sinkenden Lohnkostenbelastung für die Arbeitgeber.

Herzstück einer neuen alten Lohnpolitik der Arbeitgeber sind gleichbleibende (Zuwachs der Geldlöhne gleich dem Zuwachs der Arbeitsproduktivität) bzw. sogar fallende Lohnstückkosten. Hierdurch soll einerseits die Inflationsrate gegen Null gesenkt und andererseits die internationale Wettbewerbsfähigkeit gesichert werden. Ein Nachgeben seitens der Gewerkschaften hätte jedoch gravierende Folgen für die Arbeitnehmer. Für die Höhe der Warenpreise sind nicht nur die Lohnstückkosten und die erzielbare Arbeitsproduktivität von Bedeutung, sondern auch alle sonstigen Kosten wie Rohstoffe, Zinsen etc. und insbesondere die von den Unternehmen angepeilten *Stückgewinne*: So werden die Unternehmen versuchen, steigende Rohstoffpreise in den Warenpreisen unterzubringen, und auch bei niedrigen Kosten werden sie versuchen, hohe Warenpreise durchzusetzen, wenn dies auf dem Markt möglich ist. Da nicht nur die Lohnstückkosten für die Warenpreise ausschlaggebend sind, werden die Warenpreise auch dann steigen, wenn etwa die Lohnstückkosten konstant bleiben. Daraus folgt: Steigen die Warenpreise weiter an und steigen die Löhne und Gehälter aber ohne Inflationsausgleich nur mit der gleichen Rate wie die Arbeitsproduktivität, so ist ein Sinken des Reallohns zu erwarten, da die gesamtwirtschaftliche Arbeitsproduktivität in der Praxis mit einer niedrigeren Rate ansteigt als die Warenpreise. Jedoch auch bei Existenz von konstanten oder sogar leicht ansteigenden realen Stundenlöhnen kommt es zu einem Sinken der Lohnquote. Diese bleibt nur dann unverändert, wenn der nominale Stundenlohn mit derselben Rate wächst wie die Summe aus dem Wachstum der Arbeitsproduktivität und der Preissteigerungsrate (Arbeitsgruppe Alternative Wirtschaftspolitik 1994, S. 111).

Welche Auswirkungen hat nun die von der Arbeitgeberseite geforderte Lohnleitlinie (Zuwachs der Nominallöhne = Zuwachs der Arbeitsproduktivität) für die Arbeitnehmer? Zunächst sei darauf hingewiesen, daß hier seitens der Arbeitgeber eine Lohn-Preis-Spirale unterstellt wird, d.h., die Warenpreise bleiben konstant, wenn sich auch die Lohnstückkosten nicht verändern, was so nicht stimmt. Damit wird jedoch auch behauptet, daß der Aufschlag auf die Lohnstückkosten sowie auf die Gesamtkosten bei der Preiskalkulation der Arbeitgeber unverändert bleibt. Sollten sich die Arbeitgeber nun mit ihrer Lohnleitlinie durchsetzen, so bedeutet das, daß bei den zukünftigen Kollektivvertragsverhandlungen für die Arbeitnehmer kein Inflationsausgleich mehr möglich ist. Denn – so die „Arbeitsgruppe Alternative Wirtschaftspolitik“ – es ist dieser Inflationsausgleich selbst, der die Inflation hervorruft und der ausgeglichen werden soll. Des weiteren würde es auch bedeuten, daß ein erreichter Verteilungsstatus festgeschrieben wird, da jeder Forderung der Gewerkschaften nach einer Erhöhung der Lohnquote durch ein rascheres Ansteigen der Stundenlöhne als die Arbeitsproduktivität seitens der Arbeitgeber entgegengehalten wird, daß es dadurch zu Preissteigerungen kommt (aber deshalb, weil die Unternehmer ihre Gewinnquoten halten wollen und können!) und ein solcher Anstieg daher unrealisierbar ist. Faktum ist jedoch, daß die um Veränderungen in der Erwerbstätigenstruktur bereinigte Bruttolohnquote in Österreich von 72,1% (1979) auf 67,7% (1996) sank[6], nicht zuletzt deshalb, weil es nicht zu jenen Preissenkungen kam, die der Logik der Unternehmerseite entsprechend zu erwarten gewesen wären.

Auch trifft die von den Arbeitgebern vorgetragene Erklärung der Inflation so nicht zu, da dieses Konzept jede Preissteigerung einzig mit einer Kostensteigerung erklärt. In der Praxis jedoch besteht diesbezüglich kein enger empirischer Zusammenhang zwischen Kosten und Preisen, denn es hat in der wirtschaftlichen Entwicklung immer Phasen gegeben, in denen die Lohnquote stieg und die Stückgewinne zugunsten höherer Löhne gesenkt wurden. Somit sind für die Preisbildung andere Faktoren maßgeblicher als die Lohnstückkosten – etwa die *Marktmacht* der Arbeitgeber, d.h., bestimmte Preise auch durchsetzen zu können, und die Reaktion der Nachfrager auf diese Preissetzung. Anders ausgedrückt: Die Arbeitgeber setzen jenen Preis durch, der auf dem Markt möglich ist, wobei niedrige Gestehungskosten sie nicht davon abbringen, mögliche Preiserhöhungsspielräume auszuschöpfen (vgl. Arbeitsgruppe Alternative Wirtschaftspolitik 1994, S. 113), weil eben, entgegen einem landläufigen Irrtum, nicht die Kosten den Preis bestimmen, sondern der Preis bestimmt, wer kostenmäßig mithalten kann. Die von den westeuropäischen Regierungen seit den achtziger Jahren betriebene Anti-Inflationspolitik hat eben genau an der Preissetzungsmacht der Unternehmen nichts oder wenig geändert (als Makropolitik auf hohen Zins und Nachfragebremse konzentriert, konnte sie nicht die mikropolitische Aufgabe der Wettbewerbspolitik lösen); lediglich die Gewerkschaften sind in ihren Möglichkeiten, höhere Löhne durchzusetzen, dadurch und durch die zunehmende Internationalisierung der Wirtschaft entscheidend beeinträchtig worden.

Einführung der Wirtschafts- und Währungsunion – lohnpolitische Konsequenzen für die Arbeitnehmer

> *„Die Natur des Akkumulationsprozesses in einer Marktwirtschaft führt zwangsläufig zur Verteilungsungleichheit. Eine solche Wirtschaftsordnung wird folglich notwendigerweise den trivialen Bedürfnissen der reichen Minderheit vor den dringlichen Bedürfnissen der armen Mehrheit Genüge tun."*
>
> Joan Robinson

Für eine kleine, offene Volkswirtschaft wie Österreich war die Kollektivvertragspolitik schon immer auch Standortpolitik. In einer Wirtschafts- und Währungsunion (WWU) wird jedoch die Lohnpolitik verstärkt zu einem Faktor im Wettbewerb zwischen den einzelnen Regionen um Arbeitsplätze. Neben den Löhnen und Gehältern sind natürlich auch jene Arbeitskosten wie Arbeitszeiten und Flexibilitätsgrad des Arbeitseinsatzes sowie nicht zuletzt das soziale Klima zu berücksichtigen. Die entscheidende Kostenvariable für die internationale Wettbewerbsfähigkeit sind jedoch nach wie vor die Lohnstückkosten. Im Unterschied zur Arbeitsproduktivität – die nur in mittel- und langfristiger Perspektive zu beeinflussen ist, da hier ein Zusammenspiel unterschiedlicher Faktoren wie Technik, Qualifikation, Erfahrung etc. eine Rolle spielt – bleibt somit als kurzfristige Einflußgröße „lediglich" die Senkung der Löhne und Gehälter übrig. Die aus betrieblicher Sicht so verlockende Strategie hat jedoch äußerst negative Auswirkungen. Der Nutzen für die Arbeitgeber besteht nur solange, bis auch die Konkurrenten dieselbe Strategie einschlagen. Dieser kurzfristig erzielbare betriebswirtschaftliche Vorteil wird damit erkauft, daß die Arbeitsbedingungen und der Lebensstandard der Beschäftigten sich verschlechtern und damit auch die Kaufkraft und die Absatzmöglichkeiten zurückgehen, weil es infolge fehlenden Wettbewerbsdrucks zu keinen Preissenkungen kommt. Je mehr Länder respektive Unternehmen eine solche Strategie einschlagen, desto rascher verpuffen die kurzfristigen Effekte, und die ausbleibende Nachfrage der Konsumenten wird zu einem makroökonomischen Problem, was letztendlich wiederum ein Mehr an Arbeitslosigkeit bedeutet. Ohne eine gesamteuropäische Koordinierung der Lohnpolitik besteht jedoch ein starker Anreiz für einzelne EU-Länder, ihre Wettbewerbsposition kurzfristig dadurch zu verbessern, daß die Lohnzuwächse nur unterproportional ausfallen, zum Teil direkt und zum Teil indirekt, weil die Regelungen der Arbeitsverhältnisse aufgeweicht werden. Eine lediglich auf das Lohnkostenelement abzielende Lohnpolitik bewirkt darüber hinaus, daß einerseits auch die Kosten für Ausbildung sowie für Forschung und Entwicklung, die auf nationaler Ebene getätigt werden, sich ohne eine innereuropäische Institution auf einem niedrigen Niveau einpendeln werden und daß andererseits die Flexibilisierung von Löhnen und Arbeitsbedingungen nach unten dazu führt, daß der ökonomische Strukturwandel verzögert wird, weil die ohnhin geringe Mobilität der Beschäftigten nicht – wie die Neoliberalen annehmen – zu einem hinreichenden Abwandern aus Niedriglohnbranchen in die Hochlohnbranchen führt (vgl. Kutos 1994, S. 100 f.).

Aus diesem Teufelskreis auszusteigen, wird den einzelnen EU-Staaten jedoch fast unmöglich gemacht. In diesem Zusammenhang weist etwa Pohl (1992, S. 755) darauf hin, daß „mehr denn je die Investoren auf unterschiedliche tarifpolitische Tendenzen in den einzelnen Ländern reagieren werden. Dabei geht es keineswegs nur um die Höhe und die Steigerungsraten der Tariflöhne. Auch alle anderen in Tarifverträgen festgelegten Konditionen für den Einsatz des Faktors Arbeit – wie Arbeitszeiten und der Flexibilitätsgrad des Arbeitseinsatzes – und nicht zuletzt das soziale Klima, in dem Tarifvereinbarungen ausgehandelt werden, stehen über die Grenzen hinweg in Konkurrenz miteinander“. Soviel steht fest, daß für die Arbeitgeber die unterschiedlichen Lohn- und Gehaltsdifferentiale in Europa einen kardinalen Bestandteil der Wirtschafts- und Währungsunion darstellen. Es dürfte somit klar sein, daß die Kollektivvertragsparteien auch mittelfristig die Lohn- und Gehaltsfindung an den realen nationalen Gegebenheiten ausrichten werden.

In der Vergangenheit waren jene Länder mit zentralisierten Kollektivvertragsverhandlungen[7] und korporatistischen Politikmustern – insbesondere beim Auftreten von exogenen Schocks – besser in der Lage als andere Volkswirtschaften, eine Kombination aus hohem Beschäftigungsniveau, internationaler Wettbewerbsfähigkeit und Geldwertstabilität zu erreichen. Österreich kann hierbei fast als „Musterschüler“ angeführt werden. Jedoch haben sich die Zeiten geändert. So sind etwa die traditionellen Formen und Institutionen des Korporatismus in eine Krise geraten, deren Ausgang aus heutiger Sicht – etwa die Situation der Arbeiterkammer (trotz positivem Ausgang der Befragung im Jahr 1996) – noch nicht eindeutig feststeht.[8]

Für diese Entwicklung können u.a. nachstehende Gründe verantwortlich gemacht werden:

a) Veränderungen in der Produktionsorganisation, besser bekannt unter dem Schlagwort „Abschied vom Fordismus“;
b) Auftreten von soziologischen Verschiebungen, gekennzeichnet etwa durch ein Abbröckeln der traditionellen Trägerschichten der Arbeitergewerkschaften, einhergehend mit der Entstehung neuer Mittelschichten und einer Segmentierung im unteren Gesellschaftsbereich – Schlagwort „Zwei-Drittel-Gesellschaft“;
c) Ausschluß dieser neuen gesellschaftlichen Gruppen vom korporatistischen Entscheidungsprozeß sowie eine mangelnde Innovationsfähigkeit wichtiger Institutionen des Korporatismus. Nicht zuletzt jedoch ist das jahrzehntelange Ausblenden der Verteilungsfrage in Österreich, einhergehend mit einem bloßen Abstellen auf Wachstumsorientierung – eindrucksvoll dokumentiert durch die Lohnpolitik des ÖGB –, mit ein Hauptgrund für diese gesellschaftspolitische Entwicklung.

Langfristig betrachtet muß der Integrationsprozeß der Gewerkschaften auf EU-Ebene jedoch wesentlich beschleunigt werden. Bedingt durch die unterschiedliche Organisationsstärke der nationalen Gewerkschaftsbewegungen müßte das strategische Ziel die Zentralisierung der Kollektivvertragspolitik sein: So müssen in Branchenverhandlungen auf europäischer Ebene die Kollektivvertragsparteien Empfehlungen für die nationalen Tarifabschlüsse oder einen europaweiten Mindesttarifabschluß oder eine Bandbreite aushandeln. Auf der Grundlage der Verhandlungsergebnisse der europäischen Branchenverbände würde in den EU-Mitgliedstaaten in den jeweiligen Wirtschaftssektoren der nationale Tarifabschluß endgültig ausgehandelt werden.

Dieses langfristige Ziel heißt jedoch nicht, daß den nationalen Kollektivvertragsverhandlungen nunmehr keine Bedeutung beizumessen wäre.

Wie eingangs schon darauf hingewiesen worden ist, werden die Kollektivvertragsparteien auch mittelfristig die Lohn- und Gehaltsfindung an den realen nationalen Gegebenheiten ausrichten. Diese mittelfristige Ausrichtung birgt jedoch durch die Installierung der Wirtschafts- und Währungsunion auch zusätzliche Gefahren in sich: Letztendlich werden die schwächsten Gewerkschaften die Lohn- und Gehaltspolitik aller EU-Mitgliedstaaten bestimmen, denn der Wettbewerbsmechanismus in einer Wirtschafts- und Währungsunion würde letztendlich dafür sorgen, daß auch die Gewerkschaften in den höher entwickelten EU-Staaten ihre produktivitätsorientierte Lohn- und Gehaltspolitik aufgeben und geringere Abschlüsse tätigen müßten. Damit wäre ein Prozeß des Lohnunterbietens eingeleitet. Diese Gefahr kann nur durch eine Europäisierung der Kollektivvertragspolitik vermieden werden.

Die „Europäisierung der Arbeitsbeziehungen" hängt somit in erster Linie vom Willen und der Fähigkeit der Gewerkschaften ab, gemeinsame sozial- und arbeitsmarktpolitische Interessen durchzusetzen sowie die dafür notwendigen organisatorisch-politischen Maßnahmen (u.a. Ressourcen- und Kompetenztransfer zugunsten europäischer Strukturen) und handlungsstrategischen Vorbedingungen (Konzertierung der Kollektivvertragsstrategien, Entwicklung transnationaler Streik- und Konfliktfähigkeit) zu treffen (vgl. Platzer 1992, S. 783). Jedoch stößt der Aufbau europäischer Kollektivvertragsverhandlungen ohne geeignete gewerkschaftliche Machtmittel an objektive Grenzen, d.h., ohne Streikrecht sind Kollektivvertragsverhandlungen im allgemeinen nicht mehr als ein „kollektives Betteln" (Coen 1993, S. 7). Die Europäisierung des Arbeitskampfrechts ist daher zur Flankierung einer ernsthaften europäischen Kollektivvertragspolitik notwendig.

Darüber hinaus bedarf es jedoch einer Unterstützung der Lohn- und Gehaltspolitik durch ein Zusammenwirken der Geld- und Fiskalpolitik, ohne die die Lohnpolitik hinsichtlich der Anpassungsleistungen überfordert ist. Im Konzept der Wirtschafts- und Währungsunion wird den einzelnen wirtschaftspolitischen Akteuren jeweils eine klar definierte Rolle zugewiesen: So soll sich die europäische Zentralbank ausschließlich um die Geldwertstabilität kümmern, d.h., eine abgestimmte Geldpolitik etwa zur Bekämpfung von externen Schocks oder aber auch zur Unterstützung von fiskalpolitischen Maßnahmen ist in diesem Konzept nicht vorgesehen. Mit einer Verlagerung von fiskalpolitischen Kompetenzen auf europäischer Ebene jedoch könnten Regulierungskapazitäten wieder zurückgewonnen werden, die durch die Installierung der Wirtschafts- und Währungsunion auf nationalstaatlicher Ebene verlorengegangen sind: Auf der Einnahmenseite wäre ein wirtschaftspolitisches Instrumentarium vorstellbar, etwa eine effektive Besteuerung von Kapitalerträgen oder die Einführung der sogenannten Tobin-Steuer zur Bekämpfung der Spekulation auf den Finanzmärkten. Ausgabenseitig wäre etwa die Einführung automatischer Stabilisatoren denkbar – etwa Arbeitslosenversicherung oder Einkommensteuern, eine gemeinsame europäische Infrastruktur-, Innnovations- und Technologiepolitik sowie die Weiterentwicklung der bescheiden dotierten Strukturfonds hin zu einem europäischen Finanzausgleichsystem (vgl. Kutos 1994, S. 108). Um flankierende Maßnahmen überhaupt durchsetzen zu können, müssen in Zukunft die Gewerkschaften – insbesondere auf nationaler Ebene – das Kapital in die Pflicht nehmen, d.h., die Gewerkschaften können sich nicht nur auf die Einkommens- und Sozialpolitik allein beschränken. Sie müssen daher Forderungen im Bereich der Finanz- und Steuerpolitik stellen, die zum einen eine Stärkung der Inlandsnachfrage nach sich ziehen und zum anderen helfen, das Einkommensgefälle zwischen den einzelnen EU-Staaten zu verringern.

Zusammenfassung

Insgesamt sieht es für die Einkommenspolitik in Österreich nicht besonders rosig aus, wobei der Druck u.a. von zwei Richtungen ausgeht: Zum einen zeigen die nationalen Entwicklungen in den vergangenen Monaten – etwa die Forderung nach Rücknahme der Lohnnebenkosten, reale Nulllohnrunden, Flexibilisierung der Arbeitszeit primär zu Lasten der Arbeitnehmer etc. –, daß der ÖGB zunehmend an Handlungsspielraum verliert. Hier rächt sich auch die in den vergangenen Jahren geübte Zurückhaltung bei den Kollektivvertragsrunden. Insbesondere ist hier auf die „Passivität" der Fachgewerkschaften bei der Arbeitszeitfrage hinzuweisen, was dazu geführt hat, daß diese nur mehr unter dem Titel „Flexibilisierung" diskutiert wird. Hingegen ist die Diskussion über eine generelle Arbeitszeitverkürzung mehr oder weniger vom Tisch. Zum anderen wird die Wirtschafts- und Währungsunion die Kollektivvertragspolitik zusätzlich unter Zugzwang bringen. Da die Lohn-Preis-Flexibilität anstelle des Wechselkursinstruments bei ökonomischen Ungleichgewichten in der Entwicklung die Funktion der Anpassungsvariablen übernimmt, werden den österreichischen Arbeitnehmern wesentlich höhere Anpassungslasten aufgebürdet, weil von einer Wechselkursänderung alle, von einer Lohnsenkung nur die Arbeitnehmer betroffen sind. Auch wenn andere Variablen wie etwas das soziale Klima oder der Ausbildungsstand der Arbeitnehmer für die Arbeitgeber von Bedeutung sind, so werden die Arbeitgeber jedoch nur den Standortfaktor „Lohnkosten“ als Arena künftiger Kollektivvertragspolitik anerkennen.

Abschließend sei noch ausdrücklich darauf hingewiesen, daß eine einschneidende Änderung der Bedingungen für die Lohn- und Gehaltspolitik jedoch nur dann erreicht werden kann, wenn seitens der Gewerkschaften die Bekämpfung der Arbeitslosigkeit bzw. Maßnahmen zu einer intelligenten Umverteilung der Arbeit entschieden angegangen werden. Eine wichtige Ursache sowohl für die Stärkung der Verteilungsmacht der Arbeitgeber wie auch der Segmentierung der Arbeits- und Einkommensverhältnisse ist im Vorhandensein und in der jahrelangen Duldung von Arbeitslosigkeit zu sehen. Ob diese „Repolitisierung“ in Zukunft durch die Gewerkschaften[9] auch durchsetzbar sein wird, hängt primär von einer Wirtschafts- und Gesellschaftspolitik ab, die versucht, die bestehenden Machtverhältnisse in diesem Land einer Korrektur zu unterziehen.

Anmerkungen

1 Für die empirische Überprüfung wurden folgende Definitionen vorgenommen: Unter produktivitätsorientierter Lohnpolitik wird jene Politik verstanden, bei der sich a) die Reallöhne langfristig wie die gesamtwirtschaftliche Arbeitsproduktivität entwickeln und b) die Reallöhne am gewogenen Durchschnitt aus Branchenproduktivitätszuwachs und Durchschnittsproduktivitätssteigerung orientieren. Unter solidarischer Lohnpolitik wird hier einerseits der Abbau von Lohnunterschieden und andererseits die mehr oder weniger parallele Entwicklung der Reallöhne mit der gesamtwirtschaftlichen Arbeitsproduktivität verstanden.

2 Nach langer Überlegung wurde dieses Unterkapitel in den Beitrag aufgenommen, da der Autor – geprägt durch eine kritisch-solidarische Grundhaltung gegenüber der gewerkschaftlichen Idee – voll Sorge um die Zukunft der Arbeitnehmervertretung in Österreich ist.

3 Bei arbeitsrechtlichen Konflikten innerhalb des ÖGB finden sich beide Seiten – Arbeitgeber und Arbeitnehmer – in einer unguten Situation: Der ÖGB als Angeklagter müßte den eigenen Mitarbeitern als Klägern einen Rechtsschutz gewähren, was keine glaubwürdige Optik ist; somit gehören die ÖGB-Beschäftigten im Sinn des Arbeitsrechts zu den im Konfliktfall am wenigsten geschützten Personen.

4 Schreiben des ÖGB vom 26. 3. 1996 an alle Mitarbeiter.

5 Nach Einschätzung von ÖGB-Beschäftigten waren ca. 30 Personen von der Forderung nach Einführung eines Mindestlohns in der Höhe von 10.000 Schilling brutto im Monat betroffen; das sind ca. 1,5% aller ÖGB-Bediensteten.

6 Anton Pelinka hat hierzu ausgeführt: „Insgesamt ist in diesem Vierteljahrhundert die (bereinigte) Lohnquote eher zurückgegangen – das heißt, in Summe sind die Unternehmer mit sozialdemokratischen Kanzlern sehr gut gefahren ... Und der Abstand zwischen den reichsten und den ärmsten fünf Prozent im Lande zeigt, daß die soziale Gleichheit – dort, wo sie meßbar ist – vom sozialdemokratischen Regieren nicht entscheidend gefördert werden konnte ... Würde man Österreichs Verteilungsdaten anonymisieren und einem mit europäischen Verhältnissen im Detail nicht sehr vertrauten chinesischen (oder japanischen oder US-amerikanischen) Sozialwissenschafter zur vergleichenden Analyse geben – der käme wohl kaum auf die Idee, daß in diesem Land seit 25 Jahren eine Partei die führende Regierungsverantwortung hat, die sich die Herstellung einer 'klassenlosen' Gesellschaft zum offiziellen Ziel gesetzt hat." Letzteres wurde nunmehr im neuen Parteiprogramm bereinigt (Anm. d. Verf.).

7 Das österreichische Modell zeichnet sich durch hohe Reallohnflexibilität aus. Dies ist nur solange möglich, als die Inflationsraten nicht gegen Null konvergieren. Denn dann müßten die Gewerkschaften im Fall einer Rezession – wobei Reallohnsenkungen zur Vermeidung weiterer Arbeitslosigkeit erforderlich sein können – Nominallohnsenkungen aushandeln, was weit schwieriger politisch zu verkaufen ist als Reallohnsenkungen bei Nominallohnkonstanz und gestiegenen Inflationsraten. Vgl. Unger 1998, S. 17.

8 Ausführlicher hierzu: Schmee 1996.

9 „Es liegt auf der Hand, daß die Gewerkschaft, wenn sie diese Aufgaben bewältigen will, in die politische Arena muß, weil sie der Ausfall der Arbeiterparteien dazu zwingt" (Weissel 1996, S. 16).

Literatur

Arbeitsgruppe Alternative Wirtschaftspolitik (Hrsg.) (1994): Memorandum '94 – Wirtschaftsreformen statt Standortparolen: Politik gegen Massenarbeitslosigkeit, Sozialabbau und Umweltzerstörung. Köln.

Coen, Martin (1993): Die europäische Dimension der Tarifautonomie nach Maastricht. In: Martin Coen/B. Hölscheidt/S. Pieper (Hrsg.): Europa 1993 – Auf dem Weg zur Europäischen Union. Berlin, S. 1-13.

Kutos, Paul (1994): Lohnpolitik und Europäische Integration. Wien.

Platzer, Hans Wolfgang (1992): Die Konstituierung europäischer Arbeitsbeziehungen. In: WSI-Mitteilungen. Arbeitsbeziehungen 2000 – Perspektiven der Gewerkschaften für Europa, Heft 12, Köln, S. 779-787.

Pohl, Rüdiger (1992): Tarifpolitik bei fortschreitender europäischer Integration. In: WSI-Mitteilungen. Arbeitsbeziehungen 2000 – Perspektiven der Gewerkschaften für Europa, Heft 12, Köln, S. 755-757.

Schmee, Josef (1996): Zur Situation der Arbeiterkammern unter besonderer Berücksichtigung der Selbstverwaltung. In: Kurswechsel. Zeitschrift für gesellschafts-, wirtschafts- und umweltpolitische Alternativen. Gewerkschaftsbewegung in Österreich. Situation und Perspektiven, Heft 4, Wien, S. 39-48.

Schreckeneder, Berta (1994): Die Lohnpolitik des Österreichischen Gewerkschaftsbundes. Diplomarbeit, Wirtschaftsuniversität Wien. Wien.

Unger, Brigitte (1998): Das österreichische Modell der Wirtschaftspolitik: Vom Austro-Keynesianismus zum Austro-Neoliberalismus. Wien (vorläufige Fassung vom 6. 6. 1998).

Weissel, Erwin (1996): Von der Arbeitsteilung zur Arbeiterteilung – Gewerkschaften in der Krise. In: Kurswechsel. Zeitschrift für gesellschafts-, wirtschafts- und umweltpolitische Alternativen. Gewerkschaftsbewegung in Österreich. Situation und Perspektiven, Heft 4, Wien, S. 7-16.

Weissel, Erwin (1998): Auf zum Beschäftigungsgipfelsturm? Macht und Ohnmacht der EU-Gewerkschaften. In: Die Arbeit. Fakten und Argumente für die Gewerkschaftsarbeit, Heft 11/1998, S. 4-6.

Sepp Wall-Strasser

Kapitalismus pur – uns reicht's!

Eine Kampagne des Österreichischen Gewerkschaftsbundes Oberösterreich (ÖGB OÖ) gegen den organisierten Selbstmord der ArbeiterInnenbewegung durch Übernahme der Deregulierungs- und Privatisierungsideologie

Vorbemerkung

Eine kleine Anmerkung sei zu Beginn dieses Beitrags gestattet, allein schon der intellektuellen Redlichkeit und der politischen Ehrlichkeit wegen. Dieser Artikel beschreibt unsere Einschätzung sowie die Situation der Gewerkschaften und der organisierten ArbeitnehmerInnenbewegung inklusive Sozialdemokratischer Partei in diesem Land, aber darüber hinaus in Europa, als Ausgangspunkt einer umfassenden politischen Kampagne. Und er beschreibt unsere Erfahrungen, die wir im Zug dieser bisher etwa zweieinhalbjährigen konsequenten Bildungs- und Kampagnenarbeit im Bereich der gewerkschaftlichen Strukturen Oberösterreichs gemacht haben. Nun ist es aber so, daß sich in diesem Zeitraum ja doch einiges getan hat, und vor allem die Ereignisse im Sommer und Herbst 1998 sind meines Erachtens so gravierend, daß sich darüber nicht einfach hinweggehen läßt: einerseits die massive Erschütterung eingefleischtester Monetaristen und Liberaler durch die Krisenentwicklung in Japan, Südostasien, Rußland und Brasilien bis hinauf in die Etagen der Weltbank und des Internationalen Währungsfonds (IWF), andererseits die politischen Ereignisse in Frankreich, Italien und Deutschland, die Diskussion um das MAI (Multinational Agreement on Investments), das Zustandekommen des Beschäftigungsgipfels von Luxemburg mit seiner, wie mir scheint, wichtigsten Auswirkung, daß Beschäftigung wieder auf der Tagesordnung der politischen Diskussion steht, und noch einiges andere mehr.

Nun bin ich sicher kein Träumer, daß ich deswegen schon glaube, es würde sich schon wieder alles einrichten. Dennoch kann kein politisch wacher Geist an diesen Entwicklungen vorbeigehen. Es wäre sogar so etwas wie politische Ohnmachtspflege, würde man/frau diese Vorgänge ignorieren oder bewußt nur geringschätzen. Wenn es erstmals seit Jahren wieder berechtigte Hoffnungen auf eine Änderung von Politik und Wirtschaft gibt, so aufgrund ebendieser Ereignisse der letzten Zeit. Politik, oder besser: Personen und Bewegungen, die für eine Rückkehr der Politik stehen, haben sich wieder zu Wort gemeldet. Die Redlichkeit, aber auch die Hoffnung verlangt es, daß man/frau davon am Beginn eines Beitrags spricht, der sehr viel über die Unfähigkeit und das Versagen der ArbeiterInnenbewegung in unserem Land sagt.

Die Ausgangslage

Der Neoliberalismus ist zum vorherrschenden Denk-, Wirtschafts- und Politikmodell geworden. Nicht nur Wirtschaftskreise, liberale, rechte oder konservative Parteien und PolitikerInnen fordern seine Maximen ein, sondern dieses Denken hat weite Teile der Sozialdemokratie sowie traditionell arbeitnehmerInnenfreundliche Institutionen und Gruppierungen erfaßt, und es beherrscht heute weithin auch die Köpfe und Herzen der ArbeitnehmerInnen selbst. Die zentralen Slogans der Neoliberalen sind auch die ihren geworden. Viele GewerkschaftsfunktionärInnen bis hinauf in Spitzenpositionen sind davor nicht gefeit; sie übernehmen Konzepte und Denkmuster, die aus dieser Schule stammen.

Diese Feststellung bildete den Ausgangspunkt für einen Beschluß der Landesexekutive des ÖGB OÖ im Frühjahr 1996, mit der Kampagne „Kapitalismus pur – uns reicht's!“ an die Öffentlichkeit zu gehen. Was war passiert? Wie konnte dies geschehen in einem Land, in dem die ArbeiterInnenpartei seit 1970 den Bundeskanzler stellt, wo man/frau bis vor kurzem von einer gewerkschaftlichen Organisationsdichte von 50 bis 60% sprach, in dem es sozusagen eine doppelte Interessenvertretung durch Arbeiterkammern und Gewerkschaften gibt?

In den Betrieben erkannten die BetriebsrätInnen einen immer brutaler werdenden Arbeitskampf: Kürzung und Streichung von Sozialleistungen, Privatisierungen, Ausgliederungen, Schließungen und Verlagerungen, stetig steigende Arbeitslosigkeit, Lohnverzicht bei steigendem Arbeitsdruck, Nullohnrunden, bis hin zum offenen Bruch des Arbeitsrechts. Diese schlagwortartig angeführte Latte an Problemen füllte die Checkliste aller im sozialen Abwehrkampf stehenden GewerkschafterInnen, BürgermeisterInnen, Parteileute und PolitikerInnen. Dennoch war man/frau unfähig, das Gesamtsystem dahinter zu sehen und zu entlarven.

Es trat die paradoxe Situation ein, daß all diese Maßnahmen mit jenen schönklingenden Namen eingeführt wurden, an die doch der Großteil der politisch Verantwortlichen selbst glaubte: Liberalisierung, Deregulierung, Privatisierung, Flexibilisierung, Eigenvorsorge usw. Die Frage, die uns hier zu beschäftigen hat, ist nicht so sehr, zu beweisen, daß dies so (gewesen) ist. Dies ist für mich eine gegebene Tatsache. Es geht mir vielmehr darum, zu ergründen, wieso es dazu kommen konnte, welche Maßnahmen die organisierte ArbeiterInnenbewegung setzen muß, um in Zukunft mehr Immunität gegenüber solchen Fällen zu beweisen, und vor allem auch: welche Maßnahmen getroffen werden müssen, um aus dieser selbstgegrabenen Grube wieder herauszukommen.

Die Gründe

Die Gewerkschaftsbewegung ging blauäugig in den Kampf.

1952 (!) schrieb Friedrich August von Hayek: „Die Frage, wie die Macht der Gewerkschaften sowohl im Gesetz als auch tatsächlich entsprechend eingeschränkt werden kann, (muß) eine der allerwichtigsten sein, der wir unsere Aufmerksamkeit zuwenden müssen“ (Hayek 1952, S. 154). Das heißt: Die Väter des Neoliberalismus setzten von Beginn an bei der Zerstörung der Gewerkschaften an. Während sich in der Mehrzahl der Köpfe, in der Journalistik und der öffentlichen Meinung, vor allem aber auch bei einem Gros der PolitikerInnen die Meinung festgesetzt hat, daß wir in den letzten Jahrzehnten über die Verhältnisse gelebt hätten und an dieser „Übersozialisierung“ (man/frau bedenke einmal dieses Monstrum an Wortschöpfung, welches sich jedoch durchgesetzt hat) vor allem Gewerkschaften und die Betriebsräte („Betriebskaiser“) schuld wären, so ist es heilsam zu sehen, daß die totale Kampfansage der Neoliberalen von der ersten Stunde an den Gewerkschaften galt. „Wissenschaftlich“ legitimiert wurde das unter anderem mit folgender Logik: „Das erste und wichtigste, was seitens der Regierung erfolgen soll, ist die Aufgabe der Maßnahmen, die Monopolbildung direkt unterstützen, sei es Monopolbildung auf Unternehmensebene oder auf Gewerkschaftsebene, und zudem die gleiche Anwendung auf Firmen wie auf Gewerkschaften“ (Friedman 1984, S. 174).

Gewerkschaften funktionieren „als Unternehmen ..., die den Service der Kartellbildung offerieren" (ebenda, S. 165).

Das Argument ist klar: Unter dem Vorwand, gegen Kartelle und Monopolisierung zu Feld zu ziehen, beginnt man/frau beim schwächsten Akteur auf dem wirtschaftlichen „Schlachtfeld" und will jeglichen Zusammenschluß verbieten. Juridisch tatsächlich gelungen ist dies durch die Erfindung der sogenannten Freien Produktionszonen. De facto existiert ein Quasi-Verbot in vielen Ländern, Konzernen und Regionen dieser Welt, sei es, daß gewerkschaftliche Zusammenschlüsse und Aktivitäten mit allen Formen der Repression – von Rufmord über Entlassungen bis hin zu physischem Mord – bestraft werden.

Wer freiwillig blinde Kuh spielt, darf den Applaus der anderen nicht fürchten, wenn er gegen den Baum knallt, oder Von der Entscheidung zur politischen Oberflächlichkeit der österreichischen ArbeiterInnenbewegung

Während die Neoliberalen, ausgehend von der oben formulierten Kampfansage, systematisch zunächst die Lehrstühle und Köpfe der Wirtschaftsuniversitäten sowie dann mit Margret Thatcher und Ronald Reagan die für das Finanzkapital maßgeblichsten Regierungen eroberten, dazu die Richtlinien und Maßnahmenkataloge für die Weltbank und den IWF schrieben, sonnte man/frau sich in Österreich noch immer an den Folgen einer Politik, die da nicht mitmachte. Diese Politik war im wesentlichen vom keynesianischen Muster bestimmt. Nur – diese Politik wurde zunehmend „bewußtloser" vollzogen. Bewußtloser in dem Sinn, daß immer weniger politikbestimmende FunktionärInnen das Wieso dieser Politik nachvollzogen, geschweige denn in Zusammenhängen erklären und weitergeben konnten. Wenn es heute ein offenes Geheimnis ist, daß ein Bundeskanzler Kreisky bei der geplanten Einführung einer Zinsertragssteuer vor allem auch am Unverstehen und Widerstand der eigenen ParteigängerInnen scheiterte, so gingen ab diesem Zeitpunkt immer mehr SozialdemokratInnen und GewerkschafterInnen der Propaganda der (Neo-)Konservativen auf den Leim. Und wenn die ÖVP während der Nationalratswahlen als einen der zentralen Slogans „Weniger Staat – mehr privat" plakatieren ließ, war es schon nicht mehr so sicher, ob nicht bereits ein guter Teil der noch sozialdemokratisch Wählenden diesen Spruch genauso als den ihren angesehen hätte. Schließlich steckte man/frau mitten in der „Verstaatlichtenkrise“. Allein dieser Ausdruck zeigt schon auf, daß um diese Zeit die Neoliberalen bereits die Themenführerschaft auch in Österreich angetreten hatten. Die Krisen im Bereich der Vöest, der Aluminiumwerke Ranshofen etc., die nichts anderes waren als der notwendig gewordene Umstrukturierungsprozeß vor allem im Eisen- und Stahlbereich, wurden in Österreich zur Verstaatlichtenkrise, und die involvierten Akteure waren unfähig, dieses Bild zu korrigieren. Wenn z.B. in Deutschland Betriebe in derselben Branche – zum Teil die privatkapitalistischen Konzerne schlechthin (Krupp, Hoechst, Messerschmitt etc.) – mit den gleichen Schwierigkeiten zu kämpfen hatten, so konnte doch in unseren Landen dieser Vorgang dazu benutzt werden, der gesamten öffentlichen Wirtschaft den Prozeß zu machen. Seither ist auch für den vielzitierten kleinen Mann auf der Straße alles gut, was privat ist. Der Staat ist zum Feind Nummer eins geworden.

Der Generationenwechsel sorgte schließlich dafür, daß von jenen alten „Linken“ und MahnerInnen, die noch am eigenen Leib erlebt hatten, wohin eine wirtschaftsliberale Politik führt, niemand mehr übrigblieb; fundamental kritisches und gegensteuerndes Denken existierte nicht mehr. Natürlich ging es auch niemandem ab, es fehlte ja (noch) an nichts. Als Beispiel für diese Entwicklung sei hier ein Zitat von Sepp Wille angeführt, scheidender Vorsitzender der Metallarbeitergewerkschaft und ehemaliger SP-Klubobmann, der anläßlich seiner Pensionierung am Vorabend des 14. Gewerkschaftstages der Gewerkschaft Metall-Bergbau-Energie am 13. Juni 1988 folgendes Interview im ORF-Morgenjournal (Ö 1) gab: „Wir waren noch nie so stark wie heute ... Ich werde während des Gewerkschaftstages wiederholt sagen, daß die Definition oder die Einbindung Österreichs in ein kapitalistisches Wirtschafts- oder Gesellschaftssystem eine Phrase ist, eine beleidigende Phrase. Österreich ist Heimat, und der Kapitalismus ist Barbarei. Und diese beiden Dinge sind unvereinbar ... im Kapitalismus hat im Ringen mit der Arbeit das Kapital die Oberhand behalten. Das Kapital war die dominierende, die ausschließliche Kraft. Heute ist die ausschließliche Kraft die Demokratie, und im Vordergrund steht die Arbeit ... Hundert Jahre Gewerkschaftsbewegung heißt ja Überwindung dieser alten, unerträglichen Zustände.“

Auch wenn im selben Interview von Sozialplänen, der Stahlstiftung und Zwang zur Anpassung die Rede war, so ist der Kapitalismus eine (zumindest) für Österreich abgeschlossene historische Phase. Der Vorsitzende der Gewerkschaft charakterisierte also in einer Schärfe und Nüchternheit den Kapitalismus, glaubte ihn aber überwunden. Und dies zu einer Zeit, in der der neue Manchesterliberalismus seinen neuen Siegeszug über die gesamte Weltwirtschaft angetreten hatte. Nicht um eine Person schlechtzumachen, sondern weil diese Überzeugung sicherlich symptomatisch und stellvertretend ist – ich würde fast sagen: für einen Mainstream unter ihresgleichen galt –, soll sie hier angeführt werden.

Eine These, die hier aufgestellt werden kann, lautet: Vor allem auch die maßgeblichen sozialdemokratischen PolitikerInnen und MinisterInnen, die diese Politik verfolgten, hatten kein Interesse (mehr) daran, daß in diesem Prozeß der Staat gut aussteige. Die Zeiten hatten sich geändert, und damit auch das, was man/frau politisch durfte und was nicht. Privatisierung, Börsengang und schlanker Staat, das waren auch für SozialdemokratInnen nun keine unanständigen Wörter mehr. Müßten es auch nicht sein. Jedoch hatte man/frau dabei vergessen, sich kritisch mit dem Gesamtsystem zu beschäftigen, also etwa zu problematisieren, zu welchen Bedingungen ein Gang an die Börse nutzbringend sein kann oder wann sich wer wie verkaufen muß, ob und wie Aktien besteuert werden, kurz: Wer in diesen Geschäften die Spielregeln diktiert. Die sozialdemokratischen AkteurInnen spielten in einer Mischung von Halbunwissenheit, Halbblindheit und Teilsympathie das Spiel der Deregulierer und Privatisierer mit. Die Reserviertheit, die dabei vorgebracht wurde, war nur partiell, eher auf die Geschwindigkeit oder auf das Wählervolk achtend begründet, nie aber grundsätzlich. So konnte auch kein Gegenmodell zur konservativen Politik mehr sichtbar gemacht werden. Es blieb das Image des Bremsens und daß man/frau im Grunde nur das langsamer vollzog, was die liberalen und konservativen Kräfte im Land Jahre vorher eingefordert hatten.

Eine weitere These besagt, daß sich in Österreich die organisierte ArbeiterInnenbewegung in den siebziger und achtziger Jahren vom wichtigsten neuaufbrechenden gesellschaftskritischen Potential abkoppelte: das Quasi-Ausschließen jener GewerkschafterInnen, die sich gegen Atomkraft und Zwentendorf engagierten, die gemeinsam mit der Friedensbewegung gegen die Rüstungsproduktion österreichischer Firmen und für ein strengeres Waffenausfuhrgesetz kämpften, die Holzhammermethode führender Gewerkschafter in der Hainburg-Frage, das praktische Negieren bzw. manchmal sogar Lächerlichmachen der feministischen Bewegung. Da kam die Dritte-Welt-Bewegung noch relativ ungeschoren davon, da man/frau sie als harmlose Träumer- und Almosenspendervereine einfach nur zu ignorieren brauchte, während man/frau die anderen zum Teil öffentlich und mit nicht gerade zimperlichen Worten und Taten bekämpfte. Dies alles hatte nicht nur zum Teil hohen Imageschaden für die Gewerkschaften in unserem Land als unmittelbares Resultat zur Folge. Dieses Sich-Abkapseln von solch eminent wichtigen (Zukunfts-)Fragen und deren VertreterInnen führte sozusagen zu einer geistigen Verkalkung und intellektuellen Verarmung der Bewegung. Denn – ohne den Analysen und Forderungen einer Antiatom-, Grün-, Friedens- und Frauenbewegung in allen Punkten recht geben zu müssen – sie stell(t)en doch die wesentlichsten Fragen der Zukunftsgestaltung in diesem ausgehenden 20. Jahrhundert und sind in der Regel ein politisch höchst waches, intellektuell kritisches und aktionistisch sehr kompetentes Potential, das man/frau nur bei Strafe der eigenen Erlahmung und Schwächung ignorieren kann und darf. Diese historischen Entscheidungen dürften also in Österreich eine wesentliche Teilursache für den intellektuellen, wirtschafts- und demokratiepolitischen Zustand der ArbeitnehmerInnenbewegung in Österreich sein, deren Folgen wir heute zu verarbeiten haben. Diese geistige Immunschwäche war (und ist) in jenem Ausmaß möglich, in dem die österreichische Gewerkschaftsbewegung ab 1945 ohnehin durch eine latente Intellektuellenfeindlichkeit gekennzeichnet ist, inklusive einer großen Abneigung gegenüber allem, was von „links“ kommt.

Das Schuldgefühl

Geblieben ist ein großes Schuldgefühl. Ein Schuldgefühl bei Tausenden von BetriebsrätInnen und GewerkschafterInnen. Sie waren zu Sündenböcken und zu den eigentlich Verantwortlichen für die beginnende „Wirtschaftskrise“ gestempelt worden, und man/frau ließ sie von offizieller Seite in dieser Schuldsituation. Dieses – oftmals unbewußt vorhandene – Schuldgefühl zieht sich wie ein roter Faden durch die Biographien heutiger ArbeitnehmerInnenvertreterInnen. Bei vielen begann eine Frage zu bohren, die an der Richtigkeit der vergangenen Gewerkschafts- und Betriebsratspolitik zweifelte; sie begannen leiserzutreten, ihre Forderungen zurückzuschrauben und mehr Zugeständnisse zu machen, als sie an sich von ihrer Analyse her zu machen bereit gewesen wären. Generell blieb die Erkenntnis, daß man/frau als Betriebsrat/-rätin heute nichts mehr ist, wohingegen früher Personalvertretung und Betriebsrat sozialen Aufstieg bedeuteten. Gesellschaftlich ist diese Funktion immer mehr geächtet, man/frau schämt sich, im Verwandtenkreis davon zu erzählen, am Stammtisch hält man/frau den Mund oder geht nicht mehr hin, da man/frau genug hat vom ewigen Angerempeltwerden und Sich-verteidigen-Müssen. Die Gegenargumente fehlten, da ja die Realpolitik der eigenen KollegInnen und GenossInnen den KritikerInnen und SpötterInnen rechtgab. Wozu dann am Stammtisch Rückzugsgefechte führen? Manche drücken es offen aus, andere tun es aus Verbundenheit nicht: Sie fühlen sich verraten, im Stich gelassen von „ihrer" Bewegung.

Unsere Antwort

Das Bildungsreferat des ÖGB OÖ suchte und sucht auf diese Situation mit einer konzentrierten Bildungs- und Öffentlichkeitsarbeit Antworten zu geben, wobei drei Ebenen den Schwerpunkt bilden: Analyse der Situation, Erarbeiten und Aufstellen von Gegenpositionen, Suche nach Auswegen, Erstellung von Forderungsprogrammen für die Gewerkschaften, für Parteien und Regierungen und Internationale Arbeit.

Auf der ersten Ebene begann das Bildungsreferat damit, den Neoliberalismus zu thematisieren. Entgegen allen Widerständen, die sich gegen dieses Wort und das Theoretisieren äußerten, war es wichtig, das System, die Methoden, die hinter den Einzelerscheinungen liegen, ans Tageslicht zu bringen und damit den epochalen Wandel sichtbar zu machen, der zwischen der beherrschenden Wirtschafts- und Gesellschaftsphilosophie der Nachkriegsjahre und heute besteht. Wir waren und sind überzeugt, daß es den führenden FunktionärInnen zumutbar ist und sein muß, sich mit den gesellschafts- und wirtschaftspolitischen Grundzusammenhängen auseinanderzusetzen. Es war uns daher wichtig, jener Situation zu entkommen, die mit dem Bild „den Wald vor lauter Bäumen nicht mehr sehen" treffend charakterisiert ist: Engagierte ArbeitnehmerInnenvertreterInnen können durch die ständigen Rückzugsgefechte und die hundertfach auftretenden Schwierigkeiten nicht mehr das eine Grundmuster erkennen, das dahinterliegt.

In Zusammenarbeit mit führenden Kritikern der radikalen Marktwirtschaft (Prof. Kurt Rothschild, Stephan Schulmeister, Hans-Peter Martin u.a.) erarbeiteten wir uns in Studientagen, Seminaren, Betriebsversammlungen und öffentlichen Veranstaltungen ein Know-how, das es uns erlaubte, vom sogenannten „einfachen Arbeiter" bis hin zum Vorstandsdirektor die Kernprobleme zur Sprache zu bringen und auch angemessen zu vermitteln. Eine umfassende Materialmappe mit Analysen, Graphiken, Lexika, Tonbändern etc. zum Thema wurde erstellt, die zur grundlegenden Basisausstattung für alle Interessierten und MeinungsbildnerInnen dient. ReferentInnenunterlagen, Foliensätze und eine für jedermann/-frau lesbare Broschüre „Kapitalismus pur. Wir wehren uns!", zum Verteilen an alle Beschäftigten versandt an alle BetriebsrätInnen in Oberösterreich, gehören mittlerweile zur materiellen Grundausstattung der Kampagne.

Einen Höhepunkt stellten im Frühjahr 1998 die Aktionswochen „Für ein faires drittes Jahrtausend! – ÖGB-Tage gegen den Neoliberalismus" mit den zwei wesentlichsten Forderungen „Besteuerung des Finanzkapitals" und „Verkürzung der Arbeitszeit" dar.

In Zusammenarbeit mit internationalen WissenschaftlerInnen, mit KünstlerInnen, der Universität Linz, dem Theater Phönix usw. wurden verschiedenste Aspekte des Themas zur Sprache gebracht, Radiosendungen, Aktionen (während der 1.-Mai-Veranstaltung wurde auf dem Hauptplatz von Linz eine Walze mit dem Transparent „Wir lassen uns vom Neoliberalismus nicht zu Tode walzen!" aufgestellt, und im Bezirk Vöcklabruck stellte der ÖGB vor dem Gewerkschaftsgebäude als Sinnbild für die Geißel Neoliberalismus einen Pranger auf) und Betriebsversammlungen machten die Problematik sehr wohl auch „handgreiflich".

Insgesamt konnten bisher in hunderten Veranstaltungen der unterschiedlichsten Art tausende Menschen, vor allem ArbeitnehmerInnen, Gewerkschaftsmitglieder und -funktionärInnen unmittelbar und direkt mit dieser Kampagne, mit unseren Inhalten und Forderungen erreicht werden.

Zwei wesentliche Etappen auf dem Weg zu einer Positionsfindung (zweite Ebene) waren die Landesbildungskonferenz im Juni 1997 und die Landeskonferenz der Landesexekutive des ÖGB OÖ. Beide fanden unter dem Motto „Märkte brauchen Regeln" statt. Bemerkenswert war, daß die Forderungen, ausgehend von einer Selbstverpflichtung der Delegierten zur Umsetzung der beschlossenen Forderungen, alle Ebenen miteinschlossen – von Zentralvorständen der Gewerkschaften über die Regierung und auch internationale Organisationen wie die EU, den IWF oder die Weltbank. Und zumindest für den Bildungsbereich kann angeführt werden, daß noch nie in der Geschichte der Landesbildungskonferenzen die beschlossenen und abgesandten Anträge soviel zustimmende Reaktionen hervorgerufen haben. Zum Zeitpunkt des Verfassens dieses Beitrags kann gesagt werden, daß kaum jemand von den KonferenzteilnehmerInnen zu hoffen gewagt hätte, daß manche Forderungen derzeit auf höchster Ebene öffentlich diskutiert werden bzw. kurz vor Realisierungsansätzen stehen – etwa eine Zinssenkung in Europa, die Öffentlichmachung der Protokolle der Europäischen Zentralbank (EZB) und generell mehr Transparenz und Mitbestimmung bei und in der EZB, die Änderung der Politik des IWF sowie die Einführung von Aktien- und Ökosteuern.

Die dritte Ebene umfaßt Aspekte der internationalen Arbeit. Der Skandal, daß das internationale Denken und Handeln in der Phase der Nachkriegszeit in den Gewerkschaften sich so zurückentwickelte bzw. keinen Zentimeter weiterentfaltete, war die wichtigste treibende Kraft, um in dieser Frage weiterzukommen. Die Beschränkung auf den eigenen Betrieb, das eigene Land widerspricht den Grundüberzeugungen der Gewerkschaftsbewegung per se. Und es bringt eine/n ständig um die Früchte der eigenen Arbeit, da nichtgeübte Solidarität mit „denen da draußen oder da unten“ ja in einem zweiten Schlag die eigene Arbeit zunichte macht. Vielleicht hatten wir Glück, oder war es Gespür: Das plötzliche Gerede überall und allerorten von Globalisierung kam unserem Projekt sehr entgegen. Jetzt plötzlich wurde für viele sichtbar (und oft schmerzvoll erlebbar), was ohnehin immer klar war: Die Länder des Südens und des Ostens, „die anderen“ sind immer nur die andere Seite des eigenen (Arbeits-)Lebens.

Das Projekt „Weltumspannend arbeiten“, das vom Bildungsreferat mit Unterstützung des Bundesministeriums für auswärtige Angelegenheiten und der Generaldirektion VIII der Europäischen Gemeinschaft aus der Taufe gehoben wurde, setzt bei diesen geschilderten Arbeitszusammenhängen an. Gefragt wird nach Interesse für arbeitende Menschen in den Ländern des Südens, nach deren Produktionsbedingungen, nach Zusammenhängen mit dem eigenen Betrieb usw. Gearbeitet wird am Aufzeigen von internationalen Wirtschaftszusammenhängen und ihren Auswirkungen auf die österreichischen ArbeitnehmerInnen, an Aktionsgruppen auf Betriebsebene sowie an lebendiger Kommunikation und Kooperation mit Gewerkschaften im Süden. Klassische „Entwicklungshilfeprojekte“ im Sinn von Spendenprojekten wurden jedoch nicht verfolgt. Neben unzähligen Veranstaltungen, in denen Direktkontakte zwischen GewerkschafterInnen und engagierten Menschen des Südens hergestellt wurden, gab es auch „Projekte im Projekt", die als exemplarisch im besten Sinn des Wortes gelten können. Da ist z.B. die Branchengruppe „OÖ AG Papier Global", die sich aus BetriebsrätInnen dreier oberösterreichischer Papierfabriken zusammensetzt und deren Ziel es ist, Informationen über die Internationalisierung der Zellstoffindustrie zu sammeln, auszuwerten und gezielt an die KollegInnen weiterzugeben. Daraus erwachsen konkrete Aktionen gegen die neoliberale Variante der Globalisierung. Durch intensiven Kontakt (etwa gegenseitige Besuche) mit den KollegInnen der weltgrößten Zellulosefabrik Aracruz in Brasilien ist es gelungen, daß die zum Teil seit Jahren ausgesperrten Betriebsräte mit der österreichischen Delegation erstmals wieder ihre Firma betreten und mit dem Management verhandeln konnten. Der Vorsprung an Wissen, der durch diese intensive weltweite Kooperation für die Belegschaften entsteht, die Sensibilität für die Lebenszusammenhänge da und dort, um Ökologie, Rechte der Landlosen und Indios, der Zuwachs an Sprachkenntnissen und Sprachfähigkeit, die allgemeine Politisierung aller Beteiligten – all dies sind unschätzbare Werte, die auf diesem Weg gehoben werden.

Als zweites Beispiel sei das Solidaritätsprojekt ProPhil (pro Philippinen) erwähnt, in dem einige engagierte GewerkschafterInnen aus Oberösterreich – auf einen Hilferuf via Internet reagierend – das ArbeiterInnen-Unterstützungszentrum WAC in der Freien Produktionszone (FPZ) Cavite auf den Philippinen unterstützen. Dieses Projekt bietet ArbeiterInnen in der FPZ Rechtsberatung und Rechtsbeistand an. Die Solidaritätsgruppe steht ständig über E-Mail mit WAC in Verbindung; bei massiven Arbeitsrechtsverletzungen werden Unterschriften gesammelt und Protestschreiben verfaßt, die Finanzierung von Musterprozessen wird übernommen, und nicht zuletzt kam es auch hier zu direkten Begegnungen, indem der Leiter dieses Zentrums auf Einladung während vier Wochen in Österreich bei Dutzenden von Veranstaltungen von den Lebens- und Arbeitsbedingungen, von der Wichtigkeit des Austauschs und der Solidarität erzählte. Mitglieder der Soligruppe sind mittlerweile zu ExpertInnen in Sachen Freie Produktionszonen, Maquiladoras, Subcontracting-systems der Multis, Sozialklauseln usw. und damit zu ausgezeichneten ReferentInnen in diesen Fragen geworden.

Ein vom Projekt entwickeltes Video (Weltumspannend arbeiten – Der Schlüssel zu Veränderung ist Organisation. Linz 1997) wurde zu einem ungeahnten Erfolg. In ihm gelang es hautnah und ansprechend, einerseits ein Grundverständnis über die Funktionsweise des globalen Kapitalismus herzustellen und andererseits die ZuseherInnen aufzufordern, der Entwicklung nicht tatenlos gegenüberzustehen. Dieses Behelfsmittel wurde mittlerweile tausendfach aufgeführt und weiterverbreitet – ein gelungenes Beispiel dafür, wie komplexe Zusammenhänge einem breiten Publikum nicht nur verständlich, sondern auch spannend nahegebracht werden können.

Eine Kollegin ist ständig damit beschäftigt, internationale gewerkschaftliche „urgent actions" zu betreuen und auf internationale Hilferufe zu reagieren. Dies führte in einem Fall in Thailand immerhin zur Ausstellung eines Haftbefehls der dortigen Regierung gegen einen österreichischen Konzernchef.

Internationale gewerkschaftliche Solidaritätsarbeit hat durch dieses Projekt in Oberösterreich Namen und Adresse erhalten. Und was genauso wichtig ist: Viele GewerkschafterInnen hier beginnen mehr und mehr global zu denken, die Strukturen besser zu analysieren und zu durchschauen.

Unsere Konsequenzen

Die Erklärung der Welt darf nicht den Neoliberalen überlassen werden

Unsere Erfahrung ist: (Bewußtseins-)Bildung ist möglich. Auch schwierige und komplexe Zusammenhänge lassen sich (einfach) erklären. Wir erleben, wie viele Menschen, engagierte Gewerkschaftsmitglieder, langjährige FunktionärInnen dankbar sind, wenn sie „die Welt" in einem Raster erklärt bekommen, der für sie stimmig ist. Nach zweieinhalb Jahren Bildungsarbeit in diesem Bereich steht sehr prägend die Erfahrung im Vordergrund, daß viele die gebotene Information geradezu dankbar annehmen und daß sich die aufklärerische Arbeit betreffend des Systemwechsels vom Keynesianismus zum Neoliberalismus vielfach mit Gefühlen und nicht ausdrückbaren Vermutungen deckt, die sie selbst anstellten. Die bisher geleistete Aufklärungsarbeit läßt uns zu der Aussage gelangen, daß der vielfach bedauerte Rechtsruck unter den ArbeiterInnen zu einem guten Teil vor allem auch auf das Nicht-vorhanden-gewesen-Sein eines linken Interpretationsmusters in SPÖ und ÖGB zurückzuführen ist. Damit sind wir aber bei einem der schwierigsten Punkte angelangt: Wer besorgt die Bildung unserer Führungsschicht? Bereits diese Frage ist ketzerisch, frech und unerhört. In Zeiten jedoch, in denen die Bertelsmanns und Murdochs die veröffentlichte Meinung des gesamten Globus beherrschen, wird diese Frage immer mehr zur bangen Überlebensfrage aller kapitalismuskritischen Bewegungen. Denn wie findet ein/e politische/r FunktionärIn im 16-Stunden-Tagesjob noch die grundlegenden und wichtigen Informationen und Auseinandersetzungen? Im multimedialen Einheitsbrei sicher nicht. Wer aufmerksam die Führungspersonen aus Gewerkschaften und SPÖ befragt, weiß, daß sie einen Großteil der wirtschaftspolitischen Informationen aus den normalen Informationssendungen des Fernsehens beziehen. Die tiefschürfende Qualität dieser Informationen ist ja bekannt. Wie aber kommt man/frau aus diesem „Wiederkäuen des Bestehenden" heraus, was letztendlich Aufgabe und Pflicht jedes/jeder verantwortungsbewußten ArbeitnehmerInneninteressenvertreterIn sein muß? Tatsache ist, daß eine ArbeiterInnenbewegung niemals wieder bestimmende Kraft werden kann, wenn sie sich nicht eigene DenkerInnenschulen leistet, wenn sie sich nicht zu einer konsequenten Bildungspolitik, und zwar in der Hierarchie oben ansetzend, verpflichtet. Wer mit den vom System Geprellten und Gelackmeierten spricht, sich auf ihre Nöte und Bedürfnisse einläßt und dazu die Zahlen, Daten und Statistiken aus Wirtschaft und Wissenschaft studiert, wird sich die langen Umwege und Irrwege ersparen, wie sie sich die ArbeiterInnenbewegung in Österreich in den letzten 15 bis 20 Jahren geleistet hat.

Politik wird wieder zu einer positiven, sinngebenden und motivierenden Erlebniswelt

Das Gegenteil der Befürchtungen und Vorwürfe ist eingetreten. Eine Kampagne gegen Turbokapitalismus und Neoliberalismus ist kein graues, fabriksfernes Theoretisieren und Hobby für lediglich ein paar Intellektuelle in der ArbeiterInnenbewegung. Jene KollegInnen, die die Kampagne wesentlich mittrugen, und alle Interessierten erlebten sich plötzlich am Puls der Zeit, teilweise sogar ihrer Zeit voraus. Es erfüllt sie mit Stolz, sagen zu können: Was ich jetzt in der Zeitung lese, das haben wir bereits vor einem Jahr gefordert, diskutiert. Politische Wirklichkeit wird auf einmal wieder als die von einem/einer selbst, von der eigenen politischen Arbeit mitgetragene und mitbestimmte Wirklichkeit erlebt. Es verschwimmt die Grenze: Ist das jetzt so, weil es so kam, oder ist es so gekommen, weil man/frau selbst dafür gekämpft hat?

Die Welt ist gestaltbar, wenn man/frau nur weiß, nach welchem Muster

Wir müssen uns also wieder zu denken getrauen und dann das Gedachte auch fordern! Die Lähmung der letzten Jahr(zehnt)e bestand vor allem auch darin, daß die ArbeiterInnenbewegung sich mit den gegebenen Rahmenbedingungen zufriedengab, daß sie überhaupt keine neuen Forderungen an Welt und Gesellschaft mehr stellte. Während rundum an den Säulen der mühsam zustandegekommenen wirtschaftspolitischen Nachkriegsordnung (Bretton Woods) gesägt wurde, waren die HauptakteurInnen der ArbeiterInnenbewegung in Österreich (und Europa) in einem Maß realistisch, das schon mehr mit Kollaboration und Verrat zu tun hatte denn mit ihrem Auftrag zu einer menschengerechten Gestaltung dieser Welt. Hier will nicht das konkrete Mühen in der Alltagsarbeit geringgeachtet werden. Was aber fehlte, war das Rütteln an festen Grenzen, war das Visionäre und Grenzüberschreitende. Man/frau begnügte sich sozusagen mit der Pflege des Gartens, den man/frau einmal zugewiesen bekommen oder sich auch erkämpft hatte, und versuchte nicht, die Zäune einzureißen. Und wer sich damit begnügt – dies ist eine Logik der Geschichte –, dem wird leider auch jener geliebte und gehegte Platz genommen, für den man/frau sich zuständig fühlt. So rissen andere respektlos jenen Zaun von außen ein, den man/frau von innen nicht auszuweiten versuchte.

Allen, die sich ernsthaft mit der aktuellen gesellschaftlichen und wirtschaftlichen Situation auseinandersetzen, ist klar, daß es niemals nur einen Weg aus der Krise gibt. Das war zu keiner Zeit anders. Gleichzeitig aber muß jenen entgegengetreten werden, die glauben machen wollen, man/frau könne gegen die derzeitige Krise kaum etwas unternehmen. Es liegen nach einigen Jahren der Irritation und der politischen Ratlosigkeit der Linken Dutzende Konzepte, gangbare Auswege und Maßnahmenpakete auf dem Tisch. Was fehlt, sind jedoch der politische Wille und die politische Macht, diese Möglichkeiten auch durchzusetzen. Dies ist jedoch wiederum nur mit einem entschlossenen Willen erreichbar (siehe dazu auch: Wall-Strasser 1997). Oder, wie es der Ökonom Karl Georg

Zinn am Beispiel der Nichtbekämpfung der Arbeitslosigkeit sehr treffend ausführt: „Bereits die treuherzigen Bekenntnisse der einen und die kalkulierte Redeweise der anderen Politiker, Wirtschaftsvertreter, Wissenschaftler und Medienökonomen, daß es 'keine Patentrezepte' gebe, daß eben ein 'Königsweg' zur Vollbeschäftigung eine Schimäre sei, zeugt von interessierter Reformverhinderung. Denn es geht doch gar nicht um Worte wie 'Königsweg' oder 'Patentrezept', sondern darum, auf der Grundlage richtiger Krisenanalysen wirksame Programme gegen die Arbeitslosigkeit, die soziale Armut und den fortschreitenden Verlust sozialer Demokratiequalität durchzusetzen" (Zinn 1998).

Gewerkschaften denken international oder gar nicht

Wenn nicht endlich das Denken der Gewerkschaften (wieder) global, visionär und strategisch langfristig wird, dann verhungern sie hilflos im Jetzt, dann wird ihre Kraft nicht einmal zum Abschluß jener kollektiven Verträge reichen, die jetzt noch ausgehandelt werden können, gleichsam als Erbe der früheren Stärke und eines gewissen „Gewohnheitsrechts", an das sich die Mehrzahl der UnternehmerInnenverbände halt gerade noch hält. Global, langfristig und visionär, das will heißen, daß man/frau sich nicht scheut, das zu denken und auch auszusprechen, was tiefgreifende Analysen ergeben und à la longue für alle Menschen in unserem Land, auf unserem Kontinent, auf der gesamten Welt anstrebenswert ist und Sinn macht.

Wenn es stimmt, daß die drei reichsten Menschen der Welt mehr besitzen als das gemeinsame Bruttoinlandsprodukt der 48 ärmsten Staaten der Welt oder wenn in mehr als 70 Ländern das Pro-Kopf-Einkommen in den letzten 20 Jahren gesunken ist und die Hälfte der Weltbevölkerung mit weniger als eineinhalb Dollar pro Tag leben muß (UNDP 1998), dann kann man/frau heute nicht mehr verantwortliche Funktionen in einer ArbeiterInnenbewegung bekleiden, ohne an Strategien zur Bekämpfung dieser schreienden Ungerechtigkeiten zu arbeiten.

Das will heißen, daß man/frau sich nicht scheuen darf, die tiefgreifenden Änderungen und Reformen, die aus diesen Analysen schreien, auch öffentlich auszusprechen und einzufordern. Dann wird es auch kein Problem sein, „in die Medien zu kommen", denn die sich daraus ergebenden Forderungen werden so „unerhört" sein, daß sich gewisse Blätter darüber das Maul zerreißen werden. Das gibt aber dann die Möglichkeit der öffentlichen Diskussion, der Erklärung. Dies ist dann jene Gratis-Öffentlichkeitsarbeit, welcher sich jetzt die Konservativen, Neoliberalen und Halbfaschisten ständig bedienen.

„Schon jetzt werden die Deregulierung der Kapitalströme und der monetaristische Fanatismus in Frage gestellt. Und es ist vielleicht nur eine Frage der Zeit, bis auch die Privatisierungen und der Freihandel an der Reihe sind" (Halimi 1998). Dieses Zitat aus „Le Monde Diplomatique" möchte ich beispielhaft anführen und als Anfrage verstanden wissen: Getraut sich die Gewerkschaftsbewegung, die Linke gesellschaftspolitische Entwürfe zu, die primär wieder von den Lebensansprüchen und Bedürfnissen aller arbeitenden Menschen ausgehen, und gestaltet sie von da aus ihre Ansprüche an die Wirtschaft und die Politik? Getraut sie sich, an den Heiligtümern und Dogmen der jetzt herrschenden Philosophie zu rütteln? Welchen Typ von Führungspersonen, welche Art von (Bewußtseins-)Bildung benötigt sie dazu? Dies sind mit Gewißheit einige der zentralen Fragen, von deren Beantwortung maßgeblich abhängen wird, ob die ArbeiterInnenbewegung auf unserem Kontinent im nächsten Jahrzehnt überhaupt eine fortschrittliche Rolle spielen wird können.

Resümee

Beschreibungen konkreter Beispiele bergen immer mehrere Gefahren in sich. Manchen erscheint eine Selbstdarstellung wie diese als Selbstbeweihräucherung und Wichtigtuerei. Andere resignieren immer vorschnell vor der Frage: Na und, was nützen diese kleinen Beispiele gegenüber den weitreichenden Entscheidungen der Großen, die, alles niederwalzend, der Geschichte ihren Stempel aufprägen? Demgegenüber halten wir fest: Wir sind uns unserer Grenzen sehr wohl bewußt. Wir kochen auch nur mit Wasser, und wir leiden zum Teil sehr unter der Spannung, daß uns vieles zu langsam geht, daß viele Einsichten und Forderungen, die für uns bereits seit Jahren „in der Luft liegen", in unseren eigenen Reihen nicht oder nur zögernd aufgenommen werden. Wir sehen aber genauso, daß im politischen Engagement nichts mehr Kraft gibt als gelebte Beispiele und bruchstückhaft Gelungenes. Nicht nur, daß dadurch sehr viel an Inhalten, Erkenntnissen und Wissen weitergegeben wird, daß man/frau in der kritischen Reflexion an der eigenen Erfahrung klüger werden kann, sondern vor allem, daß das Emotionelle Kraft erfährt. Eines der Hauptübel der Linken liegt ja in ihrer emotionellen Kraftlosigkeit. Vielleicht ist daher der größte Wert der beschriebenen Kampagne (die ja noch nicht zu Ende ist!), daß sie Erstaunen auslöst, Leute (neu) für Politik und Gewerkschaft begeistert, Zuversicht und neues Vertrauen auslöst. Das melden uns nicht zuletzt auch jene ExpertInnen zurück, die uns bei der theoretischen Aufbereitung unterstützt haben. Wenn dies tatsächlich erreicht worden ist, dann scheint uns bereits viel gelungen zu sein.

Literatur

Friedman, Milton (1984): Kapitalismus und Freiheit. Frankfurt/M.

Halimi, Serge (1998): system error. Globale Depression. In: Le Monde Diplomatique, deutsche Ausgabe, Oktober 1998.

Hayek, Friedrich August v. (1952): Individualismus und wirtschaftliche Ordnung. Zürich.

UNDP (1998): Bericht über die menschliche Entwicklung. Hrsg. von der Deutschen Gesellschaft für die Vereinten Nationen e.V. Bonn.

Wall-Strasser, Sepp (1997): Das ABC der Auswege. In: Materialmappe „Kapitalismus pur – uns reicht's!" Teil II. ÖGB-Bildungsreferat Linz. Linz, S. 93 ff.

Weltumspannend arbeiten – Der Schlüssel zu Veränderung ist Organisation (1997). Video des Projektes „Weltumspannend arbeiten". Linz.

Wille, Sepp (1988), in: ORF, Ö 1, Morgenjournal vom 13. 6. 1988.

Zinn, Karl Georg (1998): Wie Reichtum Armut schafft. Verschwendung, Arbeitslosigkeit und Mangel. Köln.

Gudrun Biffl

Neuseeland – eine Erfolgsstory des Neoliberalismus?

Einleitung

So umfassende und tiefgreifende wirtschaftliche Reformen wie in Neuseeland, die vom Geist des Neoliberalismus geprägt sind, wurden wohl in keinem anderen entwickelten Industrieland in jüngerer Zeit vorgenommen. Dieses Land bietet sich daher als Untersuchungsobjekt für die wirtschaftlichen Auswirkungen von Reformen an, die von der neoklassischen Sichtweise der Funktionsmechanismen einer Volkswirtschaft getragen sind. Das Credo der Neoklassik, wonach Eingriffe des Staates in Marktmechanismen ineffizient sind und sich in einem unterdurchschnittlichen Wirtschaftswachstum sowie in einer Verschlechterung der internationalen Wettbewerbsposition spiegeln, kam hier zum Einsatz. Die wirtschaftliche Misere in Neuseeland, die 1984 ihren Höhepunkt erreicht hatte, wurde – dem neoliberalen Zeitgeist entsprechend – als Resultat der staatlichen Wirtschaftslenkung und der korporatistischen Regelmechanismen des Marktes gesehen. Die Regierung arbeitete daher unter der Ägide der Arbeiterpartei ein wirtschaftspolitisches Reformprogramm aus, das sich am Gedankengang der 'Reaganomics' und des 'Thatcherismus' orientierte. Dieses erhielt eine spezifisch neuseeländische Ausprägung und wird in der Literatur zu Ehren des Ingenieurs der Reform, Roger Douglas, mit dem Namen 'Rogernomics' bedacht. Die Arbeiterpartei setzte bei den Reformen am Geld- und Gütermarkt an. Der Staat hat binnen kürzester Zeit jegliche Industrie- und Investitionsförderung aufgegeben – inklusive Landwirtschaftsförderungen – und eine Laissez-faire-Politik eingeführt, die in diesem Ausmaß in kaum einem anderen entwickelten Industrieland vorzufinden ist. Die Reformwelle blieb nicht auf die Wirtschaftspolitik beschränkt, sondern hat viele Lebensbereiche und auch das politische Wahlsystem erfaßt. Das von England übernommene Majoritätswahlrecht, das die Existenz von Großparteien begünstigt, wurde abgeschafft und an seine Stelle das deutsche Wahlmodell gestellt, um auch Kleinparteien eine politische Plattform zu eröffnen. Die Änderung des Wahlsystems hatte eine Aufsplitterung und Diversifizierung der Parteienlandschaft zur Folge. Eine Konsequenz davon ist, daß heute für eine Regierungsbildung komplexe Koalitionen zwischen Parteien notwendig sind, während früher innerparteiliche Kompromisse üblich waren.

Als es im Gefolge der politischen und wirtschaftlichen Reformen nach 1984 zu keiner allgemeinen Verbesserung der Wirtschaftslage, sondern 'nur' zu einer Diversifizierung (um nicht zu sagen: Polarisierung) von Wirtschaftsprozessen kam, in denen es viele Verlierer und einzelne wenige Gewinner gab, verlor die Arbeiterpartei – oder was von ihr nach dem politischen Reformprozeß noch übriggeblieben war – die Wahlen. An ihre Stelle traten konservative Parteien, die letztendlich auch den Arbeits- und Sozialbereich, den die Arbeiterpartei bis dahin relativ unberührt gelassen hatte, in das allgemeine Reformpaket einbanden.

Ab etwa Mitte der neunziger Jahre hatte die Reformwelle fast alle Wirtschaftsbereiche erfaßt, die Organisation des Staates war von Grund auf verändert worden. Importlizenzen wurden aufgegeben, Zolltarife stetig abgebaut, Subventionierungen und Steuervorteile abgeschafft, das Steuersystem wurde vereinheitlicht, dem freien Wettbewerb per Gesetz verstärktes Gewicht gegeben, staatliche Handelstätigkeiten wurden privatisiert, der öffentliche Sektor wurde nach privatwirtschaftlichen Gesichtspunkten organisiert.

Die Reformen waren so tiefgreifend, daß sich Neuseeland als Testfall für die Untermauerung der neoklassischen Markttheorie anbietet. Im folgenden soll der Entwicklung der 'economic fundamentals', d.h. der wesentlichen makroökonomischen Variablen, nachgegangen werden, wobei der Produktivität infolge ihrer zentralen Bedeutung für die internationale Wettbewerbsfähigkeit besonderes Augenmerk geschenkt wird.

Makroökonomische Entwicklung

Mehr und mehr wird heute klar, daß die Reformen, die 1984 einsetzten, das Wirtschaftswachstum längerfristig nicht belebten. Mit Ausnahme der Inflationsrate haben sich auch alle anderen makroökonomischen Wirtschaftsindikatoren auf lange Sicht nicht verbessert. Es können zwar einzelne Perioden herausgegriffen werden, in denen es ein merkliches Wirtschaftswachstum gab, so etwa 1994/95. Diesen Etappen stehen allerdings

Phasen gegenüber, in denen die Wirtschaft stagnierte (so etwa zwischen 1989 und 1994). Die Hoffnung, daß der Konjunkturaufschwung 1994/95 zum Beginn einer neuen Ära nachhaltigen hohen Wirtschaftswachstums würde (so Hall 1996), hat sich nicht erfüllt. Die Jahre 1996 bis 1998 waren von einem merklichen Konjunkturabschwung geprägt, der infolge der Wirtschaftskrise in Asien 1998 noch verschärft wurde.

Die längerfristige Entwicklung zeigt, daß die neuseeländische Wirtschaft von 1985 bis 1994 stagnierte, im Anschluß daran vorübergehend überdurchschnittlich rasch expandierte und ab 1996 auf einen mittelfristigen Wachstumspfad einschwenkte, der bestenfalls mit den Wachstumsraten vor 1984 zu vergleichen ist. Damit dürften die Wachstumsraten mittelfristig in Zukunft eher unter dem OECD-Durchschnitt liegen. Eine steigende Zahl von Ökonomen in Neuseeland (siehe hierzu: Dalziel 1997b; Easton 1997) befürchtet, daß das wachsende Leistungsbilanzdefizit und die zunehmende Auslandsverschuldung[1] in Relation zum Bruttoinlandsprodukt (BIP) wachstumshemmend wirken werden.

Graphik 1: Wirtschaftswachstum und Beschäftigung: von Budgetdefiziten zu Überschüssen

Neuseeland: Entwicklung ausgewählter Wirtschaftsindikatoren

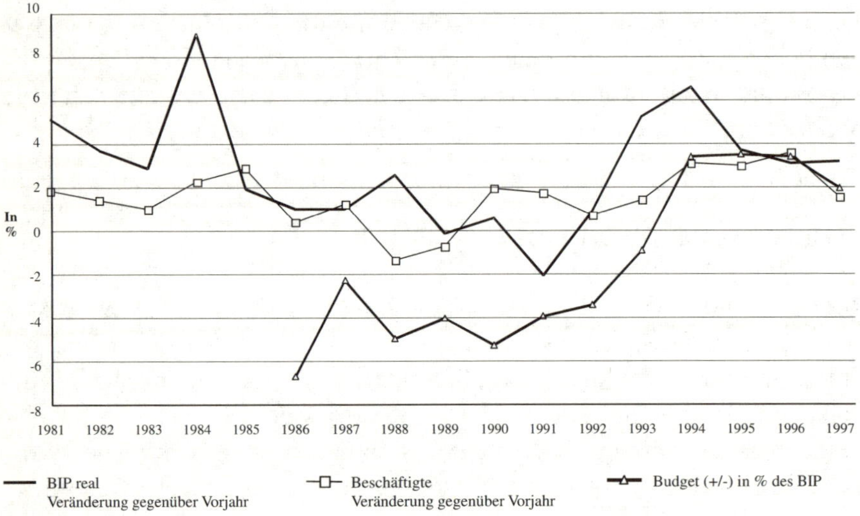

Die langfristige Senkung der Inflationsrate – von einer der höchsten der OECD in den achtziger Jahren zu einer der geringsten in den neunziger Jahren – kann als ein Erfolg der Reformen verbucht werden. Hall (1996) argumentiert, daß der Preis für den Abbau der Inflation eine vorübergehende Verringerung des Produktionsausstoßes war. Easton (1997) meint im Gegensatz dazu, daß die Überbewertung der neuseeländischen Währung, die ein wesentlicher Aspekt des Instrumentariums zur Bekämpfung der Inflation war, langfristig – und damit auch in Zukunft – die Exportchancen Neuseelands beeinträchtigen werde. Eine kleine, offene Volkswirtschaft wie Neuseeland, so argumentiert er, hängt in hohem Maß von den Exportmöglichkeiten und damit dem wirtschaftlichen Umfeld ab. Die Senkung der Inflationsrate über die Wechselkurspolitik zu betreiben, löste in seinen Augen Hysterese-Effekte aus, die langfristig Wachstumseinbußen erwarten lassen. Im Herbst 1998 kam es zu einem veritablen Einbruch des Wechselkurses gegenüber dem US-Dollar im Gefolge der Asienkrise. Die Folgen dieser Wechselkursentwicklung sind derzeit noch nicht absehbar. Die Deflationspolitik hatte nicht nur einen negativen Effekt auf das

Graphik 2 : Entwicklung von Arbeitslosigkeit und Inflation

Arbeitslosenquote und Inflationsrate

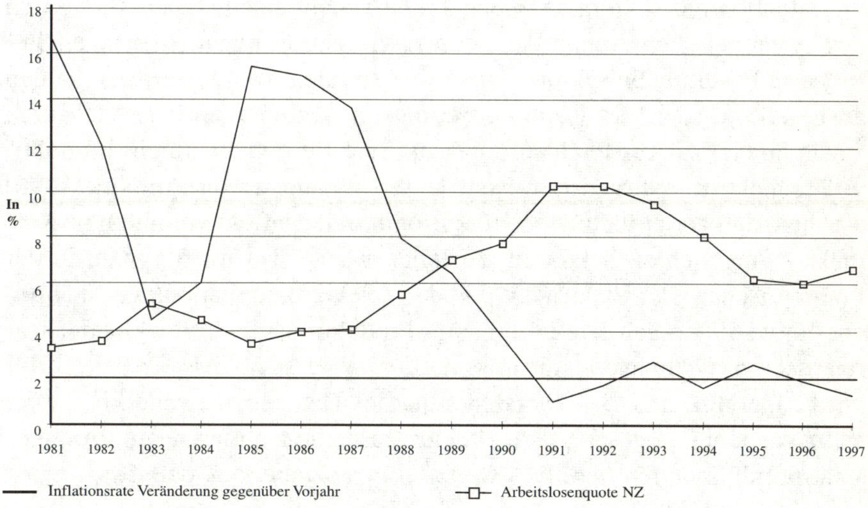

Wirtschaftswachstum, sondern auch eine steigernde Wirkung auf die Arbeitslosenquote.

Ohne die Aspekte der Währungspolitik in ihrer Bedeutung für das Wirtschaftswachstum schmälern zu wollen, dürfte allerdings einer der wesentlichen Faktoren für die mangelnde Verbesserung des Wirtschaftswachstums die relativ schwache Erhöhung der Produktivität gewesen sein. Die wirtschaftspolitischen Reformen hatten vor allem eine Anhebung der Produktivität zum Ziel. Dies sollte die Wachstumschancen Neuseelands nachhaltig erhöhen. Warum dieses Ziel nicht erreicht wurde, soll im folgenden kurz analysiert werden.

Die Entwicklung der Arbeitsproduktivität

In der Zeit zwischen 1985 und 1996 erhöhte sich die Produktivität je Erwerbstätigen um durchschnittlich 0,7% im Jahr. Die durchschnittliche jährliche Produktivitätssteigerung war demnach in dieser Zeitspanne in Neuseeland etwa halb so hoch wie im Schnitt der OECD-Länder. Diese Entwicklung steht in krassem Gegensatz zur Periode vor 1985, als die durchschnittliche Wachstumsrate der Arbeitsproduktivität in Neuseeland mit 1,9% per anno deutlich über dem OECD-Durchschnitt von 1,6% lag (1978-1985).

Wenn die makroökonomische Produktivitätsentwicklung durch die Reformen der letzten zehn Jahre nicht angehoben worden ist, wie sieht dann die Situation auf sektoraler Ebene aus? Ist nicht anzunehmen, daß durch den systematischen Abbau der Schutzzölle und Subventionierungen Betriebe in bestimmten Sektoren einem verstärkten Wettbewerb von außen ausgesetzt wurden, der Rationalisierungsinvestitionen auslöste? Dadurch sowie durch das Ausscheiden unproduktiver Betriebe wäre ein Produktivitätsschub zu erwarten gewesen. Untersuchungen von Philpott (1996) ergaben, daß der erwartete positive Produktivitätseffekt vor allem im vormals verstaatlichten Sektor festzustellen war – also im Bergbau, in der Forstwirtschaft, der Elektrizität und der Telekommunikation. Keine ähnliche Entwicklung gab es allerdings im Produktionssektor von Handelswaren, der im Wettbewerb mit importierter Ware steht. Als Grund hierfür wird angeführt, daß die Liberalisierung des Handels, die schon Ende der siebziger Jahre eingesetzt hatte, keinen zusätzlichen markanten Produktivitätsschub erwarten ließ. Des weiteren ist anzumerken, daß der Konnex

Tabelle: Übersicht – Entwicklung makroökonomischer Indikatoren in Neuseeland

Durchschnittliche Veränderung gegenüber dem Vorjahr p.a. in %

1978-1985		Neuseeland	OECD
BIP real		3,0	2,4
Beschäftigung		1,1	0,8
Produktivität		1,9	1,6
Exporte, real		5,2	5,1
Importe, real		5,3	4,2
Defizit der Leistungsbilanz in % des BIP		5,8	0,5
Inflationsrate		im Durchschnitt der Periode	
Konsumdeflator		13,2	7,4
BIP-Deflator		12,5	7,2
1985-1997			
BIP real		1,5	2,6
Beschäftigung		0,8	1,1
Produktivität		0,7	1,5
Exporte, real		4,3	6,7
Importe, real		5,1	6,8
Terms of Trade		1,2	0,6
Defizit der Leistungsbilanz in % des BIP		3,2	0,3
Inflationsrate			
Konsumdeflator			
	1985	17,2	4,3
	1997	1,5	2,0
BIP-Deflator			
	1985	15,4	4,1
	1997	1,3	1,6
Arbeitslosenquote			
	1985	4,0	10,5
	1997	6,7	7,2

Quelle: OECD, Economic Outlook 1993, 1998; Employment Outlook 1998

zwischen der Entwicklung der Arbeitsproduktivität und dem freien Wettbewerb, dem Abbau von Monopolen etc. nicht eindeutig ist. Wenn die geschützten Sektoren vor allem Bereiche mit hoher Produktivität waren, hat die Aufhebung von protektionistischen Maßnahmen kaum einen Effekt auf die Produktivität.

Die traditionellen neoklassischen Überlegungen über die positiven Wachstumseffekte von verstärktem Wettbewerb gelten nur für diejenigen Sektoren, in denen es konstanten oder abnehmenden Grenzertrag der Produktion gibt. Wenn allerdings ein wachsender Anteil der Wertschöpfung auf Bereiche entfällt, in denen der zunehmende Ausstoß mit steigendem Grenzertrag verbunden ist (vor allem wissensintensive Bereiche), dann bringt eine Zersplitterung dieser Produktionsbereiche in einzelne Betriebe mit dem Ziel der Erhöhung des Wettbewerbs keine Anhebung der Produktivität mit sich. Steigende Skalenerträge sind für einen Großteil der Produktivitätssteigerung in westlichen Industrieländern verantwortlich. Der zunehmende intra-industrielle Handel ist ein Beweis für die große Bedeutung von steigenden Skalenerträgen in der Produktion für die Steigerung der Produktivität. Damit gewinnen Netzwerke, Joint Ventures etc. zum Aufteilen der Fixkosten, das Pooling von Forschung und technischem Know-how eine wesentliche Rolle für die Produktivitätsentwicklung. Dies zu fördern, dürfte der Produktivitätsanhebung dienlich sein.

Die Handelspolitik Neuseelands hat den Wandel des Wirtschaftsprozesses von einer industriellen zu einer postindustriellen Wissens- und Dienstleistungsgesellschaft nicht bedacht. Des weiteren ist der Effekt der Reformen auf den Exportsektor, der eine zentrale Rolle in der Entwicklung des Wirtschaftswachstums spielt, nicht berücksichtigt worden.

Der Exportsektor hat sich trotz Verbesserung der 'Terms of Trade' in den letzten 15 Jahren nicht erholt. Das Wachstum des Exportvolumens verringerte sich von jährlich durchschnittlich 5,2% zwischen 1978 und 1985 auf 4,3% per anno zwischen 1985 und 1997. Damit fiel das Exportwachstum, das in der Periode vor 1985 etwa dem OECD-Durchschnitt entsprach, um etwa ein Drittel unter das OECD-Wachstum. Das Wachstum des Importvolumens verringerte sich allerdings nicht. Die Aufhebung der Exportförderung und der Schutzzölle hat demnach weder die erwünschte Produktivitätssteigerung – das ist besonders gravierend, da es im Gefolge der Reformen zu vielen Konkursen von gewerblichen und landwirtschaftlichen Betrieben gekommen ist – noch eine Volumensausweitung gebracht. Die vergleichsweise geringe Produktivitätssteigerung der Produktion von Handelswaren war – neben der Überbewertung des Neuseeland-Dollars[2] – ein zusätzlicher erklärender Faktor für die mangelnde Wettbewerbsfähigkeit der neuseeländischen Produktion von Handelswaren.

Wenn man als einfachen Indikator für die Entwicklung der Wettbewerbsfähigkeit der neuseeländischen Exportgüter die Entwicklung des realen Wechselkurses heranzieht (BIP-Deflator/Inlandspreis der Handelswaren), so zeigt sich, daß es ab Mitte der achtziger Jahre zu einer starken Verringerung der Wettbewerbschancen der inländischen Güterproduktion gegenüber Importwaren kam. Die inländischen Produktionskosten erhöhten sich relativ zu den Preisen für Importwaren, und es kam zu einer Substitution von Inlandsproduktion durch Importwaren. Der zunehmende Wettbewerbsdruck übertrug sich auf den Arbeitsmarkt in Form von Reallohnsenkungen. Die Verringerung der Löhne im mittleren und unteren Qualifikationssegment dürfte Betriebe ermutigt haben, die Wettbewerbsfähigkeit ihrer Produkte über eine Kostensenkung anstatt über Investitionen in eine bessere Technologie und damit über Steigerungen der Arbeitsproduktivität zu erzielen.

Es stimmt nicht, daß sich der Wechselkurs im Spiel der Marktkräfte auf einen 'wahren' Wert einpendelt; daher kann es bei Verfolgung einer freien Wechselkurspolitik zu einer Unter- oder Überbewertung der Währung kommen. Der Staat nimmt daher über die Geld- und Fiskalpolitik Einfluß auf den Wechselkurs, und die Nationalbank kann sich bei der Fixierung des Wechselkurses an einem Zielwert der Inflation orientieren. Das übergeordnete Ziel Neuseelands dürfte das der Geldwertstabilität gewesen sein, unabhängig von den Konsequenzen für Export- und Wirtschaftswachstum.

Was die Entwicklung der realen Pro-Kopf-Einkommen anbelangt, so dürfte die Aussage von Evans et al. (1996) im Neuseeland-Artikel des Journal of Economic Literature nicht zu halten sein, wonach es zu einer merklichen Anhebung des durchschnittlichen BIP pro Kopf gekommen sei. Paul Dalziel (1997a) weist nach, daß die der Aussage zugrundeliegende Datenbasis auf Schätzungen beruht, die nach neuestem Stand der Statistik falsch waren. Die neue Datenbasis zeigt, daß das BIP pro Kopf im erwerbsfähigen Alter im Jahr 1967 auf knapp 29.000 Neuseeland-Dollar (Preise von 1992) kam und bis 1982 auf 32.400 anstieg, d.h., die Trendwachstumsrate vor der Reform lag bei 0,795% pro Jahr. Das ist im internationalen Vergleich eine relativ geringe Wachstumsrate. Zwischen 1985 und 1992 kam es zu einem Einbruch in der Wachstumsrate der Wertschöpfung pro Kopf. Der Rückgang konnte in der seitherigen Aufschwungphase nicht mehr zur Gänze wettgemacht werden, d.h., der Wert des BIP pro Kopf, der sich bei Fortsetzung des Trends der Jahre vor 1985 für 1997 ergeben hätte, wurde bis jetzt noch nicht ganz erreicht.

Gewinner der Reformen

Die Politik der Liberalisierung hatte nicht nur einen Effekt auf das Wirtschaftswachstum, sondern auch auf die Einkommensverteilung. Zwar haben die Reformmaßnahmen im Arbeitsmarkt- und Sozialbereich keine Änderung der Einkommensstruktur erbracht – man kann daher nicht sagen, daß sich eine Einkommensschicht auf Kosten einer anderen verbessert hätte. Die relative Position der einzelnen Einkommensschichten ist langfristig stabil geblieben. Es kam allerdings zu einer Ausweitung der Spanne zwischen dem obersten und dem untersten Einkommensdezil. Das oberste Einkommensdezil hat von der Senkung der Einkommensteuer im Jahr 1988 überproportional profitiert (Berechnung auf Basis der Haushaltsäquivalenz). In den letzten zehn Jahren ist das Realeinkommen dieser Einkommensschicht um jährlich durchschnittlich 2% gestiegen. Da das durchschnittliche BIP pro Kopf in dieser Zeitspanne um 0,5% per anno gestiegen ist, hatten die verbleibenden 90% keine Erhöhung des Realeinkommens zu verzeichnen. Die höheren Einkommensschichten haben demnach von den Reformen profitiert, im Gegensatz zu den Personen mit mittleren und niedrigen Einkommen. Evans et al. (1996) haben in ihrem Bericht über die Reformen in Neuseeland und ihre Auswirkungen angemerkt, daß es im Gefolge der Reformen zu einem Auseinanderlaufen der Einkommensverteilung gekommen ist, nicht jedoch zu einer Erhöhung der Armut. Diese Aussage stimmt nur, wenn man die Armut relativ definiert, d.h. als Anteil der Haushalte, die weniger als 60% (oder 50%) des Medianeinkommens verdienen.

Die Forschungsergebnisse zur Entwicklung der Armut in Neuseeland (siehe Stephens/Frater/Waldegrave 1995; Easton 1995) zeigen auf, daß sich das Ausmaß der relativen Armut tatsächlich nicht erhöht hat, dafür aber das der absoluten Armut. Das schwache Wirtschaftswachstum, die wirtschaftliche Umstrukturierung sowie die Senkung der Leistungen aus der Sozialversicherung um 10% bewirkten eine Senkung des Medianeinkommens um 17,6% zwischen 1985 und 1995 (siehe Dalziel 1997b). Der Medianwert sagt aus, wie sich das Einkommen der mittleren Einkommensschichten verändert hat. Da die Änderungen im Steuersystem und im Sozialversicherungssystem im wesentlichen das reale Nettoeinkommen der mittleren Einkommensschichten beschnitten haben, kam es de facto zu einem Einkommenstransfer zum obersten Einkommensdezil. Das durchschnittliche reale Nettoeinkommen hat sich erhöht, nicht aber das Medianeinkommen. Wenn die Armutsgrenze relativ definiert wird, kam es in der Periode 1984 bis 1995 zu keiner Erhöhung der Armut. Im Gegenteil; der Anteil sank sogar (Grenze 60% des Medians) von 13,7% auf 10,8%. Wenn allerdings die Armutsgrenze als absolute Größe definiert wird, d.h., wenn man berücksichtigt, daß das Medianeinkommen um 17,6% geschrumpft ist, verdoppelte sich der Anteil der Armen (von 4,3 auf 10,8%) – eine äußerst unübliche Entwicklung in Zeiten eines steigenden BIP pro Kopf.

Des weiteren ist anzumerken, daß Mitte der achtziger Jahre der Wertanteil des Finanzsektors am BIP sprunghaft angestiegen ist. Die Krise des Aktienmarktes im Jahr 1987 hatte zwar eine merkliche Wertreduktion zur Folge, die auch auf die Marktpreise anderer Finanzanlagen und Vermögenswerte ausstrahlte; trotzdem blieb der Wertanteil dieses Sektors um etwa 25% über dem Niveau der Ära vor 1985. Der Grund für das Wachstum des Finanzsektors und die längerfristige Stabilität des einmal angehobenen Niveaus ist in der Privatisierungswelle zu sehen, die 1988 einsetzte. Der Verkauf der staatlichen Unternehmungen hat dem Finanzsektor über die Abwicklung der Transaktionen große Erträge gebracht. Der Verkauf von Vermögenswerten vergrößerte den Aktienmarkt, indem entweder Privatbetriebe entstanden oder etablierte Privatbetriebe über Mergers und Firmenaufkauf an Bedeutung gewannen. Fast die Hälfte der Großbetriebe auf dem heutigen Aktienmarkt waren entweder verstaatlichte Unternehmen oder hatten ein öffentliches Unternehmen aufgekauft.

Die Argumentation, wonach Privatisierungen dazu beitragen würden, die Auslandsverschuldung Neuseelands zu reduzieren, was wiederum die Wachstumschancen verbessern sollte, war nicht stichhaltig. Zwar wollten Evans et al. (1996) beweisen, daß sich die Auslandsverschuldung nach 1985 verringert hat – dem widerspricht allerdings eine Studie des neuseeländischen Instituts für Wirtschaftsforschung (Colgate/Stroombergen 1993). In dieser Studie wurden, basierend auf Daten der Nationalbank, durchgehend vergleichbare Zeitreihen für die Auslandsverschuldung entwickelt. Diesen Daten zufolge dürfte die Auslandsverschuldung in Prozent des BIP 1984 bei 49% gelegen sein und bis 1995 auf 68% angestiegen sein.

Schlußfolgerungen

Die Reformen, die Neuseeland durchgeführt hat, sollten die Effizienz des Wirtschaftsprozesses erhöhen. Dies wurde als Voraussetzung für eine Anhebung der langfristigen Wachstumschancen gesehen. Die Realität hat gezeigt, daß eine rigorose Umsetzung der postulierten erfolgversprechenden Rezepte für eine Erhöhung des Wirtschaftswachstums und der Produktivität auch nach 13 Jahren nicht die erwarteten Resultate gebracht hat. Der Staat war bestrebt, Rahmenbedingungen zu schaffen, die es den privaten Betrieben ermöglichen sollten, zu investieren und damit das Wirtschaftswachstum voranzutreiben. Die Grundpfeiler der Rahmenbedingungen waren Preisstabilität und mikro-ökonomische Marktliberalisierung. Der Staat hat sich mit dem Beharren auf ein ausgeglichenes Budget aus der Politik der aktiven staatlichen Nachfragepolitik zurückgezogen. Trotz günstiger Kapitalrenditen und Zinssätze haben private Betriebe nicht verstärkt investiert. Diese Faktoren haben nicht ausgereicht, um ein Wachstumsszenarium in Gang zu setzen. Vielmehr dürften Budgetdefizite ein Wachstumsklima schaffen, das auch Privatunternehmen zu einer expansiven Investitionspolitik veranlaßt. Das Abgehen von einer Politik der Budgetdefizite bedeutete ein Umsteigen auf eine Politik der 'Sozialdefizite', d.h., der Preis für das schwache Wirtschaftswachstum wurde vor allem von den ärmeren Bevölkerungsschichten gezahlt.

Anmerkungen

1 Datenprobleme lassen Vergleiche über einen längeren Zeithorizont in der Vergangenheit schwer zu.

2 Der Wechselkurs wurde angehoben, um den Konsumpreisdeflator zu senken. Eine Deflationspolitik wird auf dem Rücken des Handelssektors und der Arbeiter ausgetragen.

Literatur

Colgate, P./Stroombergen, J. (1993): A Promise to Pay: New Zealand's Overseas Debt and Country Risk. In: Research Monograph. New Zealand Institute of Economic Research, 58/1993.

Dalziel, Paul (1997a): Economic Reform in New Zealand: Comment. Vortrag bei der Jahreskonferenz der Nationalökonomischen Gesellschaft von Neuseeland. Wellington.

Dalziel, Paul (1997b): Evaluating New Zealand's Economic Reforms: A Comment on Evans, Grimes and Wilkinson. Department of Economics and Marketing Monograph, Lincoln University. Christchurch.

Easton, Brian (1995): Poverty in New Zealand: 1981-1993. In: New Zealand Sociology, 10 (2), S. 182-213.

Easton, Brian (1997), in: Stormy Seas: The Post-War New Zealand Economy. Dunedin.

Evans, L./Grimes, A./Wilkinson, B./Teece, D. (1996): Economic Reform in New Zealand 1984-1995: The Pursuit of Efficiency. In: Journal of Economic Literature, 34(4)/1996, S. 1.856-1.902.

Hall, Vivian (1996): Economic Growth. In: Brian Silverstone/Alan Bollard/Ralph Lattimore (Hrsg.): A Study of Economic Reform. The Case of New Zealand. Amsterdam.

Philpott, B. P. (1996): A Note on Recent Trends in Labour Productivity Growth, Research Project on Planning. (New Zealand Institute of Economic Research, Paper 281.) Wellington.

Stephens, R./Frater, P./Waldegrave, C. (1995): Measuring Poverty in New Zealand. In: Social Policy Journal of New Zealand, 5/1995, S. 88-112.

Franz Gall

Die neoliberale Finanzpolitik ist gescheitert!

Einleitung

Auch im Bereich der Finanzpolitik sind die Neoliberalen angetreten, den ihnen verhaßten Staat zurückzudrängen. Dies drückt sich insbesondere in ihren Forderungen nach Reduzierung der Staatsausgaben, der Staatseinnahmen und speziell der Gewinn- und Spitzensteuersätze aus. Massiv in den Vordergrund der politischen Debatte ist in den letzten Jahren einerseits die Reduktion der Staatsschulden und die Forderung nach ausgeglichenen öffentlichen Haushalten (Maastricht-Vertrag, sogenannter Wachstums- und Stabilitätspakt der EU) getreten, und andererseits werden im Zug von Steuerreformdebatten massive Entlastungsforderungen gestellt. Es soll nachfolgend betrachtet werden, zu welchen Ergebnissen diese Politik geführt hat. Dabei soll Österreich auch mit vergleichbaren europäischen Staaten und großen Industriestaaten verglichen werden, soweit Daten verfügbar sind. Einleitend werden die ökonomischen Grundlagen, die mehr oder minder beträchtliche Auswirkungen auf die öffentlichen Haushalte zeitigen, kurz skizziert:

- Der Wachstumstrend des realen Wirtschaftswachstums hat sich seit 1973 in fast allen EU-Mitgliedstaaten massiv verflacht (vgl. GWF 1998, Tab. 1, S. 203; Anhang, Tab. 10).
- Die Arbeitslosigkeit hat – trotz vielfältiger statistischer Korrekturen – Rekordwerte erreicht.
- Die funktionelle Einkommensverteilung hat sich – bei steigendem Anteil der Arbeitnehmer an der Gesamtzahl der Erwerbstätigen – in den meisten Ländern massiv zu Lasten der Löhne verschlechtert (vgl. DIW 1997, S. 937 ff.); insbesondere in den letzten Jahren wachsen die Reallöhne kaum noch bzw. sinken sogar, und die realen Lohnstückkosten verzeichnen Niedrigwerte wie kaum vorher (vgl. GWF 1998, Anhang, Tab. 30, 34).
- Die Inflationsraten verzeichnen ebenfalls Niedrigstwerte wie noch nie seit 1945, trotzdem verharren die realen Zinsen auf hohem Niveau (vgl. Hochreiter 1998, Anhang Basisdaten).

- Die Investitionsquoten sind – abgesehen von Österreich und Portugal – massiv zurückgegangen, wobei die allerschlechtesten Daten in den meisten Ländern im Zeitraum zwischen 1993 und 1998 zu verzeichnen waren (vgl. GWF 1998, Tab. 19, S. 270).

Die Entwicklung der öffentlichen Haushalte

Angesichts der angeführten ökonomischen Basisdaten, deren Ursachen in der neoliberalen Wirtschaftspolitik zu suchen sind, erscheint es nicht verwunderlich, daß die Politik des Rückzugs des Staates aus der Ökonomie und insbesondere die Umsetzung der monetaristischen Doktrin des absoluten Vorrangs der Inflationsbekämpfung – ohne Rücksicht auf realwirtschaftliche und soziale Verluste und auch ohne Inflationsgefahr, derzeit sogar bei drohender Deflation – zu massiven Verschlechterungen der Situation der öffentlichen Haushalte führte. Die Staatsverschuldung ist so hoch wie noch nie (siehe Tab. 1).

Tabelle. 1: Staatsschuldenquote in Prozent des BIP

	1970	1980	1990	1997
Belgien	64,0	77,1	125,7	122,2
Dänemark	k. A.	38,5	60,8	65,1
Deutschland	18,6	31,7	43,8	61,3
Spanien	15,6	17,5	44,8	68,8
Frankreich	k. A.	20,1	35,5	58,0
Italien	38,0	58,1	98,0	121,6
Niederlande	k. A.	46,9	79,2	72,1
Österreich	18,9	36,6	57,9	66,1
Schweden	30,1	41,0	43,3	76,6
Großbritannien	80,3	54,3	35,5	53,4

Quelle: GWF 1998, Anhang, Tab. 78

Erklärtes Ziel neoliberaler Budgetpolitik ist eine möglichst niedrige Staatsverschuldung, konkret ausgedrückt in Forderungen nach ausgeglichenen Staatshaushalten. Dies ist im sogenannten Wachstums- und Stabilitätspakt der EU derart vorgegeben, daß die Mitgliedstaaten ausgeglichene Haushalte bzw. sogar Überschüsse anstreben sollen, daß die Verschuldensquote 60% nicht übersteigen soll und das jährliche Netto-Defizit nur in extremen Ausnahmefällen 3% sanktionslos überschreiten darf. Dümmliches Argument dabei ist, daß ja private Haushalte auch nicht mehr ausgeben könnten, als sie einnehmen. Geflissentlich übersehen wird dabei, daß auch Haushalte – sofern sie nicht Millionärshaushalte sind – die Anschaffung langfristiger Konsum- und Investitionsgüter kreditfinanzieren müssen.

Von neoliberaler Seite wird keynesianischen Politikern das Merkmal des Hanges nach Staatsverschuldung durch großzügige Ausgabenfreudigkeit unterstellt. Aus den oben angeführten Zahlen ist aber ersichtlich, daß die Staatsverschuldung vor allem nach der neoliberalen Wende Anfang der achtziger Jahre anstieg und weniger in den siebziger Jahren, als der Anstieg der Arbeitslosigkeit noch gezielt mittels antizyklischer Budgetpolitik bekämpft wurde. Die Verschuldung erreichte in den Jahren nach dem Abschluß des Maastricht-Vertrages überhaupt ihren Höhepunkt und ist erst in letzter Zeit unter der Brachialgewalt der Sparpakete leicht rückläufig. Die Zahlen zeigen zudem nur die halbe Wahrheit: Die Allgemeinheit ist durch die Privatisierungswelle zusätzlich auch auf der „Aktivseite der Bilanz" um einiges ärmer geworden, und durch Ausgliederungen aus den öffentlichen Haushalten werden den ausgegliederten Betrieben auch Schulden mitgegeben, die dadurch statistisch nicht mehr Maastricht-relevant sind.

Die Ursachen der gestiegenen Staatsverschuldung: Nach Hochreiter (1998. S. 95) stieg die Staatsverschuldung durch die gestiegenen realen Zinssätze, durch Wachstumsverlangsamungen, sinkende Einnahmen aus den Notenbankgewinnen und die Wirkung der automatischen Stabilisatoren in unterschiedlicher Intensität und großen länderweisen Unterschieden. Hauptfaktor sind aber diskretionäre Maßnahmen (nach Ermessen dimensioniert und daher nicht voraussehbar) der Regierungen. Für Belgien, Dänemark und auch Österreich haben Wachstumsverluste (gegenüber dem langfristigen Trend) in den neunziger Jahren große Bedeutung (vgl. Hochreiter 1998, Tab. 3 Sacrifice ratios). Jaeger (1992, S. 332 ff.) stellt für

Österreich fest, daß trotz expansiver Budgetpolitik in den siebziger Jahren die Staatsschulden durch niedrige Realzinsen (unter der Wachstumsrate) nicht dramatisch stiegen; in den achtziger Jahren hingegen ist der Anstieg ausschließlich auf die über der Wachstumsrate liegenden Zinssätze zurückzuführen.

Der durch die neoliberale Politik verursachte und geförderte wirtschaftliche und soziale Problemdruck hat aber nicht nur zu Rekordwerten bei der Verschuldung der öffentlichen Haushalte, sondern auch zum Anstieg der Staatseinnahmenquoten geführt. Ein beträchtlich gestiegener Anteil muß – ökonomisch unproduktiv und mit negativen Umverteilungswirkungen verbunden – für die Zinsen der Staatsschulden aufgewendet werden.

Sowohl die gesamten Abgabenquoten (inklusive der Sozialversicherungsbeiträge) als auch – mit wenigen Ausnahmen – die Steuerquoten sind im betrachteten Zeitraum mehr oder minder gestiegen. Die gesamte Abgabenquote hängt nicht nur vom Vorhandensein oder Nichtvorhanden-

Tabelle 2: Staatseinnahmen in Prozent des BIP

	Abgabenquoten		Steuerquoten	
	1980	1996	1980	1996
Dänemark	45,5	52,2	44,7	50,6
Schweden	48,8	52,0	34,8	36,5
Belgien	43,7	46,0	30,4	31,1
Frankreich	41,7	45,7	23,9	26,0
Österreich	40,3	44,0	27,8	28,7
Niederlande	45,2	43,3	28,0	26,1
Italien	30,4	43,2	18,8	28,5
BRD	38,2	38,1	25,1	22,6
Großbritannien	35,1	36,0	29,3	29,8
Schweiz	29,1	34,7	20,1	21,7
Spanien	23,9	33,7	12,3	21,6
USA	26,9	28,5	21,0	21,5
Japan	25,4	28,4	18,0	18,1

Quelle: OECD 1998a, S. 78

sein eines ausgebauten Sozialsystems ab (z.B. skandinavische Staaten versus USA), sondern auch von der Organisation des Sozialstaates: gesetzliche Pflichtversicherung versus gesetzliche Versicherungspflicht. Die Sozialversicherungsquote und die Belastung des Faktors Arbeit sind rein

Tabelle 3: Effektive durchschnittliche Steuersätze

	auf Kapital			auf Arbeit		
	1970	**1980**	**1994**	**1970**	**1980**	**1994**
USA	48	46	41	18	21	23
Japan	21	34	40	12	17	21
BRD	19	31	24	28	35	38
Frankreich	16	26	24	28	37	45
Italien	k.A.	18	30	k.A.	26	35
Großbritannien	55	63	41	k.A.	24	21
Kanada	45	37	46	19	21	29
Australien	35	42	43	13	18	19
Österreich	16	21	20	31	39	43
Belgien	21	36	35	28	36	40
Dänemark	k.A.	k.A.	39	k.A.	k.A.	45
Finnland	20	27	36	23	30	44
Niederlande	k.A.	34	29	k.A.	42	46
Neuseeland	k.A.	38	k.A.	k.A.	35	k.A.
Spanien	k.A.	k.A.	20	k.A.	k.A.	32
Schweden	k.A.	45	48	k.A.	45	46
Schweiz*	17	22	24	18	25	27

Quelle: OECD 1998b, S. 71
* Werte 1993 anstelle 1994

Anmerkung: Die Prozentsätze beim Kapital zeigen an, wieviel Steuern von den Gewinnen, Kapitaleinkommen und Vermögen bezogen auf die gesamten Kapitalerträge (Gewinn- und Besitzeinkommen in der Volkswirtschaft) geleistet werden. Es sind dies die Körperschaftsteuer der juristischen Personen (Kapitalgesellschaften usw.), die Einkommensteuer auf betriebliche und private Einkommen natürlicher Personen (inklusive Zinsen, Dividenden und Spekulationsgewinne) sowie die Steuern auf Vermögensbesitz und -veräußerung. Die Prozentsätze auf Arbeit ergeben die Belastung der Lohnsumme mit Lohnsteuern, Sozialversicherungsbeiträgen und sonstigen Lohnabgaben.

statistisch niedriger, wenn nur eine gesetzliche Pflicht zur Versicherung bei einer Privatversicherung besteht (z.B. Krankenversicherung in der Schweiz). Die Höhe der Abgabenquote hat offensichtlich auch keinen direkten Einfluß auf die wirtschaftliche Entwicklung: Beispielsweise haben die USA seit Anfang der neunziger Jahre einen lang andauernden Aufschwung hinter sich, und Japan steckt noch immer in einer massiven Krise – beides sind jedoch Länder mit niedrigen Quoten.

Interessanter sind jedoch die strukturellen Veränderungen innerhalb der Quoten. Diese Ergebnisse sind allerdings nicht nur von diskretionären Änderungen der Steuersätze oder der Bemessungsgrundlagen beeinflußt, sondern auch von den veränderten Strukturen der Faktoreinkommen. Daher sollen die durchschnittlichen effektiven Steuersätze einer eingehenden Betrachtung unterzogen werden (siehe Tab. 3).

Tabelle 4: Gewinnsteuersätze für Kapitalgesellschaften

	1973*	1986*	1996/97**
Österreich	55,0	55,0	34,0
Belgien	37,8	45,0	40,1
Dänemark	36,0	50,0	34,0
Frankreich	50,0	45,0	41,66
BRD	52,53	56,0	55,9
Italien	39,7	46,368	41,25
Niederlande	48,00	42,0	35,0
Schweden	53,0	52,0	28,0
Schweiz***	34,88	33,6	35,56
Großbritannien	50,0	35,0	31,0
USA***	51,6	51,4	40,8

Quellen:
* Lehner 1987, S. 24
** BMF 1996; Ernst & Young International; eigene Berechnungen
*** unterschiedlich nach Kantonen bzw. Bundesstaaten

Anmerkung: In den Jahren 1973 und 1986 sind nur die Sätze der Körperschaftsteuer der Kapitalgesellschaften angeführt, 1997 handelt es sich aber um die nominellen Steuersätze aller gewinnabhängigen Steuern, z.B. in der BRD einschließlich der Gewerbesteuer, die in Österreich ab 1994 abgeschafft wurde.

Österreich ist Schlußlicht bei der Besteuerung von Kapitaleinkommen

Bei der Besteuerung der gesamten Kapitalerträge ist Österreich – gemeinsam mit Spanien – also Schlußlicht unter den von der OECD untersuchten Staaten. In sieben Staaten war die Kapitalbesteuerung zwischen 1980 und 1994 rückläufig, und in sieben ist sie gestiegen. Der seit Anfang der achtziger Jahre herrschende neoliberale Zeitgeist und der Standortwettbewerb der Staaten mittels Gewinn- und Kapitalsteuern führten also nicht in allen Staaten zu einer generellen Senkung der Kapitalbesteuerung.

Die nominellen Gewinnsteuersätze wurden also in den meisten Ländern kräftig gesenkt. In Österreich in zwei Etappen: ab 1989 Satz der Körperschaftsteuer auf Gewinne der Kapitalgesellschaften (der Satz von 55% galt allerdings nur für einbehaltene Gewinne, für ausgeschüttete der halbe Steuersatz, was zu massiven Gestaltungen führte) und vor allem in der Unternehmensteuerreform 1994 durch die Abschaffung der Gewerbesteuer vom Gewinn und der Vermögensteuer.

Zum generellen Steuersenkungswettbewerb – der von den neoliberalen Gegnern einer europaweiten Steuerkoordination als wünschenswerter, fairer Steuerwettbewerb bezeichnet wird, an dem sich aber offensichtlich nicht alle Staaten beteiligen – kommt ein zusätzlicher, in dem, abweichend von den generellen Besteuerungsregeln, Länder besonders günstige Sonderbestimmungen für „Steuerausländer“ anbieten. Neben den klassischen Steueroasen in Europa bietet sich damit den Großkonzernen die Möglichkeit, ihre Steuerleistung beispielsweise durch Transferierung von Gewinnteilen – deklariert als Zins- oder Lizenzzahlungen – zu konzerninternen Finanzierungs- und Dienstleistungsgesellschaften in Irland, den Niederlanden, Belgien usw. massiv zu minimieren. Diese Konzerngesellschaften dürfen ihre „Dienstleistungen“ nur an Konzernunternehmen in anderen Staaten anbieten und keine wirtschaftlichen Aktivitäten in der Volkswirtschaft des Standortes entfalten.

Die Ratsarbeitsgruppe „Verhaltenskodex“ erarbeitet derzeit einen umfangreichen Katalog von steuerschädlichen Maßnahmen in den Mitgliedstaaten. Die Abschaffung der als steuerschädlich beurteilten Maßnahmen ist allerdings fraglich, da die Umsetzung des „Verhaltenskodex Unternehmensbesteuerung“ nicht rechtsverbindlich ist.

Wird nur die Steuerbelastung von den Gewinnen der Kapitalgesellschaften betrachtet, so ist diese in neun Mitgliedstaaten der EU seit 1983 um ein Drittel gesunken (Kramer 1998, S. 528) (siehe Graphik).

Der Vergleich der Tabellen zeigt auch, daß die Höhe der nominellen Gewinnsteuersätze und der Spitzensteuersätze (siehe unten) nicht unbedingt mit dem Endergebnis der effektiven Steuersätze zusammenhängt. Ebenso bedeutsame Faktoren für die Gesamtheit der Kapitalbesteuerung sind: die Regeln für die Ermittlung der Steuerbemessungsgrundlage samt Rigidität des Gesetzesvollzugs, eine wirksame Erfassung privater Kapitalerträge sowie das Vorhandensein einer ergänzenden Vermögensbesteuerung betrieblicher und/oder privater Vermögen.

Für Österreich treffen offensichtlich alle Faktoren zu: massiv gesenkte nominelle Steuersätze, trotz im Gegenzug gestrichener gesetzlicher Ausnahmebestimmungen im Vergleich zu anderen Ländern noch immer großzügigere Gewinnermittlungsregeln, lockerer Gesetzesvollzug (unter anderem in langen Betriebsprüfungsintervallen dokumentiert) sowie eine nicht vorhandene Vermögensbesteuerung (Abschaffung der wenig griffigen Vermögensteuer, unbedeutsame Erbschafts- und Grundbesteuerung). Private

Graphik: Steuerleistung von den Gewinnen seit 1983 um ein Drittel gesunken

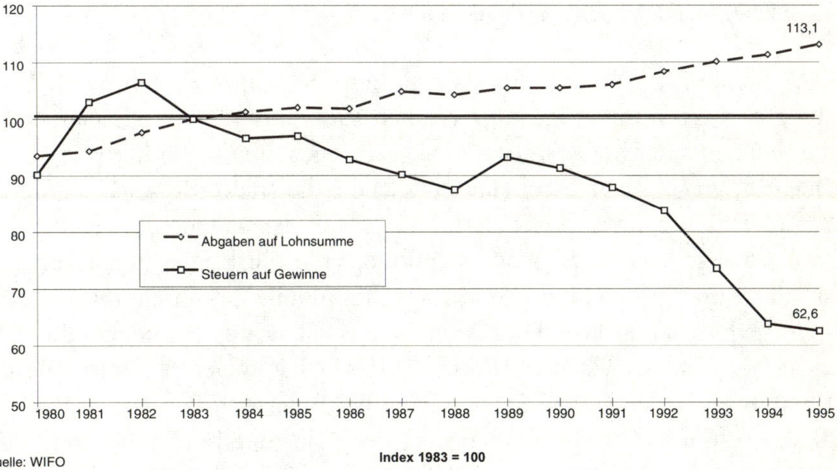

Quelle: WIFO
EU 9: A, B, F, D, I, NL, E, S, GB

Zinserträge werden erst seit der Einführung einer 25%igen Quellensteuer wirksamer erfaßt; allerdings bestehen durch die Endbesteuerungswirkung weiter große Gestaltungsmöglichkeiten (gezielte Fremdfinanzierung zur Reduzierung der Gewinnsteuern oder der Erbschaftsteuer). Große Kapitalerträge können der Quellensteuer ausweichen, legal durch die Zwischenschaltung einer Privatstiftung[1] bzw. illegal durch die Geldveranlagung im benachbarten Ausland. Es ist aber auch anzuführen, daß Versuche von Gesetzgebung und Verwaltung, der Aushöhlung der Steuerbemessungsgrundlagen entgegenzutreten, oft vor den Höchstgerichten – die eine wesentliche steuerpolitische Instanz darstellen – nicht standhielten. Da bekanntermaßen Gewinnsteuern durch die bilanziellen Gestaltungsmöglichkeiten bedeutend weniger griffig sind als Abgaben von der Lohnsumme, hat die funktionelle Umverteilung zu den Gewinn- und Besitzeinkommen zusätzliche Einnahmenausfälle bewirkt. Bei allen wesentlichen Parametern zeigen die USA ein anderes Bild: Im Urland des Kapitalismus ist der Steuersatz höher, die Bemessungsgrundlage orientiert sich nicht an den handelsrechtlichen Bestimmungen, Gesetzesbruch wird strenger geahndet, private Kapitalerträge und Spekulationsgewinne werden rigider erfaßt, und Bundesstaaten erheben Vermögensteuern vom Brutto-Vermögen (vor allem auf Grundstücke und Wertpapiere; vgl. Thiele 1998).

Die Abgabenbelastung des Faktors Arbeit wurde im Gegenzug massiv angehoben

Die Tabelle 3 „Effektive durchschnittliche Steuersätze" zeigt, daß Belastung der Arbeit mit Abgaben zwischen 1980 und 1994 in allen angeführten Staaten außer in Großbritannien mehr oder minder stark gestiegen ist. Dies hat, grob gesagt, zwei Hauptursachen: die starke Beanspruchung der Sozialversicherungssysteme durch die massiv gestiegene Arbeitslosigkeit sowie die gestiegene Staatsverschuldung, die die Regierungen verstärkt auf die – im Vergleich zu Kapital – wenig mobile Arbeit zugreifen ließ.

In sechs von der OECD untersuchten Staaten ging die steigende Belastung der Arbeit zwischen 1980 und 1994 klar mit einer Entlastung des Kapitals einher. In sieben Staaten stieg die Belastung von Arbeit und Kapital, und nur in Großbritannien sank die Belastung beider. Großbritannien ist allerdings auch bekannt dafür, daß nach 15 Jahren konservativer

Regierung das soziale Netz minimalst und das Angebot öffentlicher Dienstleistungen (wirtschaftliche Infrastruktur, Gesundheits- und Bildungswesen usw.) schlecht ist, was zunehmend auch ein wirtschaftliches Problem darstellt.

Daß Arbeit in den USA und anderen Staaten weniger „besteuert" wird, hängt mit den dort weitgehend fehlenden Sozialsystemen zusammen. Das Beispiel Dänemark zeigt, daß die Form der Finanzierung – ob hauptsächlich über Sozialversicherungsbeiträge (wie in Österreich und der BRD) oder nur über Steuern (wie in Dänemark) – für die Höhe der Belastung der Arbeit nicht maßgeblich ist.

Die Abgaben auf Arbeit in Österreich dienen klarerweise überwiegend der Finanzierung der sozialen Sicherheit der Arbeitnehmer (60% aller Abgaben von der Lohnsumme). Österreich verzeichnet aber bei den sonstigen Lohnabgaben („payroll taxes") einen absoluten Spitzenwert unter

Tabelle 5: Abgabenbelastung bei durchschnittlichem Industriearbeiterlohn

	1979	1996
Österreich	36,5	41,5
Belgien	49,2*	56,4
Dänemark	40,6	44,8
Frankreich	k.A.	49,7
BRD	40,8	51,2
Italien	45,3	50,8
Niederlande	48,0	43,8
Schweden	50,7	50,2
Schweiz	28,2	30,4
Großbritannien	36,1	32,6
USA	31,9	31,1
Japan	16,7	19,4

* Wert 1983
Quelle: OECD 1997, S. 31

Anmerkung: Abgaben in Prozent der Arbeitskosten (= Bruttolohn zuzüglich Dienstgeberbeiträge zur Sozialversicherung) ohne die oben angeführten sonstigen Lohnabgaben den Industriestaaten (6,7% aller Steuern und Abgaben). Wohnbauförderungsbeitrag, Kommunalsteuer (1994 im Zug der Abschaffung der Gewerbesteuer vom Gewinn von 2 auf 3% der Lohnsumme erhöht) und der sogenannte „Dienstgeberbeitrag" zum Familienlastenausgleich sind österreichspezifische Steuern auf die Lohnsumme (insgesamt 8,5%), deren Einnahmen allerdings allen Bevölkerungsgruppen und nicht nur den unselbständig Erwerbstätigen zugute kommen.

Aber nicht nur in gesamtwirtschaftlicher Betrachtungsweise hat sich die Abgabenbelastung des Faktors Arbeit erhöht; dies ist auch anhand eines durchschnittlichen Industriearbeiterlohns festzustellen (siehe Tab. 5).

Mit Ausnahme von Großbritannien und den Niederlanden ist bei durchschnittlichen Löhnen die Abgabenbelastung zum Teil massiv gestiegen. Dies trifft auch auf Österreich zu. Gleichzeitig wurden die Spitzeneinkommen durch Senkung der Spitzensteuersätze entlastet.

In den USA wurde der Spitzensteuersatz – nach der Absenkung 1986 auf 28% – 1993 wieder angehoben (vgl. Thiele 1998, S. 22).

Tabelle 6: Spitzensteuersätze in der Einkommensteuer

	1973*	1986*	1996**
Österreich	62,0	62,0	50,0
Belgien	69,6	76,32	60,8
Dänemark	62,7	65,6	62,0
Frankreich	60,0	65,0	56,8
BRD	57,24	56,0	57,0
Italien	76,0	68,156	67,2
Niederlande	71,0	72,0	60,0
Schweden	76,0	80,0	56,0
Schweiz***	42,72	42,44	42,44
Großbritannien	90 (bzw. 75)	60,0	40,0
USA	75,7	58,8	39,6****

Quellen:
* Lehner 1987, S. 24
** BMF 1996
*** unterschiedlich nach Kantonen
**** nur Bundeseinkommensteuer, die Bundesstaaten erheben Einkommensteuern zwischen 0 und 12%

Zusammenfassung

Nach mehr als einem Jahrzehnt neoliberaler Finanzpolitik ist die Staatsverschuldung so hoch wie noch nie. Um die Defizite der öffentlichen Haushalte nicht noch mehr ausufern zu lassen, wurde bei Abgaben auf den Faktor Arbeit kräftig zugelangt. Dies sowie die Kürzung von Staatsausgaben für Einkommensschichten mit hoher Konsumneigung und für öffentliche Investitionen haben zusätzlich zur restriktiven Geldpolitik und den zurückbleibenden Lohnzuwächsen die Wachstumsschwäche in Europa verschärft. Gleichzeitig hat Österreich trotz traditionell niedriger Kapitalbesteuerung zahlreiche – defiziterhöhende – diskretionäre Maßnahmen gesetzt und damit am Standortwettbewerb kräftig teilgenommen. Durchschnittliche Arbeitseinkommen wurden massiv mehr belastet, Gewinne und Spitzeneinkommen hingegen kräftig entlastet, und der permanenten Aushöhlung der Bemessungsgrundlagen wurde nur mutlos entgegengetreten. Im Gegensatz zu anderen Staaten, die z.B. auch Sonderbegünstigungen rein für „Gebietsfremde" schufen, richteten sich die österreichischen Entlastungsmaßnahmen sowohl an Steuerinländer als auch an Steuerausländer (die massiven Steuervorteile des Privatstiftungsgesetzes können und werden von in- und ausländischer Hochfinanz in Anspruch genommen). Erst durch das Sparpaket II (1996) wurden, offensichtlich als Ergebnis der vorausgegangenen Wahlkampfauseinandersetzung, auch die Gewinne – überwiegend durch Einmalmaßnahmen für das Maastricht-relevante Jahr 1997 – zur Budgetkonsolidierung herangezogen.

Egal, wie niedrig das Besteuerungsniveau bei Gewinnen bereits ist – die Entlastungsforderungen nehmen kein Ende. Trotz günstigster Gewinnbesteuerung werden immer weitergeschraubte Forderungen aufgestellt, die die Gewinnsteuern überhaupt zu Bagatellsteuern machen würden: steuerfreie Eigenkapitalverzinsung („Zinsbereinigung des Gewinns") oder überhaupt vollkommene Steuerfreiheit für nichtentnommene Gewinne, eine Flat-Tax von 23% samt Sofortabschreibung der Investitionen. Begründung ist die immer wieder aufgestellte und nie bewiesene Behauptung, daß niedrige Gewinnsteuern zu mehr Investitionen und damit zu mehr Wachstum und Beschäftigung führen würden. Das Besteuerungsniveau im Inland müsse noch niedriger sein, um ausländische Direktinvestitionen anzuziehen. Gleichzeitig wird gefordert, Engagements österreichischer Konzerne im Ausland steuerlich massiv zu fördern. Ersteres war lange Zeit auch ausgesprochenes Ziel sozialdemokratischer Wirtschaftspolitik, wenn man z.B. die Begründung zur Unternehmenssteuerreform 1994 verfolgt. Die dadurch niedrigeren Steuereinnahmen ergäben ja durch ein höheres Beschäftigungsniveau und damit höhere Lohnabgaben wieder Rückflüsse ins Budget.

Den Zufluß von Auslandskapital und gleichzeitig den Abfluß von Inlandskapital ins Ausland nach dem Gießkannenprinzip zu fördern, das kann wohl kein Staatshaushalt ohne Schaden überstehen. Der Standortwettbewerb würde sich spätestens dann zu Tode laufen, wenn Steuern nur noch auf den weniger mobilen Teilen der Arbeitnehmer, den Konsumenten und den standortgebundenen kleineren Unternehmen lasten und wenn die verschlechterte Leistungsfähigkeit der öffentlichen Haushalte die Verschlechterung aller anderen Standortfaktoren nach sich gezogen hat.

Schlußfolgerungen

Die Budgetkonsolidierung ist nicht abgeschlossen. Eine Weiterführung ist notwendig, um Spielräume für eine zukünftige antizyklische Fiskalpolitik zu gewinnen und um die negative Umverteilung durch die Zinsausgaben einzuschränken. Es sind aber andere Formen notwendig, weg von Ausgabenkürzungen (bei Sozialausgaben und öffentlichen Investitionen) und der Erhöhung von Massensteuern. Bei der Interpretation des Stabilitätspaktes ist zwischen strukturellem und konjunkturellem Defizit zu unterscheiden, und die getätigten Ausgaben für öffentliche Investitionen sind zu berücksichtigen („Golden rule“). Die Budgetkonsolidierungsbemühungen in Europa müssen durch eine koordinierte, wachstumsorientierte Makropolitik unterstützt werden: durch niedrigere Realzinsen, durch Lohnzuwächse, die nicht hinter den Produktivitätszuwächsen zurückbleiben, sowie durch Stärkung von wachstums- und beschäftigungsfördernden Staatsausgaben. Durch eine koordinierte Steuerpolitik sind die EU-weiten Steuerhinterziehungsmöglichkeiten zu bekämpfen, und nicht zuletzt sind auch die nationalen steuerpolitischen Handlungsmöglichkeiten zu nutzen. Wenn Österreich auf europäischer Ebene Erfolge bei der Eindämmung des Steuerwettbewerbs erzielen will, muß es auch selbst Maßnahmen setzen, etwa durch die Einschränkung der massiven Steuervorteile des Privatstiftungsgesetzes. Durch eine Reihe von legistischen und administrativen Maßnahmen muß die ohnehin geringe Progressionswirkung des Steuersystems verbessert werden. Eine effektivere Erfassung von Gewinnen, Kapitalerträgen und Vermögen kann – ohne Schaden für den Standort – wesentliche Beiträge für eine dauerhafte Budgetkonsolidierung bzw. für die Entlastung niedriger und durchschnittlicher Arbeitseinkommen erbringen. Eine niedrige Kapitalbesteuerung ist offensichtlich keine Grundvoraussetzung für eine bessere wirtschaftliche Entwicklung und kann als „Steueroasenmodell" nicht für den gesamten europäischen Wirtschaftsraum empfohlen werden.

Anmerkung

1 Eine Übersicht über die Gestaltungsmöglichkeiten durch eine Privatstiftung in: Doralt 1998, S. 523 f.

Literatur

BMF (Bundesministerium für Finanzen) (1996): Informationsdienst zur Finanzpolitik des Auslands. Bonn.

DIW (Deutsches Institut für Wirtschaftsforschung) (1997): Anteil der Arbeitseinkommen in fast allen Mitgliedsländern der Europäischen Union seit 1980 rückläufig. In: DIW-Wochenbericht, 48/1997.

Doralt, Werner (1998): Die Privatstiftung und der unlautere Steuerwettbewerb in der EU. In: Österreichisches Recht der Wirtschaft, 8b/1998.

Ernst & Young International, http://www.eyi.com

GWF (Generaldirektion Wirtschaft und Finanzen) (1998): Europäische Wirtschaft. Brüssel.

Hochreiter, Eduard (1998): Disinflation und Fiskalpositionen – Eine komparative Analyse der EU-Länder in der Periode 1970 bis 1996. In: ÖNB Berichte und Studien, 2/1998.

Jaeger, Albert (1992): Bestimmungsfaktoren der Staatsschuldendynamik. In: WIFO Monatsbericht, 6/1992.

Kramer, Helmut (1998): Koordinierung der nationalen Steuersysteme in der EU. In: WIFO Monatsbericht, 8/1998.

Lehner, Gerhard (1987): Steuerpolitik in Österreich. Wien.

OECD (1997): The Tax/benefit Position of Employees. Paris.

OECD (1998a): Revenue Statistics. Paris.

OECD (1998b): Wirtschaftsberichte Österreich. Paris.

Thiele, Clemens (1998): Einführung in das US-amerikanische Steuerrecht. Wien.

Erwin Weissel

Steuern durch Steuern

Eine radikale Alternative

Es ist etliche Jahre her, daß G. Schmölders den Begriff der „Fiskalillusion“ prägte. Seine Warnung vor dem holden Traum, man könne sich vom Staat bei minimaler Abgabenbelastung ein Maximum an Leistungen verschaffen, ist heute aktueller denn je. Zwar wird rein verbal mit dem Gerede vom „schlanken Staat“ auf eine Reduzierung der staatlichen Aktivitäten abgezielt, aber es wird nicht konkret angegeben, wo „abgespeckt“ werden soll; die Hinweise auf Einsparungen, unnötige Eingriffe, Vergeudung usw. sind denn doch bloß nebulos. Vielmehr wird das Pferd beim Schwanz aufgezäumt: Konkrete Forderungen nach „steuerlicher Entlastung“ sollen jenen finanziellen Engpaß schaffen, der den Staat zur Selbstbeschränkung zwingt. Nach der keynesianischen Revolution mit ihrem Grundsatz, daß die Ausgaben die Einnahmen bestimmen, erfolgt die Rückkehr zur klassischen Maxime, daß die Einnahmen die Ausgaben bestimmen.

Es ist demnach gefährlich, nur eine Reform des Steuersystems zu konzipieren und auf die Ausgabenseite zu vergessen. Beispielsweise wird die Forderung nach Senkung der Einkommensteuer (vor allem Lohnsteuer) auch damit begründet, daß den Bürgern mehr Nettoeinkommen verbleibt und dies die private Konsumgüternachfrage vergrößert, also die Wirtschaft ankurbelt – ein Effekt, der durch die Tatsache, daß der Staat im gleichen Ausmaß seine Ausgaben reduzieren muß, sogar überkompensiert wird. Um ein weiteres Beispiel anzuführen: Die österreichische Steuerreformkommission hatte den Auftrag, aufkommensneutrale (im Bericht heißt das „konvergenzkompatible“) Möglichkeiten eines Umbaus des Steuersystems aufzuzeigen – wieweit diese Umschichtung der Steuerlast infolge der Reaktionen der Besteuerten zusätzliche Ausgaben erforderlich macht, wurde offensichtlich nicht berücksichtigt.

Wenn also im folgenden nur von Steuern die Rede ist, ohne Rücksicht auf die Ausgaben, dann kann es nur um das Grundsätzliche gehen, also um die Art der Steuerbemessung, die Wahl des Steuerobjektes im Sinn des Gegenstandes oder des Sachverhaltes oder der Handlung, an welche die Besteuerung anknüpft, und selbst das beschränkt sich auf einige Schwerpunkte. Die Höhe der Steuer ist bloß sekundär.

Die Fragestellung

Die Besteuerung des einzelnen sollte, darüber besteht wohl Einigkeit, seine Belastbarkeit berücksichtigen, die wir allerdings nicht direkt, sondern nur mit Hilfe von Indikatoren messen können. Dafür bieten sich einerseits das Einkommen, der Konsumaufwand und das Vermögen an, andererseits persönliche, modifizierende Umstände (z.B. die Existenz unterhaltsberechtigter Kinder). Meist wird die Einkommens-, Konsum- und Vermögensbesteuerung unter dem Blickwinkel der Gerechtigkeit diskutiert. Im gegebenen Zusammenhang geht es jedoch darum, wie der Besteuerte auf die Steuer reagiert, was also die Folgen der Steuer sind, vor allem im Hinblick auf ihre Verteilungs- oder Umverteilungswirkung.

Allerdings ist infolge des erwähnten Mankos, daß die für die Umverteilung zumindest genauso wichtige Ausgabenseite ausgeblendet ist, einige Vorsicht geboten. Der konventionelle Nachweis, daß eine Lohnsteuer mit einer Verringerung des individuellen Arbeitsangebots beantwortet wird, möge als Beispiel dienen. In der bekannten graphischen Fassung ist in einem Diagramm horizontal die Zahl der Arbeitsstunden, vertikal der Grenznutzen des durch die Arbeit erzielten Einkommens und das durch sie verursachte Grenzleid aufgetragen – in Gestalt einer nach rechts fallenden Kurve des Grenznutzens und einer nach rechts steigenden Kurve des Grenzleids, deren Schnittpunkt die angebotene Stundenzahl ohne Steuer bestimmt. Die Steuer verschiebt die Grenznutzenkurve nach links, der neue Schnittpunkt mit der unveränderten Grenzleidkurve liegt bei einer geringeren Stundenzahl. Nicht berücksichtigt wird dabei, daß die Einhebung der Steuer der Erstellung öffentlicher Güter dient und dies die Grenznutzenkurve sehr wohl nach rechts (d.h. nach oben) verschieben kann – mit der Konsequenz, daß die Lage des neuen Schnittpunktes indeterminiert ist.

Einem analogen Einwand ist der alternative Ansatz ausgesetzt, nach dem die Steuer das in Freizeit ausgedrückte Einkommen verteuert und als Reaktion darauf die billiger gewordene Freizeit für Einkommen substituiert, das individuelle Angebot an Arbeitsstunden also reduziert wird. Die Erstellung öffentlicher Güter kann auch in dieser Betrachtung den Wert (Nutzen) des Einkommens – wie übrigens auch der Freizeit – ändern, sodaß die Änderung der Grenzrate der Substitution und damit die Richtung der Reaktion indeterminiert ist. Abgesehen davon sind Freizeit und Einkommen keine reinen Substitute, sondern weisen einen deutlich komplementären Charakter auf, was extreme Reaktionen von vornherein ausschließt, und unterhalb einer niedrigen Schwelle wird das Einkommen unverzichtbar, Freizeit muß für Einkommen geopfert werden (die Kürzung des Arbeitslosengeldes als Maßnahme gegen „Sozialschmarotzer" baut auf genau dieser Tatsache auf).

Schließlich ist noch zu bedenken, daß durch die Beschränkung auf die Steuerpolitik, also auf die Einnahmenseite, nicht nur die Ausgaben, sondern zwangsläufig auch alle anderen ökonomisch relevanten Umstände – kurz: die Rahmenbedingungen – ignoriert und somit als gegeben, als konstant angenommen werden. Von ihnen hängen die Reaktionsmöglichkeiten der Besteuerten ganz entscheidend ab, und da die „Globalisierung", die „vier Freiheiten in der EU" usw. von Staaten geschaffen wurden, indem diese ihre Eingriffsmöglichkeiten abschafften, wäre es zumindest theoretisch denkbar, durch Reregulierung die Deregulierung samt deren Folgen rückgängig zu machen. Das jedoch liegt außerhalb der Steuerpolitik im strikten Sinn und kann allenfalls angedeutet, nicht aber breit ausgeführt werden.

Zentrale Ansatzpunkte

Eine sorgfältige Analyse der Einkommensteuer (samt Lohnsteuer) kann nicht umhin, eine Reihe von Paradoxien festzuhalten. Diese Steuer wurde sehr spät eingeführt, zum Teil sogar in der Absicht, lediglich vorübergehend eine zusätzliche Finanzierungsquelle zu erschließen (typisch dafür: Großbritannien), und wurde doch zu einer tragenden Säule der Abgaben (in Österreich mit einem Anteil von etwa einem Drittel). Sie sollte ganz banal dem Staat mehr Einnahmen verschaffen und wurde doch, weit mehr als andere Steuern, unter Bedachtnahme auf sozialpolitische Gesichtspunkte konzipiert (typisch die Unterscheidung zwischen Arbeits- und Besitzeinkommen, „fundiertem" Einkommen). Sie war – zumindest in Österreich – wegen der Koppelung des Wahlrechts mit der Steuerleistung sehr milde angesetzt, aber diese Zurückhaltung verflüchtigte sich im Zug der Entwicklung hin zum allgemeinen Wahlrecht. Ihre Progressivität nahm, am Tarif gemessen, im Lauf der Zeit zu, gleichzeitig wurde dies jedoch durch zahlreiche Sonder- und Ausnahmebestimmungen sowie Begünstigungen zur bloßen Optik degradiert (als in den USA der Tarif kriegsbedingt bis über 90% angehoben wurde, befand sich nach 1945 kein einziger Millionär auch nur in der Nähe dieses Staffelsatzes). Ihre Höhe sollte vom Einkommen abhängen und verfehlte von Anfang an dieses Ziel, weil sie sich nicht an der volkswirtschaftlich korrekten Definition als das, was ohne Schmälerung des Vermögens für Konsumzwecke zur Verfügung steht, orientierte und dies zu einem reichlich unglücklichen Herumbasteln an den gesetzlichen Bestimmungen führte. Die Einkommenshöhe sollte maßgebend sein; zahlreiche Modifizierungen brachten jedoch die Einkommensverwendung ins Spiel, andere die Einkunftsart, wieder andere die Einhebungskosten. Der Akzent der Steuer verschob sich im Lauf der Zeit von der Berücksichtigung der Belastbarkeit hin zum Nivellierungseffekt (die Nettoeinkommen sollen weniger divergieren als die Bruttoeinkommen), wobei jedoch die Überwälzungsfrage vernachlässigt wurde.

Auch ohne Kenntnis der Details ist unschwer ersichtlich, daß sich darin Interessenkonflikte manifestieren, wie man es in diesem Ausmaß bei keiner anderen Steuer beobachten kann. Das mag an den technischen Schwierigkeiten liegen, an der diffizilen Umsetzung des Konzeptes (bei der Tabak- oder Alkoholsteuer wird man allenfalls über die Höhe streiten). Es ist aber denkbar, daß die Ursache eine Verwechslung von Steuerobjekt mit Steuerquelle ist und die Interessenkonflikte sich deshalb auf die Einkommensteuer konzentrieren, weil sie so sichtbar die Einkommen verringert. In Wirklichkeit wird jede Steuer letztendlich aus dem Einkommen finanziert, sie reduziert nominell oder realiter die für den Besteuerten verfügbare Gütermenge. Es ist jedoch verlockend, etwa eine Vermögensteuer als Verringerung des Vermögens aufzufassen, obwohl sie – wie es Pigou pointiert ausgedrückt hat – so wenig mit Vermögen bezahlt wird wie eine Biersteuer mit Bier.

Daß mit diesen wechselseitigen Gefälligkeiten des Herunterlizitierens der Einkommensteuer ein Ende gemacht wird, ist nicht zu erwarten. Im Gegenteil – die Gewerkschaften verlangen, daß Milliarden weniger Lohnsteuer bezahlt werden sollen, und die Unternehmer wollen, daß die „fiktive" Verzinsung des Eigenkapitals als gewinnmindernd anerkannt wird, was auf die Frechheit hinausläuft, Steuerfreiheit für den Normalgewinn zu beanspruchen. Diese trübe Perspektive legt es nahe, durch eine radikale Reform die Anreize zu einer illusorischen „Entlastung" der Bürger zwar nicht zu beseitigen, denn das ist unmöglich (weil jeder viel bekommen und wenig zahlen will), wohl aber einzudämmen.

Der eine Schritt besteht darin, die Einkommensteuer durch eine progressive Konsumsteuer zu ersetzen. Die zu erwartenden Konsequenzen sind weitestgehend durchanalysiert und wohlbekannt, es fehlt auch nicht an konkreten Vorschlägen (von denen allerdings manche die Konsumsteuer neben und nicht statt der Einkommensteuer einheben wollten). Vor allem ist wichtig, daß ex definitione das Nicht-Konsumieren von Einkommen gefördert wird, also das Sparen wie auch automatisch das Reinvestieren von Gewinnen und der Bildungsaufwand als Investition in Humankapital, alles umstrittene Konfliktthemen der Einkommensteuer. Ebenso wichtig ist, vor allem im Hinblick auf den unguten Standortwettbewerb, daß die Lokalität, wo der Konsum getätigt wird, nicht so leicht herumgeschoben werden kann wie jene, wo Einkommen erzielt wird; Ähnliches gilt für die Person des Steuerpflichtigen (z.B. werden nach dem Einkommensteuergesetz Unterhaltszahlungen nicht bei deren Empfänger, sondern beim Leistenden und daher in der Regel höher besteuert). Damit soll nicht gesagt sein, daß die Konsumsteuer ideal problemlos ist, aber sie bietet weniger Anreize und/oder Ausreden für interessenbedingte Manipulation – als Konsumenten sind wir weniger differenziert und differenzierbar denn als Einkommensbezieher.

Damit ist das Einkommen als Determinante nicht verschwunden, dient es doch der Berechnung des Konsums, der gleich dem Einkommen minus Sparen/Investieren ist. Und hier erfolgt der zweite Schritt. Was als „Entlastung des Faktors Arbeit“ propagiert wird (auch die Reformkommission hat ihr etliche Überlegungen gewidmet), um mehr Beschäftigung zu schaffen oder die internationale Wettbewerbsfähigkeit zu stärken, entlastet ja nicht die Person des Arbeitnehmers oder Arbeitgebers als Steuer- oder Beitragszahler. Was sie sich allenfalls in dieser sozialen Position ersparen (und selbst das ist nicht ganz klar, wie auch die Kommission kurz ausführt), müssen sie in Gestalt anderer Abgaben (die „Gegenfinanzierung“) auf sich nehmen, deren Folgen jenen der „Entlastung“ genau entgegengesetzt sind, sodaß – abgesehen davon, daß nicht alle insgesamt entlastet werden – keineswegs sicher ist, ob etwa mit einer „Ökologisierung“ der Abgaben das Ziel von weniger Umweltschädigung und mehr Arbeitsplätzen (die „doppelte Dividende“) wirklich erreicht wird.

Da somit die Belastung lediglich zwischen Abgabenarten und, vor allem, Personen umgeschichtet wird – und das in Abhängigkeit von Umständen, die der einzelne wenig bis gar nicht zu beeinflussen vermag –, ist es einfacher und auch möglich, die Finanzierung der Sozialversicherung über eine Abgabe vom Leistungseinkommen zu bewirken. Sie unterscheidet sich von der Einkommensteuer durch die Ausklammerung der Besitzeinkommen, durch einen einheitlichen Hebesatz (mehr als der Sozialversicherungsaufwand wird nicht benötigt, eine Umverteilung durch Progression ist nicht beabsichtigt) und durch die strikte Koppelung von Beitrag und Leistungsanspruch (was den Anreiz minimiert, Einkommen zu verschleiern und dadurch Konsumsteuer zu hinterziehen). Die administrativen Probleme sind nicht schwieriger einzuschätzen als bei der heutigen Einkommensteuer. Aber wie auch immer die Probleme und Nachteile sein mögen, ihnen steht der große Vorteil gegenüber, daß die – angeblichen oder tatsächlichen – beschäftigungs- und wettbewerbsfeindlichen Effekte der derzeitigen Finanzierung über lohnkostenabhängige und damit überwälzungsanfällige Abgaben radikal beseitigt sind.

Abgesehen davon wird ein dritter Schritt erleichtert. Die Einführung der Körperschaftsteuer entsprang dem Bestreben, durch eine Doppelbesteuerung des Gewinns von Kapitalgesellschaften die Progression der Einkommensbesteuerung zu verschärfen oder/und Besitzeinkommen härter zu besteuern. Selbst wenn wir annehmen, daß die Körperschaftsteuer lediglich den Gewinn verringert (was keineswegs unumstritten ist), ist wohlbekannt, daß ihr Zusammenwirken mit der Einkommensteuer einen degressiven Effekt hervorruft: Gäbe es die Körperschaftsteuer nicht, wäre der Betrag einkommensteuerpflichtig (sofern der Gewinn ausgeschüttet wird, eine Komplikation, die uns den Streit um die steuerliche Differenzierung zwischen ausgeschüttetem und einbehaltenem Gewinn beschert hat), d.h., die Körperschaftsteuer nimmt das weg, was die Einkommensteuer übrigließe, und das ist umso weniger, je höher sich der Besteuerte in deren Progression befindet. Mit der neuen proportionalen Einkommensabgabe würde zwar der degressive Effekt verschwinden, nicht aber die Diskriminierung der Kleinaktionäre hochrentabler großer Kapitalgesellschaften (da die Körperschaftsteuer ja progressiv ist) und der Anreiz, die Gewinne körperschaftsteuermindernd zu manipulieren.

Es ist am einfachsten, die Körperschaftsteuer abzuschaffen, zumal sie ohnehin nicht gut mit einem primär am Konsum orientierten Gesamtsystem zu vereinbaren ist (schon derzeit ist das Gewicht der Umsatzsteuer etwa gleich jenem von Lohnsteuer plus Einkommensteuer, dazu kommen noch die Verbrauchsteuern). Statt dessen sollte die Verwendung von Einkommen oder Vermögen über Steuern gelenkt werden.

Flankierende Maßnahmen

Schon als in Österreich erstmals die Einführung einer Zinsensteuer (als „Sparbuchsteuer" denunziert) diskutiert wurde, legte eine verlogene Berichterstattung der Medien den Grundstein zu einer späteren (der erste Anlauf scheiterte kläglich) Fehlkonstruktion. Die Grundidee war, die zwar einkommensteuerpflichtigen, aber nur zu oft nicht deklarierten, weil leicht zu verschweigenden Zinseinkünfte an der Quelle steuerlich zu erfassen. Da infolge des Bankgeheimnisses die Person des Zinsenbeziehers nicht festzustellen ist, wäre es konsequent gewesen, den Satz der höchsten Einkommensteuer-Progressionsstaffel anzuwenden und dem Besteuerten die Möglichkeit zu geben, eine allfällige Differenz zurückzufordern, wenn er sich in einer niedrigeren Staffel befand. Was dann schlußendlich herauskam, war eine „Endbesteuerung" zu einem niedrigen Satz. Abgesehen davon, daß dies primär die oberen Einkommensbereiche begünstigt, widerspricht es dem finanzpolitischen Grundsatz, Zins und Gewinn gleich hoch zu besteuern, weil ansonsten die Investitionsanreize verzerrt werden (wie man in jedem Lehrbuch nachlesen kann). Es ist hoch an der Zeit, diese Ungereimtheit – schließlich wird über zu geringe oder/und fehlgeleitete Investitionen geklagt! – zu beseitigen.

Damit sind wir bei einem sehr kritischen Punkt angelangt. Der heutige „globalisierte" Kapitalismus unterscheidet sich von seinen früheren Phasen nicht durch seine Internationalisierung, denn die war schon die Ursache der „Großen Depression" vor dem Ersten Weltkrieg, und auch nicht in dem massiven Rationalisierungsschub samt hoher Arbeitslosigkeit, denn das hatten wir schon in der Zwischenkriegszeit, sondern in der Loslösung der Finanztransaktionen von den realen Güter- und Investitionsströmen („Casino-" oder „Papier-Kapitalismus"). Die Möglichkeiten, Einkünfte der Einkommensbesteuerung zu entziehen, sind gewaltig gestiegen und werden auch unverfroren ausgenützt. Die Akzentverlagerung von der Einkommen- zur Konsumsteuer muß dies berücksichtigen – zum einen, weil die korrekte Berechnung des Konsums die korrekte Berechnung des Einkommens voraussetzt (wie bereits kurz angedeutet), zum anderen, weil die bloßen Besitzeinkommen sehr wohl für Zwecke der Umverteilung herangezogen werden können (Erwerbseinkommen sind ja, wie gleichfalls erwähnt, ausgeklammert).

Nun bedeuten die sattsam bekannten „vier Freiheiten", daß materielle Güter, Dienstleistungen, Personen und Vermögen (eben nicht Realkapital, das zu den Gütern gehört!) unbehindert national wie international transferiert werden können, nicht aber unkontrolliert oder/und unbesteuert – und an dieser Unterscheidung ist einzuhaken. Die seit geraumer Zeit immer wieder diskutierte Tobin-Steuer zur Bekämpfung der Spekulation auf den Finanzmärkten versucht genau das zu tun, scheitert jedoch am Widerstand der Finanzlobby und unterliegt abgesehen davon dem gravierenden Einwand, daß sie nicht zwischen den – von realen Prozessen losgelösten und daher schädlichen – Spekulationen und den mit realen Prozessen verbundenen und daher nützlichen Hedging-Operationen (Absicherung gegen Wechselkursänderungen) zu differenzieren vermag.

Statt dessen bietet sich folgende Vorgangsweise an. Im Inland befindliches Vermögen physischer Personen und Fonds (Stiftungen sind diesen gleichzustellen) unterliegt einer progressiven Vermögensteuer, wobei analog der ursprünglichen Absicht der Zinsensteuer der höchste Staffelsatz an der Quelle eingehoben wird – mit der Möglichkeit der Rückverrechnung –, grenzüberschreitende Finanztransfers unterliegen einer staatlichen Kontrolle. Es ist unschwer vorauszusehen, daß dagegen mit der Heuchelei eines unzulässigen Eingriffs in die Privatsphäre argumentiert werden wird. Aber warum soll das, was man etwa für die Umsatzsteuer bei Exporten ohne weiteres akzeptiert, nicht auch für die Vermögensteuer gelten, warum läßt man sich das schrankenlose Abhören privater Gespräche gefallen und nicht auch das Nachvollziehen privater Transfers, warum überläßt man es dem Fuchs, die Zahl der von ihm gefressenen Hühner anzugeben, wenn der Abhördienst unbescholtenen Bürgern mißtraut?

Man beachte, daß es bei diesem Vorgehen nicht genügt, Vermögen ins Ausland zu transferieren und dort – womöglich unversteuert – zu vermehren, denn durch den grenzüberschreitenden Zugriff wird die latente Steuerpflicht aktiviert. Man beachte ferner, daß andere Staaten dadurch motiviert werden, gleichfalls eine Vermögensteuer (oder Steuer auf Besitzeinkommen) einzuheben, denn die Steuerflucht ins Ausland funktioniert nicht. Freilich kann der Vermögende emigrieren, aber worin da der volkswirtschaftliche Nachteil besteht und ob nicht, falls einer besteht, die Vorteile überwiegen, wäre erst zu klären. Freilich wird dadurch das Geschäft der Börse beeinträchtigt, aber die ist von ihrer eigentlichen Aufgabe, finanzielle Mittel für Realinvestitionen zu mobilisieren, ohnehin genauso meilenweit entfernt wie von ihrer anderen Aufgabe, nämlich das Management sinnvoll zu disziplinieren.

Flankierend dazu sollte ein weiterer Vermögenstransfer eine Sonderbehandlung erfahren, nämlich der unentgeltliche durch Erbgang und Schenkung. Wird der Anspruch der Marktwirtschaft ernstgenommen, strikt nach Leistung zu entlohnen, dann dürfte es kein Erbrecht geben. In dieser Radikalität ist das Leistungsprinzip nicht durchzusetzen, nicht zuletzt, weil es mit der freien Verfügung über sein Eigentum kollidiert. Sehr wohl kann jedoch der verzerrende Effekt erheblich verringert werden (wie dies ja die Staffelung nach dem Verwandtschaftsgrad inkonsequent versucht), indem Erbschaften und Schenkungen unter Ausklammerung von Konsumptivvermögen einer hohen progressiven Besteuerung unterworfen werden, die alles kumuliert, was bei der einzelnen Person anfällt („accessions tax"). Vermögen ist nun einmal, wie empirische Untersuchungen beweisen, wesentlich ungleicher verteilt als Einkommen, das seinerseits stark durch die Vermögensverteilung beeinflußt wird.

Zusammenfassung

Unser heutiges Steuersystem ist das Ergebnis eines langen Entwicklungsprozesses, der von Interessenkonflikten geprägt und daher keineswegs am Allgemeininteresse orientiert war, auch wenn dies manchmal so scheint. Wenn die Einkommensteuer (milde progressiv) zu einer Zeit eingeführt wurde, als die Wohlhabenden, die Besitzenden das Sagen hatten, ging es nicht um das Allgemeininteresse an einer gerechten Besteuerung oder, noch enger, um die Finanzierung von Kriegen primär durch diejenigen, die davon profitierten, sondern um blankes Eigeninteresse, hatte doch Bagehot den Wohlhabenden geraten, den Armen viel zu geben, solange sie sich noch aussuchen konnten, wieviel.

Daher beschränken sich alle Steuerreformen immer noch darauf, ein bißchen an den Schrauben eines ansonsten unverändert belassenen Gesamtapparates herumzudrehen. Der Kapitalismus hat sich in mehrfacher Hinsicht fundamental geändert (ohne sein Wesen zu verändern). Das legt es nahe, über eine grundsätzliche („strukturelle" ist das Modewort) Änderung des Steuersystems nachzudenken, damit es das hält, was es verspricht (und Proudhons kritischer Satz, man könne nicht den Reichtum verallgemeinern, sondern nur das Elend, ist darauf zu beziehen und nicht so sehr auf den Sozialismus Marxscher Prägung). Kann oder will es das nicht, sollten wir endlich die Konsequenz ziehen.

Erich Ribolits

Die Antwort auf unsere behauptete oder tatsächliche Orientierungslosigkeit ist Bildung ...[1]

Wer Kindern sagt / Ihr habt rechts zu denken / der ist ein Rechter /
Wer Kindern sagt / Ihr habt links zu denken / der ist ein Rechter.
Wer Kindern sagt / Ihr habt gar nichts zu denken / der ist ein Rechter /
Wer Kindern sagt / Es ist ganz gleich was ihr denkt / der ist ein Rechter.
Wer Kindern sagt / was er selbst denkt / und ihnen auch sagt /
daß daran etwas falsch sein könnte / der ist vielleicht / ein Linker.
Erich Fried: Kinder und Linke

Wenn sich in einem Buch über „Wirtschaftspolitik" auch ein Artikel zur Thematik „Bildung" findet, wird wahrscheinlich von den meisten LeserInnen erwartet, daß es sich dabei um einen jener unzähligen Texte handelt, in denen gegenwärtig der Konnex zwischen nationaler Wirtschaftsentwicklung und dem Ausbildungsstand der Erwerbsbevölkerung beschworen wird. Denn seit der transnationale Kapitalismus Staaten immer stärker in einen Konkurrenzkampf um die maximale „Kapitalverwertungsfreundlichkeit" zwingt und der politische Spielraum für Entscheidungen, die nicht der Marktlogik untergeordnet sind, rasch abnimmt, werden auch den Bildungsbereich betreffende Argumentationen immer einseitiger von „ökonomischer Rationalität" (vgl. Gorz 1989) dominiert. Die Bildungsfähigkeit des Menschen – traditionell mit Vorstellungen individueller Entfaltung oder gesellschaftlicher Emanzipation verknüpft – wird immer selbstverständlicher dem alles überstrahlenden Ziel „Erfolg in der Standortkonkurrenz" untergeordnet. Dem gesamtgesellschaftlichen Monopol des Habens über das Tun und Sein entsprechend, wird auch Bildung der Dimension des Habens zugeschlagen und ihre Funktion nur noch darin gesehen, Menschen „markttauglich" zu machen.

Dementsprechend gilt Bildung heute fast ausschließlich als instrumentelle Kalkulationsgröße des allgemeinen Konkurrenzkampfes. Vom einzelnen wird sie wahrgenommen als Möglichkeit zur Verbesserung seiner Chancen am Arbeitsmarkt, und aus Gesellschaftssicht wird sie als Mittel gesehen, um durch ein entsprechend qualifiziertes „Humankapital" die wirtschaftliche Prosperität anzukurbeln und damit positive Arbeitsmarkteffekte in Gang zu setzen. In diesem Sinn eint die Behauptung, daß in Aus- und Weiterbildung deshalb investiert werden muß, weil der Bildungsfaktor eine wesentliche Größe für die Entwicklung von Produktivität und internationaler Wettbewerbsfähigkeit darstellt, derzeit auch das gesamte politische Spektrum. Bis auf ein paar BildungstheoretikerInnen – denen mit dem Hinweis, daß sie es eben nicht schaffen, „ihren" Humboldt aufzugeben, allerdings schnell das Etikett „verschroben und verstaubt" verliehen wird – sind sich nahezu alle im Hervorstreichen des Tauschwertcharakters von Bildung einig; Bildung soll sich im Sinn der Kosten-Nutzen-Kalküle der Warengesellschaft lohnen.

Karl Marx schreibt über den entwickelten Kapitalismus, daß er alle aus vorbürgerlicher Zeit stammenden „feudalen, patriarchalischen, idyllischen Verhältnisse zerstört [...] und kein anderes Band zwischen Mensch und Mensch [übrigläßt] als die gefühllose 'bare Zahlung'" (Marx/Engels 1983, S. 464). Auf das Bildungswesen umgelegt bedeutet das, daß auch die Qualität dessen, was weiterhin nobel als Bildung bezeichnet wird, immer stärker über den Marktwert definiert wird. Bildung – in ihrer ursprünglichen Bedeutung an der Entwicklung des humanen Potentials des Menschen orientiert, an dem, was den Menschen über andere Kreaturen hinaushebt, an seiner grundsätzlichen Fähigkeit, das Leben an Prinzipien auszurichten, die der „Rationalität des Nutzens" übergeordnet sind – wird in den Dienst der Mehrwertproduktionsmaschine genommen. Damit verkehrt sich das, was Bildung meinte, allerdings in sein Gegenteil. Was hinter der weiterhin benützten Begriffsfassade zur Geltung kommt, ist die Reduzierung des Menschen auf den Status eines „intelligenten Tieres". Zunehmend geht es bloß noch um Qualifizierung – das Brauchbarmachen des Menschen für die Erfordernisse seiner profitablen Verwertung. Der heute permanent vorgebrachte Hinweis auf die Wichtigkeit des „Bildungsfaktors" für das wirtschaftliche Geschehen einschließlich dem schönen Slogan vom lebenslangen Lernen legt nur offen, worum es tatsächlich geht: nicht um die „Bildung von Menschen", sondern einzig um die „Bildung von Kapital" durch die Zurichtung der Individuen hin auf den Bedarf der Käufer der Ware Arbeitskraft.

Von allem Anfang an war der Kapitalismus in dem Dilemma gefangen, die Brauchbarkeit der Menschen für den wirtschaftlichen Verwertungsprozeß vorantreiben und zugleich dafür Sorge tragen zu müssen, daß dieser Prozeß nicht in befreiende Erkenntnis umschlägt. „Bildung" soll unter kapitalistischen Bedingungen die Revolution der Produktivkräfte forcieren, die Revolution im Bewußtsein der Menschen aber verhindern. Mit dem „Ende der Nationalstaaten" – womit ja nicht deren tatsächliches Verschwinden, sondern ihre irreversible Funktionsreduzierung zu bloßen Garanten juristisch-stabiler Räume für Verwertungsbedingungen gemeint ist – bekommt diese Paradoxie allerdings eine neue Dynamik. Das Kapital braucht nun gar nicht mehr direkt auf die Funktionalisierung der jeweiligen nationalen Schul- und Ausbildungssysteme einzuwirken. Durch die Möglichkeiten der „neuen" Technologien und durch wirtschaftsliberale Gesetze kann es – grenzüberschreitend und nahezu international – auf das jeweils optimal brauchbare Humankapital zugreifen. Das aber bedeutet, daß sich „Bildung" von einer bloßen Triebkraft zur Steigerung der Kapitalrendite zu einem Faktor wandelt, mit dem Staaten Kapital ins Land zu locken versuchen (müssen). Verwertbare Arbeitskräfte werden quasi zu einer Bringschuld der Staaten. Diese Umstände lassen jeden Widerstand gegen die Verkürzung von Bildung zu Qualifizierung tatsächlich immer mehr als Anachronismus erscheinen.

Auch bildungspolitische Forderungen, die aus Positionen vorgebracht werden, die sich selbst als „links" oder „fortschrittlich" verstehen, verheddern sind dementsprechend häufig im „Verwertbarkeitsargument". Verschiedentlich wird von dieser Seite sogar ganz besonders unverständlich auf den Einwand reagiert, daß durch den eindimensionalen Rekurs auf Verwertbarkeit die Bildungsidee insgesamt ad absurdum geführt wird und das Bildungssystem schlußendlich der Aufrechterhaltung eines gesellschaftlichen Status quo in die Hände arbeitet, der linken Visionen diametral widerspricht. Vergessen scheint die Erkenntnis, daß Bildung per Definition nicht Mittel für fremde Zwecke sein kann, da ein von Erziehung und Ausbildung abgesetzter Bildungsbegriff überhaupt nur Sinn ergibt, wenn damit ein Prozeß umschrieben wird, in dem sich der Mensch *von allen* an ihn herangetragenen Zwecken emanzipiert und die Fähigkeit erwirbt, sein Leben nach einem selbsterkannten *Sinn* auszurichten. In Korrelation zu der Tatsache, daß Vorstellungen zur Transformierung des politisch-ökonomischen Systems derzeit ja nicht gerade Hochkonjunktur haben, scheint auch die emanzipatorische Bildungsidee desavouiert zu sein. Daß Bildung ein Vorgang ist, durch den der Mensch Mündigkeit erwirbt und – wie es Heinz-Joachim Heydorn unübertrefflich formuliert hat – sich „als sein eigener Urheber [begreift und] versteht, daß ihm die Ketten, die das Fleisch aufschneiden, vom Menschen angelegt sind *und daß es eine Aussicht gibt, sie zu zerreißen*" (Heydorn 1979b, S. 10, Hervorhebung E.R), wagen offenbar auch „Linke" heute kaum mehr zu denken.

Grundsätzlich sollte schon allein die Tatsache zu denken geben, daß „Linke", die noch vor wenigen Jahren demonstrierend über Europas Hauptstraßen zogen und dabei lautstark die „internationale Solidarität" einforderten, jetzt vom „Standortvorteil durch Bildung" schwärmen. Abgesehen davon, daß der Rekurs auf die Standortkonkurrenz ja nichts anderes bedeutet als die Kapitulation vor der Macht des global agierenden Kapitals, das Staaten und Arbeitskräfte immer ungehinderter gegeneinander ausspielt, verträgt sich der Versuch, die eigene Position auf Kosten der Menschen anderer Länder stärken zu wollen, wohl kaum mit dem seinerzeitigen Solidaritätsanspruch. „Solidarität" war eine Parole im Kampf gegen die Inhumanität eines politisch-ökonomischen Systems, in dem Menschen wie Windhunde in ein Rennen von jedem gegen jeden – und dies einzig zum Zweck der Steigerung der Kapitalrendite – geschickt werden. Genauso, wie Konkurrenz die Zentralfigur der fortschreitenden Durchdringung der Gesellschaft mit kapitalistischem Geist ist, stellt Solidarität den Kern jeder Gegenmacht zur Konkurrenz dar. Je mehr das Bildungswesen aber nur mehr konkurrenzlogisch legitimiert und ausgerichtet wird, desto stärker wirkt es mit, die Entwicklung von Gegenvorstellungen zur kapitalistischen Rationalität zu verhindern.

Die Folgerungen, die von VertreterInnen der verschiedenen Couleurs aus dem Argument abgeleitet werden, daß dem Bildungswesen primär eine Zulieferfunktion für die Wirtschaft zukommt – und seine Qualität dementsprechend an der optimalen Verwendbarkeit seiner AbsolventInnen gemessen werden kann –, unterscheiden sich weitgehend. Jenen AutorInnen, die an den gegebenen gesellschaftlichen Umständen deren nicht ausreichende soziale „Gerechtigkeit" kritisieren, geht es meist um einen egalitärer gestalteten Zugang zur „Ressource Bildung" bzw. darum, für alle Gesellschaftsmitglieder eine „gerechte Chance auf maximale Brauchbarkeit" im Rahmen des wirtschaftlichen Verwertungsprozesses zu schaffen. Pointiert dargestellt, kann ihr Ziel darin gesehen werden, das „Windhundrennen“ zu demokratisieren und Bildungsabschlüsse – einschließlich der dafür versprochenen sozialen Gratifikationen – von sozialen Privilegien unabhängig und einzig von der jeweiligen individuellen Leistungsfähigkeit und -willigkeit abhängig zu machen. Nicht die Veränderung des Systems, in dem Menschen über Menschen herrschen, sondern seine „gerechte“ Gestaltung steht im Zentrum dieser Argumentation. Operiert wird mit einem der Konkurrenzlogik verhafteten Gerechtigkeitsbegriff; Bildung gerät dabei zum „Spekulationskapital“ des allumfassenden Konkurrenzkampfes.

Der Anspruch der bürgerlichen Emanzipationsbewegung, daß die Chancen für das Erreichen unterschiedlich attraktiver gesellschaftlicher Positionen sich durch das Kriterium „Leistung“ bestimmen und nicht von „Geburtsprivilegien“ abhängig sein sollen, ist ja tatsächlich bis heute nicht wirklich eingelöst. Und da das Bildungswesen untrennbar mit der bürgerlichen Idee des Leistungsprinzips verbunden ist, kommt ihm in bezug auf die „Chancengleichheitsforderung“ eine zentrale Funktion zu. Nur wenn die Erfolgswahrscheinlichkeit im Bildungswesen nicht selbst vom Faktor Herkunft beeinflußt wird, existiert überhaupt die Voraussetzung dafür, daß Leistungswilligkeit und -fähigkeit die Grundlagen gesellschaftlicher Positionsverteilung sind. Tatsache ist jedoch, daß das Bildungswesen keineswegs als ein nur dem Leistungsprinzip verpflichtetes soziales „Rüttelsieb“ funktioniert, sondern der Reproduktion der sozialen Schichtung massiv in die Hände spielt. Zwischen der Wahrscheinlichkeit, einen bestimmten Bildungsabschluß und eine damit verbundene soziale Position zu erreichen, und der sozialen Herkunft von Individuen bestehen – durch die verschiedenen diesbezüglichen Gegenstrategien nur geringfügig verändert (vgl. dazu insbesondere: Sertl 1998, S. 199 ff.) – deutliche Korrelationen.

Und je mehr sich der derzeit in Ansätzen abzeichnende Trend fortsetzt, daß Schulabschlüsse gar nicht mehr direkt über die Möglichkeit entscheiden, ob jemand seine Arbeitskraft mehr oder weniger lukrativ verkaufen kann, sondern bloß noch Eingangsvoraussetzung für eine diesbezüglich immer notwendigere permanente Weiterbildung sind, desto mehr wird sich die durch das Bildungssystem tradierte „soziale Ungerechtigkeit“ sogar noch verstärken. Denn während die durch die öffentliche Hand organisierte Schule einer politischen Legitimation unterworfen ist und damit die prinzipielle Möglichkeit besteht, durch politisch durchgesetzte Maßnahmen dem Anspruch auf „Chancengerechtigkeit“ ein wenig näherzukommen, ist das Weiterbildungssystem überwiegend privat organisiert und marktgesteuert. Und der Markt wirkt bekannterweise nicht egalisierend, sondern begünstigt immer diejenigen, die sich schon in einer privilegierten Position befinden. Tatsächlich weisen diverse Untersuchungen nach: Je höher die formale (Grund-)Ausbildung und die berufliche Position, desto wahrscheinlicher ist es, daß jemand Weiterbildung frequentiert. Zu Weiterbildungskursen wird man durch einen Arbeitgeber geschickt, oder man muß dafür selbst zahlen – beides begünstigt Personen, die aufgrund von Schul- und Erstausbildungsabschlüssen im Beschäftigungssystem schon relativ gut positioniert sind.[2]

Der angeführten Tatsache entsprechend, muß es wohl unverändert Aufgabe linker Bildungspolitik bleiben, die Zugangsmöglichkeiten und Erfolgschancen sozial Benachteiligter im Hinblick auf Schule und Weiterbildung zu verbessern. Solange das Bildungswesen nicht einmal den bürgerlichen Gerechtigkeitsanspruch einlöst, kann schwer über gesellschaftliche Utopien diskutiert werden, die jenseits des Konkurrenzkapitalismus angesiedelt sind. Andererseits muß klar sein, daß eine einseitige Fokussierung linker Bildungspolitik auf das Argument der Chancengleichheit emanzipatorischen – also letztendlich systemüberwindenden – Zielsetzungen das Wasser abgräbt. Sobald vom „Aufstieg durch Bildung" gesprochen und nicht gleichzeitig thematisiert wird, daß ein „Gewinnen" in einem Konkurrenzsystem immer nur um den Preis möglich ist, daß es Verlierer und An-den-Rand-Gedrängte gibt, gerät Bildung in den Sog ökonomischer Rationalität und mutiert zur systemstabilisierenden Größe. Wenn Bildung mehr bedeuten soll als Zurichtung und Anpassung an die durch das politisch-ökonomische System vorgegebenen Bedingungen, muß sie auch als mehr gedacht werden denn als ein Vehikel des Aufstiegs.

Wenn die ökonomische Rationalität für bildungspolitische Forderungen Pate steht, mündet das unweigerlich in der „Qualifikationsfalle". Damit wird ein Aufrechterhalten linker – im Sinn von systemkritischen – Positionen letztendlich unmöglich. Der Mensch wird in der Logik dieser Argumentation funktionalisiert und zum Produktionsfaktor eines wirtschaftlichen Geschehens reduziert, dessen Prämissen seiner Einflußnahme genau dadurch entzogen sind. In Form ihres Zerrbildes Qualifikation wird Bildung selbst zentrale Legitimationsgröße gesellschaftlicher Ungleichheit und Basis individueller Aufstiegshoffnungen im Rahmen von Konkurrenzsystem und bürgerlicher Leistungsideologie. Der emanzipatorische Charakter von Bildung schlägt dann in sein Gegenteil um, und die zur Qualifikation verstümmelte Bildung dient – unter dem Anspruch einer aus dem gesellschaftlichen Status quo abgeleiteten, aus linker Sichtweise aber entsprechend hinterfragenswürdigen Vorstellung von Gerechtigkeit – dazu, Menschen zu entmündigen. Klammheimlich wird damit der Grundwiderspruch von Kapital und Arbeit zugunsten des Kapitals entschieden und das zentrale Anliegen jedweder linken Position aufgegeben, nämlich die „Dialektik von Herr und Knecht" aufzulösen.

Die Forderung nach „Bildung für Alle" gibt unter emanzipatorischer Zielsetzung geradezu nur dann Sinn, wenn sie *nicht* über das Versprechen des Aufstiegs oder der erhöhten Arbeitsplatzsicherheit transportiert wird. „Bildung für Alle" durch den Abbau der mit Hilfe des Begabungsmythos legitimierten sozialen Selektion tut tatsächlich not. Allerdings nicht zum Zweck einer „gerechteren" Gestaltung des Konkurrenzsystems und auch nicht dafür, um auch alle jene „Begabungsreserven", die sonst vielleicht verlorengingen, ihrer optimalen Verwertung als „Humankapital" zuzuführen. Aus einer linken Perspektive gestellt, kann die Forderung nach „Bildung für Alle" nur heißen, allen Menschen jene Rahmenbedingungen zu bieten, die ihnen ermöglichen, ihren Verstand frei von verinnerlichten Zwängen gebrauchen zu lernen. Auch die Forderung nach einem Abbau des – entlang vorgeblicher Begabungen – gegliederten Schulwesens und nach der Installierung einer „Gesamtschule" gibt nur unter diesem Gesichtspunkt Sinn: Das gegliederte Schulwesen stellt ja im Grunde genommen nichts anderes dar als die strukturelle Verkörperung der Konkurrenzideologie, die als „heimlicher Lehrplan" das Bewußtsein Heranwachsender vernebelt und verhindert, daß sie erkennen, welchen Interessen das Begabungsgerede letztendlich wirklich dient.

Menschliches Leben findet unter je spezifischen politisch-ökonomischen Bedingungen statt. Diese Rahmenbedingungen beschränken den Handlungsspielraum der Menschen durch konkrete, materiell vermittelte äußere Zwänge; zugleich jedoch und noch viel wesentlicher dadurch, daß sie zu verinnerlichten Barrieren der Entfaltung ihres Bewußtseins werden. Die Vorstellungen des Menschen über sich selbst sind durch die realen gesellschaftlichen Bedingungen geprägt; menschliches Bewußtsein ist domestiziert durch den Status quo. Wird Bildung als Emanzipation des Menschen von jenen verinnerlichten Zwängen begriffen, die seiner vollständigen Entfaltung im Weg stehen, so ist offensichtlich, daß Bildung und Politik auf das engste verkoppelt sind. Im Bildungssystem sucht sich die Macht in ihrer jeweils gegebenen Erscheinungsform zu perpetuieren. Das gesellschaftliche Interesse vereinnahmt aber das Bildungssystem nicht bloß, es erzeugt über die die konkreten Machtverhältnisse stützenden Ideologien auch noch die allgemeine Akzeptanz dieser Tatsache.

Denn daß die Erfolgschancen im Bildungswesen durch soziale Determinanten bestimmt sind, aber vorgebliche Begabungen dafür verantwortlich gemacht werden, ist ja nur der vordergründige Aspekt des Skandals. Dahinter steht die noch wesentlich konsequenzreichere Tatsache, daß der „Fetisch Begabung" verdeckt, daß es in einem Konkurrenzsystem niemals darum gehen kann, das vollständige Potential von Menschen zur Entfaltung zu bringen. Auch für jene, die sich aufgrund irgendwelcher begünstigender Faktoren als „besonders begabt" erweisen und den Durchstieg zu hohen und höchsten Bildungsabschlüssen schaffen, bedeutet dies ja bloß, daß sie nunmehr der Verzweckung auf höherem Niveau würdig sind. Auch die Gewinner im Kampf um lukrative Bildungsabschlüsse unterliegen der – im Titel des vorliegenden Buches angesprochenen – „Armut des Habens". Auch für sie geht es nicht darum, durch Bildung zum unverstellten Sein zu gelangen; Bildung artikuliert sich auch für sie nur auf der Ebene des „Habens" von Qualifikationen.

Auch für die im Bildungssystem Begünstigten sind erworbene Kenntnisse und Fähigkeiten nur Mittel zu dem Zweck, sich verkaufen zu können; womit aber auch sie selbst nur noch Mittel zum Zweck sind. Privilegiert ist ihre Situation nur innerhalb der „Ideologie des Habens", weil sie mehr von jener „Ware Qualifikation" besitzen, die sie, allerdings nur, solange eine entsprechende Nachfrage auf dem Markt besteht, gegen Geld und soziales Ansehen eintauschen können. Auch für sie geht es nicht um Bildung, deren Gebrauchswert sich in der Befriedigung der menschlichen Bedürfnisse nach Wachstum und Entwicklung äußert, sondern darum, daß sie – selbst zur Ware reduziert – zum Wachstum der Kapitalrendite beitragen. Der schon weiter oben zitierte Erziehungswissenschaftler und exponierte Vertreter der emanzipatorischen Bewegung der sechziger Jahre, Heinz-Joachim Heydorn, formulierte diesbezüglich in einem seiner Texte: „Die Gesellschaft sucht Menschen für bestimmte, klar definierte Zwecke zu begaben, die sich aus ihrem Interesse, einer gegebenen Machtlage, dem Entwicklungsstand ihrer Produktivkräfte ergeben. Sie begabt ihn nicht als Menschen, sondern immer nur partiell, sie bedarf seiner als Bruchstück" (Heydorn 1979b, S. 12).

Genau hier ist der Punkt, an dem linke Bildungspolitik ansetzen muß. Wenn das linke Projekt sich als das Vorantreiben von Demokratie und Humanität charakterisieren läßt, dann zielt linke Bildungspolitik auf den zur vollständigen Entfaltung seines humanen Potentials gelangten Menschen. Es geht ihr um den Menschen, der – kraft Selbstbewußtsein – durch die „Verführungen des Habens" nicht korrumpierbar ist und der Macht des Menschen über den Menschen nicht mehr bedarf. Im Zentrum linker Bildungspolitik muß dementsprechend das Zurückdrängen der ökonomischen Rationalität im Bildungsbereich stehen, jener Logik, der entsprechend der Mensch nur als Anhängsel wirtschaftlichen Geschehens denkbar ist. Die Frage, um die es geht, heißt nicht, wie Menschen für die sich verändernden Anforderungen fit gemacht werden können, sondern wie Menschen befähigt werden können, Veränderungen im Sinn ihrer ureigensten Lebensinteressen voranzutreiben. Es geht um Bildung, die – im Gegensatz zu Qualifizierung – in sich einen subversiven Akzent trägt; sie antizipiert den freien Menschen, der im Widerstreit mit den realen Bedingungen der Gesellschaft erst heranwachsen muß.

Bildung hat viel mit Politik zu tun. Bildung ist der Prozeß, durch den Menschen ein kritisch-analytisches Verhältnis zu jenen Bedingungen gewinnen, die ihr Leben bestimmen. Damit werden die individuellen Voraussetzungen für politisches Handeln geschaffen. Bildung antizipiert zukünftige Politik, die von selbstbewußten und mündigen Menschen getragen ist. Im Sinn eines linken Projektes ist Bildungspolitik somit eminent wichtig. Problematisch ist allerdings die Vorstellung, Bildungspolitik als politisches Steuerungsinstrument zu verstehen; mit Hilfe von Bildungspolitik also „direkt" politisch wirken zu wollen. Linke Bildungspolitik muß sich darauf beschränken, für möglichst alle Mitglieder der Gesellschaft in möglichst hohem Maß Bedingungen herzustellen, die Bildung möglich machen – ihnen also zu erlauben, Mündigkeit und Selbstbewußtsein zu entwickeln. Wird jedoch versucht, durch Bildungspolitik auf Entwicklungen des politisch-ökonomischen Systems – z.B. Arbeitslosigkeit, soziale Schichtung, Wettbewerbsfähigkeit u.ä. – direkt Einfluß zu nehmen, gerät Bildungspolitik unversehens zum Agenten bürgerlich-kapitalistischer Wertvorstellungen und damit zur systemstützenden Kraft.

Durch Bildungspolitik können gesellschaftliche Zustände nur indirekt verändert werden; Bildung und Politik stehen zueinander in einer historisch vermittelten Beziehung. Linke Bildungspolitik setzt auf Bildung in der Hoffnung, daß damit Menschen heranwachsen, die in der Lage und willens sind, in die Gestaltung der gesellschaftlichen Zustände einzugreifen und damit die Gesellschaft im Sinn linker Utopien zu verändern. Ziel linker Bildungspolitik muß es demgemäß sein, in Schule, Aus- und Weiterbildung Rahmenbedingungen zu schaffen, die es ihren Besuchern erlauben, jenes Selbstbewußtsein zu entwickeln, das sie brauchen, um sich den durch die politisch-ökonomischen Verhältnisse gegebenen Tendenzen der Entmündigung entgegenzustellen. Mündigkeit und Selbstbewußtsein können allerdings nicht „von oben herab" und vortragend vermittelt werden. Wenn das Ziel Emanzipation heißt, dann darf der Weg dorthin nicht anti-emanzipatorisch wirken. So wie die aggressive Faust schlecht zur Liebesbeteuerung paßt, kann auch Bildung nur mit Methoden zur Geltung gebracht werden, die mit der emanzipatorischen Zielsetzung korrelieren. Keine Idee ist immun gegen die Form ihrer Vermittlung – sind das Ziel zu Autonomie und Selbstbestimmung fähige Individuen, dann müssen Rahmenbedingungen des Lernens kreiert werden, die diese Zielsetzung nicht korrumpieren.

Hinter allen pädagogischen Bemühungen lassen sich „heimliche" Lehrziele entdecken, die in den offiziellen Lehrplänen nicht aufscheinen und diese sogar häufig konterkarieren. Sie spiegeln sich in den strukturellen Bedingungen und im Selbstverständnis der Bildungseinrichtungen wider und können – da sie ja tatsächlich manifest vorhanden sind – durchaus als die echten Ziele von Schule, Aus- und Weiterbildung bezeichnet werden. Dieses „strukturelle Curriculum" zeigt sich beispielsweise in der Lernorganisation, in den Beziehungsformen, in den Berechtigungen, die die Bildungsinstitution vergibt, vor allem aber auch im Legitimationsmuster für die „Veranstaltung Lernen". Damit wird der tatsächliche Erfahrungsraum der Lernenden abgesteckt, der einen unvergleichlich größeren Lerneffekt besitzt als alle vordergründig deklarierten Bildungsziele. Es handelt sich um die alte pädagogische Weisheit: Tatsächliche Veränderungen im Hinblick auf Werte, Normen und Verhaltensweisen passieren nicht durch Appelle, Moralpredigten oder ein Auswendiglernen derselben, sondern dadurch, daß man im „Feld" dieser Werte und Normen „badet", sie schlicht als die Realität erlebt, gegen die jede Gegentheorie schal und blaß erscheinen muß.

Dementsprechend greift bei der Beurteilung des emanzipatorischen Potentials von Bildungsbemühungen auch die Unterscheidung in „Allgemeinbildung“ und „Berufsbildung“ wesentlich zu kurz. Abgesehen davon, daß eine stimmige Differenzierung entlang dieses Kriteriums sowieso kaum möglich ist, können Inhalte aus beiden Bereichen sowohl zur Bewußtseinsbildung beitragen als auch „Bewußtlosigkeit“ fördern. Bildung mißt sich nicht an tradierten Inhalten oder bestimmten, von der Realität abgekoppelten Bildungsgütern, sondern daran, wieweit Inhalte Anlaß dafür sind, die vorfindbare Realität kritisch zu durchleuchten. Die klassischen Schlagworte der Arbeiterbewegung wie „Bildung macht frei“ oder „Wissen ist Macht“ müssen unter genau diesem Gesichtspunkt relativiert werden. Der Erwerb von Wissen ist nur dann ein Weg zur Freiheit, wenn er den Menschen nicht nur befähigt, sich als „Ware Arbeitskraft“ auf dem Markt verkaufen zu können, sondern ihm auch hilft, von seinem ihm auferlegten Warencharakter zu abstrahieren. Mündigmachende Bildung hilft dem Menschen, die Strukturen von Gesellschaft und Arbeitswelt nicht als Ergebnis schicksalsbedingter Konstellationen, sondern als Machtverhältnisse zu interpretieren, die von Menschen gemacht und somit auch durch Menschen verändert werden können.

Einem Primat von Bildung gegenüber Qualifizierung das Wort zu reden, heißt somit ganz sicher nicht, in die Dichotomie von Allgemeinbildung und Berufsbildung zu verfallen. Emanzipatorische Bildungsarbeit entwickelt sich an der konkreten Realität, durch die das Leben der Menschen unter den gegebenen historisch-gesellschaftlichen Umständen definiert ist. Dementsprechend wird sie auch erst möglich auf der Basis von Wissen und Können, das diesen Bedingungen geschuldet ist. Und die Notwendigkeit, sich mit Hilfe vermarktbarer Qualifikationen auf dem durch Konkurrenz geprägten Arbeitsmarkt behaupten zu müssen, stellt für die Majorität aller Gesellschaftsmitglieder das wohl prägendste Element ihrer Lebensbedingungen dar. Es lassen sich aus dem „Bedarf der Wirtschaft“ zwar nicht die *pädagogischen* Zielsetzungen eines Bildungswesens ableiten, das Menschen befähigen soll, zu ihrem vollen Bewußtsein zu kommen und sich über die Sklavenmoral der Entfremdung zu erheben, sehr wohl aber stellen die über den Markt vermittelten Qualifikationsanforderungen das konkrete Material dar, an dem sich Bildung abzuarbeiten hat.

Wieweit durch organisierte Lernprozesse der Mut von Menschen gestärkt wird, selbstbewußt in die Gestaltung der Welt einzugreifen, entscheidet sich wesentlich an den strukturellen Bedingungen – etwa an Vermittlungsmethoden, Disziplinierungsmechanismen, Zeitstruktur, Auswahl und affektiver Besetzung von Inhalten und ähnlichem –, ganz besonders aber am Verhältnis Lehrende/Lernende. Worum es geht, ist ein Verhältnis, das, obzwar unterschiedlich durch den relativen Grad des Wissens, doch immer als ein Verhältnis unter Gleichen gestaltet ist (Heydorn 1979a, S. 74). Nur wenn Bildungsprozesse nicht durch ein „LehrerInnen-SchülerInnen-Autoritätsgefälle" gekennzeichnet sind, artet „Bildung" nicht in Entfremdung der Lernenden von sich selbst aus. Gefordert sind Rahmenbedingungen des Lernens, bei dem Lernende von Objekten der Belehrung zu Subjekten des selbstbestimmten Lernens, von „Knechten" zu „Herren" gemacht werden. Wie es Paulo Freire formuliert hat, muß das Verhältnis der Lehrenden zu den Lernenden von einem monologischen zu einem dialogischen und die Funktion der Lehrenden von der des autoritären Führens in die des kollegialen Begleitens verwandelt werden (Freire 1973).

Bildungsarbeit, die sich an den pädagogischen Leitvorstellungen vom emanzipierten, autonom denkenden, mündigen Menschen legitimiert, braucht außerdem noch etwas ganz Wesentliches, dem wachstumsorientierten Leistungsdenken diametral Entgegengesetztes: das Fehlen von Zeitdruck. Zeit zum Nachdenken und Ausprobieren, Zeit zum Entdecken von Fragen und für Gespräche, die nicht gleich auf dem kürzesten Weg zu irgendwelchen verwertbaren Lösungen führen müssen; Zeit für etwas, das dem indienstgenommenen Lernen völlig verlorengegangen ist: für die Muße. Zwischen Bildung und Muße besteht ein weitgehend vergessener, nichtsdestotrotz aber untrennbarer Zusammenhang: Bildung braucht zu ihrer Entfaltung unverzweckte Freiräume – sie duldet keinen Zweck außer sich, denn ihren Sinn schöpft sie aus sich selbst; dementsprechend findet sie ihre „methodische" Entsprechung in der Muße, jener zweckfreien, aber im höchsten Maß sinnvollen Tätigkeit. Muße meint dabei „jenen Horizont, in dem der Mensch sich ohne zeitliche Enge als freies Wesen konstituiert und aus der Universalität menschlicher Möglichkeiten seine eigene Ganzheit hervorbringt" (Tewes 1989, S. 131).

Das optimale „Ausnützen" der Zeit – die Zeitökonomie des Kapitalismus – bestimmt heute auch den Alltag in Bildungsinstitutionen. Damit ist die grundlegende Voraussetzung für Subjektivitätsentwicklung verhindert, nämlich den Individuen jene Zeit zu lassen, die sie für eigene Erkenntnisse, für subjektive Erfahrungen und deren Verarbeitung brauchen. Das Heranwachsen von Selbstbewußtsein und Selbstreflexivität ist kein Prozeß, der zeitökonomisch optimierbar ist. Der Mensch, der zwar als „Träger der

Ware Arbeitskraft“ in Erscheinung tritt, aber sehr wohl mehr ist als bloß ein „Arbeitstier“, kann „ohne Umwegproduktion, ohne qualitative Verdichtung von lebensgeschichtlichen Entwicklungsstufen (Reife, ‘Zeit totschlagen’, freie Zeit, in der man sich verliert, Regression und Entspannung, Erinnerung, Passivität usw.) weder erzeugt noch erhalten werden“ (Negt/Kluge 1972, S. 48). Bildungsprozesse, die diesen Namen wirklich verdienen, weil es dabei nicht bloß um die Herausbildung ökonomisch verwertbaren Arbeitsvermögens, sondern um die Entfaltung des menschlichen Potentials geht, sind mit quantitativer Logik nicht in den Griff zu bekommen. Oder, wie es Karlheinz Geißler ausdrückt: „Bildungserfolg kann nicht – wie im betrieblichen Produktionsprozeß der Output – schematisch, durch ein Mehr an Zeit, gesteigert werden“ (Geißler 1992, S. 117).

Insgesamt bedeutet das linke bildungspolitische Ziel – der Ausrichtung von Schule, Aus- und Weiterbildung an ökonomischen Verwertungskriterien entgegenzuarbeiten – das Zurückgewinnen der an Kultur geknüpften Dimension von Bildung. In der Bezeichnung „Schule“ lebt noch das griechische „scholé“ fort, das Wort für Muße – für den Ort, der von jeder Verzweckung freigehalten ist. Die Realität des fortgeschrittenen Kapitalismus hat die ursprüngliche Begriffsbedeutung zwar nahezu vollständig in ihr Gegenteil verkehrt, dennoch bleibt die Zielsetzung aufrecht: Die „zweite Natur“ des Menschen, seine Befähigung, sich über den rohen Nutzen zu erheben und ein kulturelles und soziales Sein zu verwirklichen, braucht, um zur Geltung kommen zu können, einen von Verzweckung freigehaltenen Bereich. Gibt es diesen „Sozialisationsraum der Entfaltung des Menschlichen“ nicht mehr, ist der „Rückfall in die Barbarei“ die logische Konsequenz.

Die diesbezüglichen Zeichen sind genauso unübersehbar, wie die entsprechenden Mahnungen großer Denker unüberhörbar sind. Aber vielleicht ist die „Schmerzgrenze“ noch nicht erreicht, und Hartmut von Hentig (1996, S. 208 f.) hat recht, wenn er meint:

- Solange ihr Bildung mit Laufbahn oder mit sozialpädagogischer Aufbewahrung oder mit Sicherung des jeweiligen Industriestandortes verwechselt,
- solange ihr nicht seht, daß ihr von euren Bildungsanstalten Unmögliches verlangt: im Gestückelten den Zusammenhang, in der Abhängigkeit den Umgang mit der Freiheit, ohne Erfahrung den richtigen Um-

gang mit der Theorie, ohne gesellschaftliche Aufgabe gesellschaftliche Verantwortung zu lehren,

- solange ihr (vor allem, sofern ihr Eltern seid) nicht wahrnehmt, was das Schulsystem euren Kindern antut: mit der ständigen Benotung, mit funktionalisierten und überlasteten Lehrern, mit der Fiktion der homogenen Klasse, mit der Dreigliedrigkeit (sprich: der Behauptung, diese werde der Verschiedenheit der Kinder gerecht) statt mit einer Dreihundertgliedrigkeit oder Dreitausendgliedrigkeit, mit dem 45-Minuten-Takt, mit den großen Lerngruppen und ihren notwendigen kollektiven Verfahren, *solange ihr das nicht wahrnehmt, ist die Krise noch nicht weit genug fortgeschritten* (Hervorhebung E.R.).

Anmerkungen

1 Hentig 1996, S. 15.

2 Neben seiner tradierenden Wirkung in bezug auf Chancenungleichheit verstärkt das Weiterbildungssystem auch geschlechtsspezifische Disparitäten. Denn wenn die Zunahme des formalen Bildungsniveaus von Frauen und Mädchen heute auch gern als „stille" Revolution im Bildungswesen bezeichnet wird, spiegelt sich diese ja nur in geringem Maß in gut bezahlten, prestigeträchtigen Arbeitsplätzen und beruflichen Aufstiegschancen für Frauen wider. Die starke Koppelung von Berufsstatus und Weiterbildung bewirkt nun, daß Frauen im Weiterbildungssystem deutlich unterrepräsentiert sind. Seltener als Männer werden sie vom Arbeitgeber zu Weiterbildung geschickt, müssen also häufiger für Weiterbildung ihre Freizeit opfern und die Kosten aus der eigenen Tasche bezahlen. Vgl. Gruber 1996.

Literatur

Freire, Paulo (1973): Pädagogik der Unterdrückten. Bildung als Praxis der Freiheit. Reinbek bei Hamburg.

Geißler, Karlheinz A. (1992): Zeit leben. Vom Hasten und Rasten, Arbeiten und Lernen, Leben und Sterben. Weinheim – Berlin.

Gorz, André (1989): Kritik der ökonomischen Vernunft. Sinnfragen am Ende der Arbeitsgesellschaft. Berlin.

Gruber, Elke (1996): Weiterbildung als private Dienstleistung. In: Erziehung heute, 1/1996, S. 17 ff.

Hentig, Hartmut v. (1996): Bildung. Ein Essay. München – Wien.

Heydorn, Heinz-Joachim (1979a): Zur bürgerlichen Bildung. Anspruch und Wirklichkeit. Bildungstheoretische Schriften, Band 1. Frankfurt/M.

Heydorn, Heinz-Joachim (1979b): Über den Widerspruch von Bildung und Herrschaft. Bildungstheoretische Schriften, Band 2. Frankfurt/M.

Marx, Karl/Engels, Friedrich (1983): Werke. Band 4. Hrsg. vom Institut für Marxismus-Leninismus beim ZK der SED. Berlin (Ost).

Negt, Oskar/Kluge, Alexander (1972): Öffentlichkeit und Erfahrung. Frankfurt/M.

Sertl, Michael (1998): Mehr Chancengleichheit durch postmoderne Pädagogik? Anmerkungen zum Stand der Schulreform. In: Max Preglau/Rudolf Richter: Postmodernes Österreich? Wien, S. 199 ff.

Tewes, Josef (1989): Nichts Besseres zu tun. In: Tewes, Josef (Hrsg.): Nichts Besseres zu tun. Über Muße und Müßiggang. Oelde, S. 43 ff.

Autorinnen und Autoren

Gudrun Biffl (1949): Studium der Handelswissenschaften an der Wirtschaftsuniversität Wien sowie Studium der Ökonomie am Institut für Höhere Studien in Wien; Universitätsdozentin; Beraterin der OECD in Migrationsfragen; seit 1975 Wirtschaftsforscherin am Österreichischen Institut für Wirtschaftsforschung in Wien.

Franz Gall (1955): Studium der Betriebswirtschaft an der Universität Linz; Referent der wirtschaftspolitischen Abteilung der Kammer für Arbeiter und Angestellte in Linz – Schwerpunkt: Steuerpolitik.

Klaus Firlei (1947): Univ.-Prof. für Arbeits- und Sozialrecht an der Universität Salzburg.

Johann J. Hagen (1943): Univ.-Prof. für Rechtssoziologie an der Universität Salzburg.

Reinhard Pirker (1950): Studium der Volkswirtschaftslehre an der Universität Wien, Studium der Soziologie am Institut für Höhere Studien in Wien; derzeit Assistenzprofessor am Institut für Volkswirtschaftstheorie und -politik der Wirtschaftsuniversität Wien.

Erich Ribolits (1947): Erziehungswissenschaftler, Lehrbeauftragter und Gastprofessor an verschiedenen österreichischen Universitäten, tätig in der Aus- und Weiterbildung von Lehrern berufsbildender Schulen.

Josef Schmee (1954): Ausbildung zum Speditionskaufmann; Studium der Volkswirtschaftslehre in der BRD; wissenschaftlicher Mitarbeiter am Ludwig Boltzmann-Institut für Wachstumsforschung in Wien; seit 1993 Referent in der kommunalpolitischen Abteilung der Kammer für Arbeiter und Angestellte in Wien – Schwerpunkt: Ökonomie Wien.

Brigitte Unger (1955): a.o. Univ.-Prof. an der Wirtschaftsuniversität Wien; mehrere Forschungsaufenthalte in den USA und Europa, u.a. Joseph Schumpeter Fellow an der Harvard University sowie Maria Schaumayer und Erwin Schrödinger Fellow an der Stanford University.

Sepp Wall-Strasser (1957): Studium der Theologie in Linz und Paris; Tätigkeit in der Arbeiter- und Betriebspastorale der Diözese Linz; seit 1991 Bildungssekretär der ÖGB-Landesexekutive.

Erwin Weissel (1930): Studium der Rechte; von 1958 bis 1990 in der Kammer für Arbeiter und Angestellte in Wien in verschiedenen Positionen (Wirtschaftswissenschaftliche Abteilung, Leitung der Sozialakademie in Mödling, Leitung des Instituts für Gesellschaftspolitik); seit 1978 a.o. Univ.-Prof. für Sozial-, Volkswirtschafts- und Finanzpolitik an der Universität Wien; 1969 bis 1995 Beisitzer am Kartellgericht in Wien.

Karl Wörister (1946): Besuch der Lehrerbildungsanstalt in Linz; Studium der Soziologie in Linz und Wien; seit 1977 Mitarbeiter der Kammer für Arbeiter und Angestellte in Wien – Schwerpunkt: Sozialstatistik.

Hans Georg Zilian (1945): studierte Rechtswissenschaften, Soziologie und Philosophie in Graz, Wien und Oxford; Universitätsdozent, Co-Leiter des Büros für Sozialforschung Graz, Lektor an der Karl-Franzens-Universität Graz.